Elisabeth J. Schmidtke
Susanne Spissinger
Altersteilzeit für Arbeiter und Angestellte

Jubiläumsjahr 1999
Von Profi zu Profi: Seit 75 Jahren.

Elisabeth J. Schmidtke
Susanne Spissinger

Altersteilzeit für Arbeiter und Angestellte

Leitfaden für den öffentlichen Dienst

Luchterhand

Die Deutsche Bibliothek – CIP-Einheitsaufnahme

Schmidtke, Elisabeth:
Altersteilzeit für Arbeiter und Angestellte, Leitfaden für den öffentlichen Dienst / Elisabeth J. Schmidtke ; Susanne Spissinger. - Neuwied ; Kriftel : Luchterhand, 1999
(Schriftenreihe Recht im Amt)
ISBN 3-472-03739-3

Alle Rechte vorbehalten.
© 1999 by Hermann Luchterhand Verlag GmbH, Neuwied, Kriftel.
Das Werk einschließlich aller seiner Teile ist urheberrechtlich geschützt. Jede Verwertung außerhalb der engen Grenzen des Urheberrechtsgesetzes ist ohne Zustimmung des Verlages unzulässig und strafbar. Das gilt insbesondere für Vervielfältigungen, Übersetzungen, Mikroverfilmungen und die Einspeicherung und Verarbeitung in elektronischen Systemen.

Umschlaggestaltung: Ute Weber GrafikDesign, München.
Satz: Fotosatz Froitzheim AG, Bonn.
Druck: betz-druck, Darmstadt.
Papier: Permaplan von Ajor Wiggins, Spezialpapiere, Ettlingen.
Printed in Germany, April 1999.
∞ Gedruckt auf säurefreiem, alterungsbeständigem und chlorfreiem Papier.

Inhaltsverzeichnis

Vorbemerkungen 1

Teil 1 3
Einführung zum Altersteilzeitgesetz 3
Text des Altersteilzeitgesetzes (ATZG) **4**
70%ige Mindestnettobetragstabelle **15**

Teil 2 41
Einführung zum Tarifvertrag zur Regelung der Altersteilzeitarbeit 41
Text des Tarifvertrags zur Regelung der Altersteilzeitarbeit (TV ATZ) **42**
83%ige Mindestnettobetragstabelle **50**

Teil 3 125
Erläuterungen zum TV ATZ

Teil 4 155
Förderung durch das Arbeitsamt

Teil 5 181
Durchführungshinweise zur praktischen Anwendung

Vorbemerkung

Die Verfasser wollen den Personalsachbearbeitern und den betroffenen Arbeitnehmern eine Broschüre an die Hand geben, die die Anwendung des Tarifvertrages zur Regelung der Altersteilzeitarbeit erleichtern und die bisher aufgetretenen Fragen aus der Praxis näher erläutern soll.

Die seitens der Arbeitgeberseite beabsichtigten tariflichen Änderungen des TV ATZ sind durch entsprechende Hinweise gekennzeichnet und entsprechend erläutert. Ob und in welcher Weise die seitens der Arbeitgeberseite beabsichtigten Änderungen tatsächlich Einzug in den Tarifvertrag finden, ist z.Z. noch nicht vorhersehbar.

Teil 1
Einführung zum Altersteilzeitgesetz

Durch die sozialrechtlich ausgerichteten Regelungen des Altersteilzeitgesetzes vom 23. Juli 1996 hat der Gesetzgeber den langjährigen Streit über die Wirkung von Vorruhestandsmodellen auf die Sozialversicherung (gesetzliche Rentenversicherung) beendet. Nach dem Altersteilzeitgesetz können Arbeitnehmer am Ende ihres beruflichen Weges ihr Arbeitsleben im Einvernehmen mit ihrem Arbeitgeber vorzeitig beenden und die Leistungen der gesetzlichen Rentenversicherung in Anspruch nehmen. Überproportionale Belastungen der Sozialversicherung werden durch eine ausgewogene Lastenverteilung auf Arbeitgeber, Arbeitnehmer und Bundesanstalt für Arbeit vermieden.

Hauptzielrichtung des Gesetzes ist der arbeitsmarktpolitische Effekt. Durch die Förderung einiger Bezahlungselemente (Aufstockungsbetrag, erhöhte Rentenversicherungsbeiträge) aus den Mitteln der Bundesanstalt für Arbeit sollen für die Arbeitgeber massive Anreize geschaffen werden, Arbeitslose einzustellen und erfolgreich Ausgebildete zu übernehmen.

Die öffentlichen Arbeitgeber haben mit den Gewerkschaften des öffentlichen Dienstes im Rahmen der Lohntarifverhandlungen des Jahres 1998 eingehend über die Vereinbarung eines Tarifvertrages zur Regelung der Altersteilzeit verhandelt.

Das Ergebnis der langen und schwierigen Verhandlungen der Tarifpartner ist der **Tarifvertrag zur Regelung der Altersteilzeit (TV ATZ)** vom 5. Mai 1998. Wir haben in der nachfolgenden Broschüre die Texte des Altersteilzeitgesetzes und des Tarifvertrages zur Regelung der Altersteilzeit mit den entsprechenden Mindestnettobetragstabellen, Erläuterungen sowie Durchführungshinweisen mit arbeitserleichternden Materialien zusammengestellt.

Mit dem TV ATZ betreten wir weitgehend tarifpolitisches und sozialversicherungsrechtliches Neuland. Deshalb kann nicht völlig ausgeschlossen werden, daß bei der Anwendung des Tarifvertrages auf unterschiedliche Fallgestaltungen die eine oder andere Rechtsfrage aufgeworfen wird, für die noch keine abgestimmte und ausdiskutierte Lösung zur Verfügung steht.

Wir hoffen, Ihnen mit dieser Broschüre eine Hilfestellung zu geben, die Sie in Ihrer Lösungsfindung unterstützen soll.

Altersteilzeitgesetz
vom 23. Juli 1996 (BGBl. I S. 1078),
zuletzt geändert durch Gesetz vom 6. April 1998
(BGBl. I S. 688)

§ 1 Grundsatz

(1) Durch Altersteilzeitarbeit soll älteren Arbeitnehmern ein gleitender Übergang vom Erwerbsleben in die Altersrente ermöglicht werden.

(2) Die Bundesanstalt für Arbeit (Bundesanstalt) fördert durch Leistungen nach diesem Gesetz die Teilzeitarbeit älterer Arbeitnehmer, die ihre Arbeitszeit ab Vollendung des 55. Lebensjahres spätestens ab 31. Juli 2004 vermindern, und damit die Einstellung eines sonst arbeitslosen Arbeitnehmers ermöglichen.

§ 2 Begünstigter Personenkreis

(1) Leistungen werden für Arbeitnehmer gewährt, die

1. das 55. Lebensjahr vollendet haben,

2. nach dem 14. Februar 1996 aufgrund einer Vereinbarung mit dem Arbeitgeber ihre Arbeitszeit auf die Hälfte der tariflichen regelmäßigen wöchentlichen Arbeitszeit vermindert haben und versicherungspflichtig beschäftigt im Sinne des Dritten Buches Sozialgesetzbuch sind (Altersteilzeitarbeit)

und

3. innerhalb der letzten fünf Jahre vor Beginn der Altersteilzeitarbeit mindestens 1080 Kalendertage in einer versicherungspflichtigen Beschäftigung nach dem Dritten Buch Sozialgesetzbuch gestanden haben und deren vereinbarte Arbeitszeit der tariflichen regelmäßigen wöchentlichen Arbeitszeit entsprach. Geringfügige Unterschreitungen der tariflichen regelmäßigen wöchentlichen Arbeitszeit sind unbeachtlich. Zeiten mit Anspruch auf Arbeitslosengeld oder Arbeitslosenhilfe sowie Zeiten, in denen Versicherungspflicht nach § 26 Abs. 2 des Dritten Buches Sozialgesetzbuch bestand, stehen der versicherungspflichtigen Beschäftigung gleich, wenn die Entgeltersatzleistungen nach der tariflichen regelmäßigen wöchentlichen Arbeitszeit bemessen worden sind. § 427 Abs. 3 des Dritten Buches Sozialgesetzbuch gilt entsprechend.

(2) Sieht die Vereinbarung über die Alterteilszeitarbeit unterschiedliche wöchentliche Arbeitszeiten oder eine unterschiedliche Verteilung der wöchentlichen Arbeitszeit vor, ist die Voraussetzung nach Absatz 1 Nr. 2 auch erfüllt, wenn

1. die wöchentliche Arbeitszeit im Durchschnitt eines Zeitraums von bis zu drei Jahren oder bei Regelung in einem Tarifvertrag, aufgrund eines Tarifvertrages in einer Betriebsvereinbarung oder in einer Regelung der Kirchen und der öffentlich-rechtlichen Religionsgesellschaften im Durchschnitt eines Zeitraums von bis zu fünf Jahren die Hälfte der tariflichen regelmäßigen wöchentlichen Arbeitszeit nicht überschreitet und der Arbeitnehmer versicherungspflichtig beschäftigt im Sinne des Dritten Buches Sozialgesetzbuch ist und

2. das Arbeitsentgelt für die Altersteilzeitarbeit sowie der Aufstockungsbetrag nach § 3 Abs. 1 Nr. 1 Buchstabe a fortlaufend gezahlt werden.

Im Geltungsbereich eines Tarifvertrages nach Satz 1 Nr. 1 kann die tarifvertragliche Regelung im Betrieb eines nicht tarifgebundenen Arbeitgebers durch Betriebsvereinbarung oder, wenn ein Betriebsrat nicht besteht, durch schriftliche Vereinbarung zwischen dem Arbeitgeber und dem Arbeitnehmer übernommen werden. Können aufgrund eines solchen Tarifvertrages abweichende Regelungen in einer Betriebsvereinbarung getroffen werden, kann auch in Betrieben eines nicht tarifgebundenen Arbeitgebers davon Gebrauch gemacht werden. Satz 1 Nr. 1, 2. Alternative gilt entsprechend. In einem Bereich, in dem tarifvertragliche Regelungen zur Verteilung der Arbeitszeit nicht getroffen sind oder üblicherweise nicht getroffen werden, kann eine Regelung im Sinne des Satzes 1 Nr. 1, 2. Alternative auch durch Betriebsvereinbarung oder, wenn ein Betriebsrat nicht besteht, durch schriftliche Vereinbarung zwischen Arbeitgeber und Arbeitnehmer getroffen werden.

(3) Sieht die Vereinbarung über die Altersteilzeit unterschiedliche wöchentliche Arbeitszeiten oder eine unterschiedliche Verteilung der wöchentlichen Arbeitszeit über einen Zeitraum von mehr als fünf Jahren vor, ist die Voraussetzung nach Absatz 1 Nr. 2 auch erfüllt, wenn die wöchentliche Arbeitszeit im Durchschnitt eines Zeitraums von fünf Jahren, der innerhalb des Gesamtzeitraums der vereinbarten Altersteilzeitarbeit liegt, die Hälfte der tariflichen wöchentlichen Arbeitszeit nicht überschreitet, der Arbeitnehmer versicherungspflichtig beschäftigt im Sinne des Dritten Buches Sozialgesetzbuch ist und die weiteren Voraussetzungen des Absatzes 2 vorliegen. Die Leistungen nach § 3 Abs. 1 Nr. 1 sind nur in dem in Satz 1 genannten Zeitraum von fünf Jahren zu erbringen.

§ 3 Anspruchsvoraussetzungen

(1) Der Anspruch auf die Leistungen nach § 4 setzt voraus, daß

1. der Arbeitgeber aufgrund eines Tarifvertrages, einer Regelung der Kirchen und der öffentlich-rechtlichen Religionsgesellschaften, einer Betriebsvereinbarung oder einer Vereinbarung mit dem Arbeitnehmer

    a) das Arbeitsentgelt für die Alterteilszeitarbeit um mindestens 20 vom Hundert dieses Arbeitsentgelts, jedoch mindestens auf 70 vom Hundert des um die gesetzlichen Abzüge, die bei Arbeitnehmern gewöhnlich anfallen, verminderten Vollzeitarbeitsentgelts im Sinne des § 6 Abs. 1 (Mindestnettobetrag) aufgestockt hat

    und

    b) für den Arbeitnehmer Beiträge zur gesetzlichen Rentenversicherung mindestens in Höhe des Beitrags entrichtet hat, der auf den Unterschiedsbetrag zwischen 90 vom Hundert des Vollzeitarbeitsentgelts im Sinne des § 6 Abs. 1 und dem Arbeitsentgelt für die Alterteilzeitarbeit entfällt, höchstens bis zur Beitragsbemessungsgrenze, sowie

2. der Arbeitgeber aus Anlaß des Übergangs des Arbeitnehmers in die Altersteilzeitarbeit

    a) einen beim Arbeitsamt arbeitslos gemeldeten Arbeitnehmer oder einen Arbeitnehmer nach Abschluß der Ausbildung auf dem freigemachten oder auf einem in diesem Zusammenhang durch Umsetzung freigewordenen Arbeitsplatz versicherungspflichtig im Sinne des Dritten Buches Sozialgesetzbuch beschäftigt oder

    b) einen Auszubildenden versicherungspflichtig im Sinne des Dritten Buches Sozialgesetzbuch beschäftigt, sofern der Arbeitgeber in der Regel nicht mehr als 20 Arbeitnehmer ausschließlich der zu ihrer Berufsausbildung Beschäftigten beschäftigt. § 10 Abs. 2 Satz 2 bis 6 des Lohnfortzahlungsgesetzes gilt entsprechend mit der Maßgabe, daß das letzte Kalenderjahr vor Beginn des Berufsausbildungsverhältnisses maßgebend ist, und

3. die freie Entscheidung des Arbeitgebers bei einer über fünf vom Hundert der Arbeitnehmer des Betriebes hinausgehenden Inanspruchnahme sichergestellt ist oder eine Ausgleichskasse der Arbeitgeber oder eine gemeinsame Einrichtung der Tarifvertragsparteien besteht, wobei beide Voraussetzungen in Tarifverträgen verbunden werden können.

(1 a) Bei der Ermittlung des Arbeitsentgelts für die Altersteilzeitarbeit nach Abs. 1 Nr. 1 Buchstabe a bleibt einmalig gezahltes Arbeitsentgelt insoweit außer Betracht, als nach Berücksichtigung des laufenden Arbeitsentgelts die monatliche Beitragsbemessungsgrenze überschritten wird.

(2) Für die Zahlung der Beiträge nach Abs. 1 Nr. 1 Buchstabe b gelten die Bestimmungen des Sechsten Buches Sozialgesetzbuch über die Beitragszahlung aus dem Arbeitsentgelt.

(3) Hat der in Altersteilzeitarbeit beschäftigte Arbeitnehmer die Arbeitsleistung oder Teile der Arbeitsleistung im voraus erbracht, so ist die Voraussetzung nach Absatz 1 Nr. 2 bei Arbeitszeiten nach § 2 Abs. 2 und 3 auch erfüllt, wenn die Beschäftigung eines beim Arbeitsamt arbeitslos gemeldeten Arbeitnehmers oder eines Arbeitnehmers nach Abschluß der Ausbildung auf dem freigemachten oder durch Umsetzung freigewordenen Arbeitsplatz erst nach Erbringung der Arbeitsleistung erfolgt.

§ 4 Leistungen

(1) Die Bundesanstalt erstattet dem Arbeitgeber für längstens fünf Jahre

1. den Aufstockungsbetrag nach § 3 Abs. 1 Nr. 1 Buchstabe a in Höhe von 20 vom Hundert des für die Altersteilzeitarbeit gezahlten Arbeitsentgelts, jedoch mindestens den Betrag zwischen dem für die Altersteilzeitarbeit gezahlten Arbeitsentgelt und dem Mindestnettobetrag,

und

2. den Betrag, der nach § 3 Abs. 1 Nr. 1 Buchstabe b in Höhe des Beitrags geleistet worden ist, der auf den Unterschiedsbetrag zwischen 90 vom Hundert des Vollzeitarbeitsentgelts im Sinne des § 6 Abs. 1 und dem Arbeitsentgelt für die Altersteilzeitarbeit entfällt.

(2) Bei Arbeitnehmern, die nach § 6 Abs. 1 Satz 1 Nr. 1 oder § 231 Abs. 1 und Abs. 2 des Sechsten Buches Sozialgesetzbuch von der Versicherungspflicht befreit sind, werden Leistungen nach Absatz 1 auch erbracht, wenn die Voraussetzung des § 3 Abs. 1 Nr. 1 Buchstabe b nicht erfüllt ist. Dem Betrag nach Absatz 1 Nr. 2 stehen in diesem Fall vergleichbare Aufwendungen des Arbeitgebers bis zur Höhe des Beitrags gleich, den die Bundesanstalt nach Abs. 1 Nr. 2 zu tragen hätte, wenn der Arbeitnehmer nicht von der Versicherungspflicht befreit wäre.

§ 5 Erlöschen und Ruhen des Anspruchs

(1) Der Anspruch auf die Leistungen nach § 4 erlischt

1. mit Ablauf des Kalendermonats, in dem der Arbeitnehmer die Altersteilzeitarbeit beendet oder das 65. Lebensjahr vollendet hat,

2. mit Ablauf des Kalendermonats vor dem Kalendermonat, für den der Arbeitnehmer eine Rente wegen Alters oder, wenn er von der Versicherungspflicht in der gesetzlichen Rentenversicherung befreit ist, eine vergleichbare Leistung einer Versicherungs- oder Versorgungseinrichtung oder eines Versicherungsunternehmens beanspruchen kann; dies gilt nicht für Renten, die vor dem für den Versicherten maßgebenden Rentenalter in Anspruch genommen werden können,

oder

3. mit Beginn des Kalendermonats, für den der Arbeitnehmer eine Rente wegen Alters, eine Knappschaftsausgleichsleistung, eine ähnliche Leistung öffentlich-rechtlicher Art oder, wenn er von der Versicherungspflicht in der gesetzlichen Rentenversicherung befreit ist, eine vergleichbare Leistung einer Versicherungs- oder Versorgungseinrichtung oder eines Versicherungsunternehmens bezieht.

(2) Der Anspruch auf die Leistungen besteht nicht, solange der Arbeitgeber auf dem freigemachten oder durch Umsetzung freigewordenen Arbeitsplatz keinen Arbeitnehmer mehr beschäftigt, der bei Beginn der Beschäftigung die Voraussetzung des § 3 Abs. 1 Nr. 2 erfüllt hat. Dies gilt nicht, wenn der Arbeitsplatz mit einem Arbeitnehmer, der die Voraussetzungen erfüllt, innerhalb von drei Monaten erneut wiederbesetzt wird oder der Arbeitgeber insgesamt für drei Jahre die Leistungen erhalten hat.

(3) Der Anspruch auf die Leistungen ruht während der Zeit, in der der Arbeitnehmer neben seiner Altersteilzeitarbeit Beschäftigungen oder selbständige Tätigkeiten ausübt, die die Geringfügigkeitsgrenze des § 8 des Vierten Buches Sozialgesetzbuch überschreiten, oder aufgrund solcher Beschäftigungen eine Lohnersatzleistung erhält. Die Grenze hinsichtlich des Sechstels des Gesamteinkommens ist dabei nicht anzuwenden. Der Anspruch auf die Leistungen erlischt, wenn er mindestens 150 Kalendertage geruht hat. Mehrere Ruhenszeiträume sind zusammenzurechnen. Beschäftigungen oder selbständige Tätigkeiten bleiben unberücksichtigt, soweit der altersteilzeitarbeitende Arbeitnehmer sie bereits innerhalb der letzten fünf Jahre vor Beginn der Altersteilzeitarbeit ständig ausgeübt hat.

(4) Der Anspruch auf die Leistungen ruht während der Zeit, in der der Arbeitnehmer über die Altersteilzeitarbeit hinaus Mehrarbeit leistet, die den Umfang der Geringfügigkeitsgrenze des § 8 des Vierten Buches Sozialgesetzbuch überschreitet. Absatz 3 Satz 2 bis 4 gilt entsprechend.

(5) § 48 Abs. 1 Nr. 3 des Zehnten Buches Sozialgesetzbuch findet keine Anwendung.

§ 6 Begriffsbestimmungen

(1) Vollzeitarbeitsentgelt im Sinne dieses Gesetzes ist das Arbeitsentgelt das der altersteilzeitarbeitende Arbeitnehmer für eine Arbeitsleistung bei tariflicher regelmäßiger wöchentlicher Arbeitszeit zu beanspruchen hätte, soweit es die Beitragsbemessungsgrenze des Dritten Buches Sozialgesetzbuch nicht überschreitet. § 134 Abs. 2 Nr. 1 des Dritten Buches Sozialgesetzbuch gilt entsprechend.

(2) Als tarifliche regelmäßige wöchentliche Arbeitszeit ist zugrunde zu legen,

1. wenn ein Tarifvertrag eine wöchentliche Arbeitszeit nicht oder für Teile eines Jahres eine unterschiedliche wöchentliche Arbeitszeit vorsieht, die Arbeitszeit, die sich im Jahresdurchschnitt wöchentlich ergibt; wenn ein Tarifvertrag Ober- und Untergrenzen für die Arbeitszeit vorsieht, die Arbeitszeit, die sich für den Arbeitnehmer im Jahresdurchschnitt wöchentlich ergibt,

2. wenn eine tarifliche Arbeitszeit nicht besteht, die tarifliche Arbeitszeit für gleiche oder ähnliche Beschäftigungen, oder falls eine solche tarifliche Regelung nicht besteht, die für gleiche oder ähnliche Beschäftigungen übliche Arbeitszeit.

§ 7 Berechnungsvorschrift

Für die Berechnung der Zahl der Arbeitnehmer nach § 3 Abs. 1 Nr. 3 ist der Durchschnitt der letzten zwölf Kalendermonate vor dem Beginn der Altersteilzeitarbeit des Arbeitnehmers maßgebend. Hat ein Betrieb noch nicht zwölf Monate bestanden, ist der Durchschnitt der Kalendermonate während des Zeitraums des Bestehens des Betriebes maßgebend. Schwerbehinderte und Gleichgestellte im Sinne des Schwerbehindertengesetzes sowie Auszubildende werden nicht mitgezählt. § 10 Abs. 2 Satz 6 des Lohnfortzahlungsgesetzes gilt entsprechend.

ATZG

§ 8 Arbeitsrechtliche Regelungen

(1) Die Möglichkeit eines Arbeitnehmers zur Inanspruchnahme von Altersteilzeitarbeit gilt nicht als eine die Kündigung des Arbeitsverhältnisses durch den Arbeitgeber begründende Tatsache im Sinne des § 1 Abs. 2 Satz 1 des Kündigungsschutzgesetzes.

(2) Die Verpflichtung des Arbeitgebers zur Zahlung von Leistungen nach § 3 Abs. 1 Nr. 1 kann nicht für den Fall ausgeschlossen werden, daß der Anspruch des Arbeitgebers auf die Leistungen nach § 4 nicht besteht, weil die Voraussetzung des § 3 Abs. 1 Nr. 2 nicht vorliegt. Das gleiche gilt für den Fall, daß der Arbeitgeber die Leistungen nur deshalb nicht erhält, weil er den Antrag nach § 12 nicht, nicht richtig, nicht vollständig oder nicht rechtzeitig gestellt hat oder seinen Mitwirkungspflichten nicht nachgekommen ist, ohne daß dafür eine Verletzung der Mitwirkungspflichten des Arbeitnehmers ursächlich war.

(3) Eine Vereinbarung zwischen Arbeitnehmer und Arbeitgeber über die Altersteilzeitarbeit, die die Beendigung des Arbeitsverhältnisses ohne Kündigung zu einem Zeitpunkt vorsieht, in dem der Arbeitnehmer Anspruch auf eine Rente nach Altersteilzeitarbeit hat, ist zulässig.

§ 9 Ausgleichskassen, gemeinsame Einrichtungen

(1) Werden die Leistungen nach § 3 Abs. 1 Nr. 1 aufgrund eines Tarifvertrages von einer Ausgleichskasse der Arbeitgeber erbracht oder dem Arbeitgeber erstattet, gewährt die Bundesanstalt auf Antrag der Tarifvertragsparteien die Leistungen nach § 4 der Ausgleichskasse.

(2) Für gemeinsame Einrichtungen der Tarifvertragsparteien gilt Absatz 1 entsprechend.

§ 10 Soziale Sicherung des Arbeitnehmers

(1) Beansprucht ein Arbeitnehmer, der Altersteilzeitarbeit (§ 2) geleistet hat und für den der Arbeitgeber Leistungen nach § 3 Abs. 1 Nr. 1 erbracht hat, Arbeitslosengeld, Arbeitslosenhilfe oder Unterhaltsgeld, erhöht sich das Bemessungsentgelt, das sich nach den Vorschriften des Dritten Buches Sozialgesetzbuch ergibt, bis zu dem Betrag, der als Bemessungsentgelt zugrunde zu legen wäre, wenn der Arbeitnehmer seine Arbeitszeit nicht im Rahmen der Altersteilzeit vermindert hätte. Kann der Arbeitnehmer eine Rente wegen Alters in Anspruch nehmen, ist von dem Tage an, an dem die Rente erstmals beansprucht werden kann, das Bemessungsentgelt maßgebend, das ohne die

Erhöhung nach Satz 1 zugrunde zu legen gewesen wäre. Änderungsbescheide werden mit dem Tag wirksam, an dem die Altersrente erstmals beansprucht werden konnte.

(2) Bezieht ein Arbeitnehmer, für den die Bundesanstalt Leistungen nach § 4 erbracht hat, Krankengeld, Versorgungskrankengeld, Verletztengeld oder Übergangsgeld und liegt der Bemessung dieser Leistungen ausschließlich die Altersteilzeit zugrunde, erbringt die Bundesanstalt anstelle des Arbeitgebers die Leistungen nach § 3 Abs. 1 Nr. 1 in Höhe der Erstattungsleistungen nach § 4. Durch die Leistungen darf der Höchstförderungszeitraum nach § 4 Abs. 1 nicht überschritten werden. § 5 Abs. 1 gilt entsprechend.

(3) Absatz 2 gilt entsprechend für Arbeitnehmer, die nur wegen Inanspruchnahme der Altersteilzeit nach § 2 Abs. 1 Nr. 1 und Nr. 2 des Zweiten Gesetzes über die Krankenversicherung der Landwirte versicherungspflichtig in der Krankenversicherung der Landwirte sind, soweit und solange ihnen Krankengeld gezahlt worden wäre, falls sie nicht Mitglied einer landwirtschaftlichen Krankenkasse geworden wären.

(4) Bezieht der Arbeitnehmer Kurzarbeitergeld oder Winterausfallgeld, gilt für die Berechnung der Leistungen des § 3 Abs. 1 Nr. 1 und des § 4 das Entgelt für die vereinbarte Arbeitszeit als Arbeitsentgelt für die Altersteilzeitarbeit.

(5) Sind für den Arbeitnehmer Aufstockungsbeträge zum Arbeitsentgelt und Beiträge zur gesetzlichen Rentenversicherung für den Unterschiedsbetrag zwischen dem Arbeitsentgelt für die Altersteilzeitarbeit und mindestens 90 vom Hundert des Vollzeitarbeitsentgelts nach § 3 Abs. 1 gezahlt worden, gilt in den Fällen des § 23 b Abs. 2 Satz 1 Nr. 2 des Vierten Buches Sozialgesetzbuch in der gesetzlichen Rentenversicherung der Unterschiedsbetrag zwischen 90 vom Hundert und 100 vom Hundert des bis zu dem Zeitpunkt der nicht zweckentsprechenden Verwendung erzielten Vollzeitarbeitsentgelts als einmalig gezahltes Arbeitsentgelt im Sinne des § 23 a des Vierten Buches Sozialgesetzbuch; für die Beiträge zur Kranken-, Pflegeversicherung oder nach dem Recht der Arbeitsförderung gilt § 23 b Abs. 2 des Vierten Buches Sozialgesetzbuch.

§ 11 Mitwirkungspflichten des Arbeitnehmers

(1) Der Arbeitnehmer hat Änderungen der ihn betreffenden Verhältnisse, die für die Leistungen nach § 4 erheblich sind, dem Arbeitgeber unverzüglich mitzuteilen. Werden im Falle des § 9 die Leistungen von der Ausgleichskasse der Arbeitgeber oder der gemeinsamen Einrichtung der Tarifvertragsparteien erbracht, hat der Arbeitnehmer Änderungen nach Satz 1 diesen gegenüber unverzüglich mitzuteilen.

ATZG

(2) Der Arbeitnehmer hat der Bundesanstalt die dem Arbeitgeber zu Unrecht gezahlten Leistungen zu erstatten, wenn der Arbeitnehmer die unrechtmäßige Zahlung dadurch bewirkt hat, daß er vorsätzlich oder grob fahrlässig

1. Angaben gemacht hat, die unrichtig oder unvollständig sind, oder
2. der Mitteilungspflicht nach Absatz 1 nicht nachgekommen ist.

Die zu erstattende Leistung ist durch schriftlichen Verwaltungsakt festzusetzen. Eine Erstattung durch den Arbeitgeber kommt insoweit nicht in Betracht.

§ 12 Verfahren

(1) Das Arbeitsamt entscheidet auf schriftlichen Antrag des Arbeitgebers, ob die Voraussetzungen für die Erbringung von Leistungen nach § 4 vorliegen. Der Antrag wirkt vom Zeitpunkt des Vorliegens der Anspruchsvoraussetzungen, wenn er innerhalb von drei Monaten nach deren Vorliegen gestellt wird, andernfalls wirkt er vom Beginn des Monats der Antragstellung. In den Fällen des § 3 Abs. 3 kann das Arbeitsamt auch vorab entscheiden, ob die Voraussetzungen des § 2 vorliegen. Mit dem Antrag sind die Namen, Anschriften und Versicherungsnummern der Arbeitnehmer mitzuteilen, für die Leistungen beantragt werden. Der Antrag ist bei dem Arbeitsamt zu stellen, in dessen Bezirk der Betrieb liegt, in dem der Arbeitnehmer beschäftigt ist.

(2) Leistungen nach § 4 werden nachträglich jeweils für den Kalendermonat ausgezahlt, in dem die Anspruchsvoraussetzungen vorgelegen haben, wenn sie innerhalb von sechs Monaten nach Ablauf dieses Kalendermonats beantragt werden. Leistungen nach § 10 Abs. 2 werden auf Antrag des Arbeitnehmers monatlich nachträglich ausgezahlt.

(3) In den Fällen des § 3 Abs. 3 werden dem Arbeitgeber die Leistungen nach Absatz 1 erst von dem Zeitpunkt an ausgezahlt, in dem der Arbeitgeber auf dem freigemachten oder durch Umsetzung freigewordenen Arbeitsplatz einen Arbeitnehmer beschäftigt, der bei Beginn der Beschäftigung die Voraussetzungen des § 3 Abs. 1 Nr. 2 erfüllt hat. Endet die Altersteilzeitvereinbarung in den Fällen des § 3 Abs. 3 vorzeitig, bleibt der Anspruch auf Leistungen für zurückliegende Zeiten erhalten, solange die Voraussetzungen des § 3 Abs. 1 Nr. 2 erfüllt werden. Die Leistungen für zurückliegende Zeiten werden zusammen mit den laufenden Leistungen jeweils in monatlichen Teilbeträgen ausgezahlt. Die Höhe der Leistungen für zurückliegende Zeiten bestimmt sich nach der Höhe der laufenden Leistungen.

(4) Über die Erbringung von Leistungen kann das Arbeitsamt vorläufig entscheiden, wenn die Voraussetzungen für den Anspruch mit hinreichender

Wahrscheinlichkeit vorliegen und zu ihrer Feststellung voraussichtlich längere Zeit erforderlich ist. Aufgrund der vorläufigen Entscheidung erbrachte Leistungen sind auf die zustehende Leistung anzurechnen. Sie sind zu erstatten, soweit mit der abschließenden Entscheidung ein Anspruch nicht oder nur in geringerer Höhe zuerkannt wird.

§ 13 Auskünfte und Prüfung

§ 304 Abs. 1, §§ 305, 306, 315 und 319 des Dritten Buches und das Zweite Kapitel des Zehnten Buches Sozialgesetzbuch gelten entsprechend.

§ 14 Bußgeldvorschriften

(1) Ordnungswidrig handelt, wer vorsätzlich oder fahrlässig

1. entgegen § 11 Abs. 1 oder als Arbeitgeber entgegen § 60 Abs. 1 Nr. 2 des Ersten Buches Sozialgesetzbuch eine Mitteilung nicht, nicht richtig, nicht vollständig oder nicht rechtzeitig macht,

2. entgegen § 13 in Verbindung mit § 319 des Dritten Buches Sozialgesetzbuch Einsicht nicht oder nicht rechtzeitig gewährt,

3. entgegen § 13 in Verbindung mit § 315 des Dritten Buches Sozialgesetzbuch eine Auskunft nicht, nicht richtig, nicht vollständig oder nicht rechtzeitig erteilt,

4. entgegen § 13 in Verbindung mit § 306 Abs. 1 Satz 1 oder 2 des Dritten Buches Sozialgesetzbuch eine Prüfung oder das Betreten eines Grundstückes oder eines Geschäftsraumes nicht duldet oder bei der Ermittlung von Tatsachen nicht mitwirkt,

5. entgegen § 13 in Verbindung mit § 306 Abs. 2 Satz 1 des Dritten Buches Sozialgesetzbuch Daten nicht, nicht richtig, nicht vollständig, nicht in der vorgeschriebenen Weise oder nicht rechtzeitig zur Verfügung stellt.

(2) Die Ordnungswidrigkeit nach Absatz 1 Nr. 1 bis 4 kann mit einer Geldbuße bis zu tausend Deutsche Mark, die Ordnungswidrigkeit nach Absatz 1 Nr. 5 mit einer Geldbuße bis zu fünfzigtausend Deutsche Mark geahndet werden.

(3) Verwaltungsbehörden im Sinne des § 36 Abs. 1 Nr. 1 des Gesetzes über Ordnungswidrigkeiten sind die Arbeitsämter.

(4) Die Geldbußen fließen in die Kasse der Bundesanstalt. § 66 des Zehnten Buches Sozialgesetzbuch gilt entsprechend.

ATZG

(5) Die notwendigen Auslagen trägt abweichend von § 105 Abs. 2 des Gesetzes über Ordnungswidrigkeiten die Bundesanstalt; diese ist auch ersatzpflichtig im Sinne des § 110 Abs. 4 des Gesetzes über Ordnungswidrigkeiten.

§ 15 Verordnungsermächtigung

Das Bundesministerium für Arbeit und Sozialordnung bestimmt die Mindestnettobeträge nach § 3 Abs. 1 Nr. 1 Buchstabe a jeweils für ein Kalenderjahr durch Rechtsverordnung. § 132 Abs. 3, §§ 136 und 137 Abs. 2 des Dritten Buches Sozialgesetzbuch gelten entsprechend. Der Kalendermonat ist mit 30 Tagen anzusetzen.

§ 15 a Übergangsregelung nach dem Gesetz zur Reform der Arbeitsförderung

Haben die Voraussetzungen für die Erbringung von Leistungen nach § 4 vor dem 1.4.1997 vorgelegen, erbringt die Bundesanstalt die Leistungen nach § 4 auch dann, wenn die Voraussetzungen des § 2 Abs. 1 Nr. 2 und Abs. 2 Nr. 1 in der bis zum 31.3.1997 geltenden Fassung vorliegen.

§ 15 b Übergangsregelung nach dem Gesetz zur Reform der gesetzlichen Rentenversicherung

Abweichend von § 5 Abs. 1 Nr. 2 erlischt der Föderanspruch nicht, wenn mit der Altersteilzeit vor dem 1. Juli 1998 begonnen worden ist und Anspruch auf eine ungeminderte Rente wegen Alters besteht, weil 45 Jahre mit Pflichtbeiträgen für eine versicherte Beschäftigung oder Tätigkeit vorliegen.

§ 16 Befristung der Förderungsfähigkeit

Für die Zeit ab 1. August 2004 sind Leistungen nach § 4 nur noch zu erbringen, wenn die Voraussetzungen des § 2 und des § 3 Abs. 1 Nr. 2 erstmals vor diesem Zeitpunkt vorgelegen haben.

Verordnung über die Mindestnettobeträge nach dem Altersteilzeitgesetz für das Jahr 1999 (Mindestnettobetrags-Verordnung 1999)

vom 18. Dezember 1998 (BGBl. I Nr. 85/98 S. 3875 ff.)

Auf Grund des § 15 des Altersteilzeitgesetzes vom 23. Juli 1996 (BGBl. I S. 1078), der durch Artikel 64 Nr. 6 des Gesetzes vom 24. März 1997 (BGBl. I S. 594) geändert worden ist, verordnet das Bundesministerium für Arbeit und Sozialordnung:

§ 1

Für das Jahr 1999 ergeben sich die Mindestnettobeträge nach § 3 Abs. 1 Nr. 1 Buchstabe a des Altersteilzeitgesetzes aus der dieser Verordnung als Anlage beigefügten Tabelle.

§ 2

Diese Verordnung tritt am 1. Januar 1999 in Kraft.

Bonn, den 18. Dezember 1998

Der Bundesminister
für Arbeit und Sozialordnung
Walter Riester

Mindestnettobeträge – 70%-Tabelle

Mindestnettobeträge nach § 3 Abs. 1 Nr. 1 Buchst. a Altersteilzeitgesetz für das Jahr 1999

Vollzeitarbeitsentgelt Monat bis DM	Monat bis DM gerundet:	Mindestnettobetrag in der Steuerklasse				
		I/IV	II	III	V	VI
14,99	10,00	7,00	7,00	7,00	7,00	5,43
24,99	20,00	14,00	14,00	14,00	14,00	10,79
34,99	30,00	21,00	21,00	21,00	21,00	16,16
44,99	40,00	28,00	28,00	28,00	28,00	21,51
54,99	50,00	35,00	35,00	35,00	35,00	26,12
64,99	60,00	42,00	42,00	42,00	42,00	31,49
74,99	70,00	49,00	49,00	49,00	49,00	36,84
84,99	80,00	56,00	56,00	56,00	56,00	42,20
94,99	90,00	63,00	63,00	63,00	63,00	47,57
104,99	100,00	70,00	70,00	70,00	70,00	52,17
114,99	110,00	77,00	77,00	77,00	77,00	57,53
124,99	120,00	84,00	84,00	84,00	84,00	62,90
134,99	130,00	91,00	91,00	91,00	91,00	68,26
144,99	140,00	98,00	98,00	98,00	98,00	72,80
154,99	150,00	105,00	105,00	105,00	105,00	78,23
164,99	160,00	112,00	112,00	112,00	112,00	83,59
174,99	170,00	119,00	119,00	119,00	119,00	88,95
184,99	180,00	126,00	126,00	126,00	124,43	94,32
194,99	190,00	133,00	133,00	133,00	128,97	98,86
204,99	200,00	140,00	140,00	140,00	134,33	104,28
214,99	210,00	147,00	147,00	147,00	139,70	109,65
224,99	220,00	154,00	154,00	154,00	145,12	115,00
234,99	230,00	161,00	161,00	161,00	149,66	119,55
244,99	240,00	168,00	168,00	168,00	155,03	124,91
254,99	250,00	175,00	175,00	175,00	160,38	130,33
264,99	260,00	182,00	182,00	182,00	165,75	135,70
274,99	270,00	189,00	189,00	189,00	171,17	141,06
284,99	280,00	196,00	196,00	196,00	175,71	145,61
294,99	290,00	203,00	203,00	203,00	181,08	151,03
304,99	300,00	210,00	210,00	210,00	186,45	156,39
314,99	310,00	217,00	217,00	217,00	191,80	161,75
324,99	320,00	224,00	224,00	224,00	196,41	166,29
334,99	330,00	231,00	231,00	231,00	201,78	171,65

Mindestnettobeträge – 70%-Tabelle

Vollzeitarbeits-entgelt		Mindestnettobetrag in der Steuerklasse				
Monat bis DM	Monat bis DM gerundet:	I/IV	II	III	V	VI
344,99	340,00	238,00	238,00	238,00	207,13	177,08
354,99	350,00	245,00	245,00	245,00	212,49	182,44
364,99	360,00	252,00	252,00	252,00	217,86	187,81
374,99	370,00	259,00	259,00	259,00	222,46	192,35
384,99	380,00	266,00	266,00	266,00	227,82	197,71
394,99	390,00	273,00	273,00	273,00	233,19	203,14
404,99	400,00	280,00	280,00	280,00	238,55	208,50
414,99	410,00	287,00	287,00	287,00	243,15	213,04
424,99	420,00	294,00	294,00	294,00	248,52	218,40
434,99	430,00	301,00	301,00	301,00	253,88	223,77
444,99	440,00	308,00	308,00	308,00	259,24	229,19
454,99	450,00	315,00	315,00	315,00	264,61	234,56
464,99	460,00	322,00	322,00	322,00	269,21	239,10
474,99	470,00	329,00	329,00	329,00	274,57	244,45
484,99	480,00	336,00	336,00	336,00	279,94	249,82
494,99	490,00	343,00	343,00	343,00	285,29	255,24
504,99	500,00	350,00	350,00	350,00	289,84	259,78
514,99	510,00	357,00	357,00	357,00	295,27	265,15
524,99	520,00	364,00	364,00	364,00	300,62	270,52
534,99	530,00	371,00	371,00	371,00	305,98	275,87
544,99	540,00	378,00	378,00	378,00	311,35	281,30
554,99	550,00	385,00	385,00	385,00	315,90	285,85
564,99	560,00	392,00	392,00	392,00	321,31	291,20
574,99	570,00	399,00	399,00	399,00	326,68	296,56
584,99	580,00	406,00	406,00	406,00	332,04	301,99
594,99	590,00	413,00	413,00	413,00	336,58	306,53
604,99	600,00	420,00	420,00	420,00	342,01	311,89
614,99	610,00	427,00	427,00	427,00	347,37	317,26
624,99	620,00	434,00	434,00	434,00	352,73	322,62
634,99	630,00	441,00	441,00	441,00	358,10	328,05
644,99	640,00	353,65	353,65	353,65	268,30	238,25
654,99	650,00	359,16	359,16	359,16	272,22	241,86
664,99	660,00	364,70	364,70	364,70	276,13	245,45
674,99	670,00	370,22	370,22	370,22	280,00	249,03
684,99	680,00	375,75	375,75	375,75	283,08	251,73

Mindestnettobeträge – 70%-Tabelle

Vollzeitarbeits-entgelt		Mindestnettobetrag in der Steuerklasse				
Monat bis DM	Monat bis DM gerundet:	I/IV	II	III	V	VI
694,99	690,00	381,27	381,27	381,27	286,96	255,30
704,99	700,00	386,81	386,81	386,81	290,92	258,90
714,99	710,00	392,32	392,32	392,32	294,80	262,47
724,99	720,00	397,86	397,86	397,86	298,70	266,06
734,99	730,00	403,38	403,38	403,38	301,76	268,75
744,99	740,00	408,91	408,91	408,91	305,66	272,34
754,99	750,00	414,42	414,42	414,42	309,60	275,91
764,99	760,00	419,96	419,96	419,96	313,49	279,51
774,99	770,00	425,47	425,47	425,47	316,55	282,18
784,99	780,00	431,01	431,01	431,01	320,45	285,78
794,99	790,00	436,53	436,53	436,53	324,33	289,36
804,99	800,00	442,06	442,06	442,06	328,29	292,95
814,99	810,00	447,58	447,58	447,58	332,17	296,52
824,99	820,00	453,12	453,12	453,12	334,85	299,23
834,99	830,00	458,63	458,63	458,63	338,42	302,80
844,99	840,00	464,17	464,17	464,17	342,09	306,39
854,99	850,00	469,68	469,68	469,68	345,65	309,97
864,99	860,00	475,22	475,22	475,22	348,28	312,59
874,99	870,00	480,73	480,73	480,73	351,85	316,23
884,99	880,00	486,27	486,27	486,27	355,45	319,84
894,99	890,00	491,79	491,79	491,79	359,09	323,48
904,99	900,00	497,32	497,32	497,32	362,70	327,30
914,99	910,00	502,84	502,84	502,84	365,30	330,24
924,99	920,00	508,38	508,38	508,38	368,89	334,12
934,99	930,00	513,89	513,89	513,89	372,46	337,91
944,99	940,00	519,43	519,43	519,43	376,14	341,73
954,99	950,00	524,94	524,94	524,94	378,74	344,66
964,99	960,00	530,47	530,47	530,47	382,33	348,54
974,99	970,00	535,99	535,99	535,99	385,91	352,34
984,99	980,00	541,53	541,53	541,53	389,50	356,15
994,99	990,00	547,04	547,04	547,04	393,16	359,94
1004,99	1000,00	552,58	552,58	552,58	395,78	362,89
1014,99	1010,00	558,10	558,10	558,10	399,35	366,76
1024,99	1020,00	563,63	563,63	563,63	402,94	370,57
1034,99	1030,00	569,15	569,15	569,15	406,53	374,37

Mindestnettobeträge – 70%-Tabelle

Vollzeitarbeitsentgelt Monat bis DM	Monat bis DM gerundet:	Mindestnettobetrag in der Steuerklasse				
		I/IV	II	III	V	VI
1044,99	1040,00	574,69	574,69	574,69	409,22	377,33
1054,99	1050,00	580,20	580,20	580,20	412,78	381,11
1064,99	1060,00	585,73	585,73	585,73	416,58	385,00
1074,99	1070,00	591,25	591,25	591,25	420,37	388,79
1084,99	1080,00	596,79	596,79	596,79	424,19	392,60
1094,99	1090,00	602,30	602,30	602,30	427,19	395,54
1104,99	1100,00	607,84	607,84	607,84	431,00	399,36
1114,99	1110,00	613,35	613,35	613,35	434,79	403,21
1124,99	1120,00	618,89	618,89	618,89	438,61	407,04
1134,99	1130,00	624,41	624,41	624,41	441,61	409,97
1144,99	1140,00	629,94	629,94	629,94	445,42	413,78
1154,99	1150,00	635,45	635,45	635,45	449,22	417,56
1164,99	1160,00	640,99	640,99	640,99	453,03	421,45
1174,99	1170,00	646,51	646,51	646,51	456,82	425,24
1184,99	1180,00	652,04	652,04	652,04	459,85	428,20
1194,99	1190,00	657,56	657,56	657,56	463,64	432,00
1204,99	1200,00	663,10	663,10	663,10	467,45	435,87
1214,99	1210,00	668,61	668,61	668,61	471,25	439,68
1224,99	1220,00	674,15	674,15	674,15	474,21	442,63
1234,99	1230,00	679,67	679,67	679,67	478,07	446,42
1244,99	1240,00	685,20	685,20	685,20	481,89	450,23
1254,99	1250,00	690,71	690,71	690,71	485,67	454,08
1264,99	1260,00	696,25	696,25	696,25	489,48	457,90
1274,99	1270,00	701,76	701,76	701,76	492,49	460,84
1284,99	1280,00	707,30	707,30	707,30	496,30	464,66
1294,99	1290,00	712,82	712,82	712,82	500,09	468,45
1304,99	1300,00	718,35	718,35	718,35	503,92	472,33
1314,99	1310,00	723,87	723,87	723,87	506,85	475,27
1324,99	1320,00	729,41	729,41	729,41	510,73	479,08
1334,99	1330,00	734,92	734,92	734,92	514,53	482,87
1344,99	1340,00	740,46	740,46	740,46	518,34	486,70
1354,99	1350,00	745,97	745,97	745,97	522,12	490,54
1364,99	1360,00	751,51	751,51	751,51	525,08	493,49
1374,99	1370,00	757,02	757,02	757,02	528,94	497,29
1384,99	1380,00	762,56	762,56	762,56	532,76	498,13

Mindestnettobeträge – 70%-Tabelle

Vollzeitarbeits-entgelt Monat bis DM	Monat bis DM gerundet:	Mindestnettobetrag in der Steuerklasse			
		I/IV	II	III	V	VI
1394,99	1390,00	768,08	768,08	768,08	536,56	498,74
1404,99	1400,00	773,61	773,61	773,61	539,51	496,87
1414,99	1410,00	779,13	779,13	779,13	543,30	497,48
1424,99	1420,00	784,67	784,67	784,67	547,18	498,13
1434,99	1430,00	790,18	790,18	790,18	550,98	498,74
1444,99	1440,00	795,72	795,72	795,72	554,79	499,25
1454,99	1450,00	801,23	801,23	801,23	557,72	497,34
1464,99	1460,00	806,76	806,76	806,76	561,54	501,28
1474,99	1470,00	812,28	812,28	812,28	565,39	504,55
1484,99	1480,00	817,82	817,82	817,82	569,21	507,57
1494,99	1490,00	823,33	823,33	823,33	572,15	509,64
1504,99	1500,00	828,87	828,87	828,87	575,96	512,66
1514,99	1510,00	834,39	834,39	834,39	579,82	515,93
1524,99	1520,00	839,92	839,92	839,92	583,63	519,08
1534,99	1530,00	845,44	845,44	845,44	587,43	522,21
1544,99	1540,00	850,98	850,98	850,98	588,92	524,17
1554,99	1550,00	856,49	856,49	856,49	589,53	527,30
1564,99	1560,00	862,02	862,02	862,02	590,18	530,59
1574,99	1570,00	867,54	867,54	867,54	590,79	533,73
1584,99	1580,00	872,32	873,08	873,08	588,92	535,69
1594,99	1590,00	876,20	878,59	878,59	589,53	538,82
1604,99	1600,00	880,92	884,13	884,13	590,16	541,98
1614,99	1610,00	884,80	889,64	889,64	590,79	545,10
1624,99	1620,00	889,51	895,18	895,18	591,29	548,26
1634,99	1630,00	892,51	900,70	900,70	594,02	550,33
1644,99	1640,00	897,23	906,23	906,23	597,31	553,48
1654,99	1650,00	901,10	911,74	911,74	600,30	556,61
1664,99	1660,00	905,00	917,28	917,28	603,59	559,89
1674,99	1670,00	908,81	922,80	922,80	605,53	561,70
1684,99	1680,00	912,72	928,33	928,33	608,69	564,98
1694,99	1690,00	917,34	933,85	933,85	611,68	568,26
1704,99	1700,00	921,24	939,39	939,39	614,97	571,41
1714,99	1710,00	925,88	944,90	944,90	618,10	574,55
1724,99	1720,00	928,89	950,44	950,44	620,06	576,63
1734,99	1730,00	933,59	955,96	955,96	623,34	579,76

Mindestnettobeträge – 70%-Tabelle

Vollzeitarbeitsentgelt		Mindestnettobetrag in der Steuerklasse				
Monat bis DM	Monat bis DM gerundet:	I/IV	II	III	V	VI
1744,99	1740,00	937,43	961,49	961,49	626,49	582,92
1754,99	1750,00	941,23	967,00	967,00	629,62	586,04
1764,99	1760,00	945,01	972,54	972,54	631,58	588,13
1774,99	1770,00	948,83	978,05	978,05	634,71	591,41
1784,99	1780,00	953,54	983,59	983,59	637,86	594,56
1794,99	1790,00	957,29	989,11	989,11	641,00	597,70
1804,99	1800,00	962,02	994,64	994,64	644,27	600,85
1814,99	1810,00	964,89	1000,16	1000,16	646,21	602,91
1824,99	1820,00	969,60	1005,70	1005,70	649,50	606,07
1834,99	1830,00	973,35	1011,21	1011,21	652,63	609,33
1844,99	1840,00	977,13	1016,75	1016,75	655,66	612,63
1854,99	1850,00	980,94	1022,26	1022,28	657,72	614,56
1864,99	1860,00	984,70	1027,80	1027,80	661,01	617,72
1874,99	1870,00	989,35	1033,31	1033,31	664,01	620,97
1884,99	1880,00	993,11	1038,85	1038,85	667,30	624,12
1894,99	1890,00	997,75	1044,37	1044,37	670,56	627,39
1904,99	1900,00	1000,64	1049,90	1049,90	672,52	629,35
1914,99	1910,00	1005,21	1055,42	1055,42	675,65	632,63
1924,99	1920,00	1008,98	1060,96	1060,96	678,94	635,78
1934,99	1930,00	1012,73	1066,47	1066,47	682,07	639,03
1944,99	1940,00	1016,44	1072,01	1072,01	684,03	641,13
1954,99	1950,00	1020,19	1077,52	1077,52	687,30	644,12
1964,99	1960,00	1024,84	1083,05	1083,05	690,45	647,41
1974,99	1970,00	1028,54	1088,57	1088,57	693,71	650,54
1984,99	1980,00	1033,19	1094,11	1094,11	696,86	653,84
1994,99	1990,00	1036,00	1099,62	1099,62	698,94	655,77
2004,99	2000,00	1039,70	1105,16	1105,16	702,09	658,92
2014,99	2010,00	1043,39	1110,68	1110,68	705,22	662,06
2024,99	2020,00	1047,11	1116,21	1116,21	708,51	665,34
2034,99	2030,00	1049,85	1121,73	1121,73	710,58	667,16
2044,99	2040,00	1053,63	1127,27	1127,27	713,73	670,31
2054,99	2050,00	1057,30	1132,78	1132,78	716,99	673,55
2064,99	2060,00	1061,01	1138,31	1138,31	720,01	676,71
2074,99	2070,00	1064,71	1143,83	1143,83	723,28	679,84
2084,99	2080,00	1067,47	1149,37	1149,37	725,38	681,81

Mindestnettobeträge – 70%-Tabelle

Vollzeitarbeits-entgelt		Mindestnettobetrag in der Steuerklasse				
Monat bis DM	Monat bis DM gerundet:	I/IV	II	III	V	VI
2094,99	2090,00	1072,04	1154,88	1154,88	728,51	684,94
2104,99	2100,00	1075,75	1160,42	1160,42	731,79	687,97
2114,99	2110,00	1079,44	1165,93	1165,93	735,06	691,10
2124,99	2120,00	1082,20	1171,47	1171,47	737,02	693,06
2134,99	2130,00	1085,89	1176,99	1176,99	740,15	696,19
2144,99	2140,00	1089,61	1180,95	1182,52	743,44	699,35
2154,99	2150,00	1093,28	1184,82	1188,03	746,42	702,47
2164,99	2160,00	1096,99	1188,73	1193,57	749,72	705,63
2174,99	2170,00	1099,74	1191,79	1199,09	751,66	707,43
2184,99	2180,00	1103,39	1195,62	1204,62	754,94	710,58
2194,99	2190,00	1107,07	1199,49	1210,14	757,95	713,58
2204,99	2200,00	1110,78	1203,39	1215,68	761,10	716,86
2214,99	2210,00	1113,53	1206,39	1221,19	763,17	718,68
2224,99	2220,00	1117,18	1210,22	1226,73	766,32	721,83
2234,99	2230,00	1120,86	1214,10	1232,25	769,45	724,84
2244,99	2240,00	1124,51	1217,94	1237,78	772,60	727,99
2254,99	2250,00	1128,19	1221,75	1243,29	775,73	730,98
2264,99	2260,00	1130,56	1224,76	1248,83	777,57	732,80
2274,99	2270,00	1133,83	1228,58	1254,34	780,70	736,07
2284,99	2280,00	1137,13	1232,36	1259,88	783,85	739,09
2294,99	2290,00	1140,48	1236,17	1265,40	786,99	742,10
2304,99	2300,00	1142,65	1239,12	1270,93	788,95	743,92
2314,99	2310,00	1147,12	1243,82	1276,45	792,08	747,05
2324,99	2320,00	1150,42	1247,59	1281,99	795,24	750,07
2334,99	2330,00	1153,69	1251,40	1287,50	798,22	753,08
2344,99	2340,00	1157,07	1255,18	1293,04	801,38	756,09
2354,99	2350,00	1159,22	1258,04	1298,55	803,31	758,03
2364,99	2360,00	1162,52	1261,88	1304,09	806,34	761,05
2374,99	2370,00	1165,79	1265,64	1309,60	809,60	764,06
2384,99	2380,00	1169,16	1269,40	1315,14	812,62	767,21
2394,99	2390,00	1171,32	1272,27	1320,66	814,56	768,88
2404,99	2400,00	1174,61	1275,99	1326,19	817,59	772,03
2414,99	2410,00	1177,89	1279,73	1331,71	820,72	774,90
2424,99	2420,00	1181,19	1283,51	1337,25	823,74	777,92
2434,99	2430,00	1184,46	1287,20	1342,76	826,74	781,05

Mindestnettobeträge – 70%-Tabelle

Vollzeitarbeitsentgelt		Mindestnettobetrag in der Steuerklasse				
Monat bis DM	Monat bis DM gerundet:	I/IV	II	III	V	VI
2444,99	2440,00	1186,64	1290,09	1348,30	828,70	782,75
2454,99	2450,00	1189,91	1293,78	1353,81	831,82	785,74
2464,99	2460,00	1193,21	1297,48	1359,34	834,86	788,77
2474,99	2470,00	1196,56	1301,24	1364,86	837,84	791,76
2484,99	2480,00	1199,12	1304,00	1370,40	839,80	793,59
2494,99	2490,00	1202,65	1307,68	1375,91	842,81	796,60
2504,99	2500,00	1206,20	1311,40	1381,45	845,84	799,62
2514,99	2510,00	1209,73	1315,08	1386,97	848,83	802,49
2524,99	2520,00	1213,22	1318,86	1392,50	851,98	805,64
2534,99	2530,00	1215,76	1321,60	1398,02	853,66	807,31
2544,99	2540,00	1220,30	1326,26	1403,56	856,82	810,20
2554,99	2550,00	1223,82	1329,94	1409,07	859,80	813,19
2564,99	2560,00	1227,30	1333,59	1414,60	862,83	816,08
2574,99	2570,00	1229,84	1336,39	1420,12	864,64	817,89
2584,99	2580,00	1233,39	1340,11	1425,66	867,66	820,92
2594,99	2590,00	1236,85	1343,79	1431,17	870,79	823,91
2604,99	2600,00	1240,41	1347,44	1436,71	873,68	826,81
2614,99	2610,00	1242,88	1350,25	1442,22	876,67	829,80
2624,99	2620,00	1245,44	1353,01	1447,76	878,51	831,36
2634,99	2630,00	1248,90	1356,70	1453,28	881,51	834,37
2644,99	2640,00	1251,39	1359,47	1458,81	884,53	837,26
2654,99	2650,00	1254,91	1363,09	1464,32	887,52	840,25
2664,99	2660,00	1256,42	1364,97	1469,86	889,22	841,81
2674,99	2670,00	1259,87	1368,59	1475,38	892,21	844,82
2684,99	2680,00	1263,35	1372,31	1480,91	895,10	847,83
2694,99	2690,00	1265,83	1375,05	1486,43	898,24	850,71
2704,99	2700,00	1269,39	1378,69	1491,97	901,26	853,59
2714,99	2710,00	1271,84	1381,37	1497,48	902,80	855,27
2724,99	2720,00	1274,28	1383,63	1503,02	905,83	858,16
2734,99	2730,00	1277,81	1386,90	1508,54	908,96	861,02
2744,99	2740,00	1281,29	1390,27	1514,07	911,84	863,91
2754,99	2750,00	1282,70	1391,30	1519,58	913,51	865,71
2764,99	2760,00	1286,17	1394,67	1525,12	916,53	868,47
2774,99	2770,00	1289,64	1397,94	1530,63	919,54	871,33
2784,99	2780,00	1292,14	1400,20	1536,17	922,43	874,23

Mindestnettobeträge – 70%-Tabelle

Vollzeitarbeits-entgelt Monat bis DM	Monat bis DM gerundet:	Mindestnettobetrag in der Steuerklasse				
		I/IV	II	III	V	VI
2794,99	2790,00	1295,60	1403,48	1541,69	925,29	877,23
2804,99	2800,00	1297,03	1404,54	1547,22	927,00	878,79
2814,99	2810,00	1300,49	1407,81	1552,74	929,99	881,66
2824,99	2820,00	1303,97	1411,18	1558,28	932,88	884,54
2834,99	2830,00	1306,38	1413,34	1563,79	935,75	887,41
2844,99	2840,00	1308,87	1415,51	1569,33	937,44	888,98
2854,99	2850,00	1312,33	1418,78	1574,84	940,44	891,84
2864,99	2860,00	1314,75	1420,96	1580,38	943,32	894,73
2874,99	2870,00	1318,22	1424,23	1585,89	946,32	897,60
2884,99	2880,00	1321,64	1427,53	1591,43	949,21	900,35
2894,99	2890,00	1323,04	1428,64	1596,95	950,75	902,03
2904,99	2900,00	1326,47	1432,20	1602,48	953,78	904,79
2914,99	2910,00	1329,92	1435,73	1608,00	956,64	907,65
2924,99	2920,00	1332,36	1438,28	1613,54	959,67	910,54
2934,99	2930,00	1334,75	1440,76	1619,05	961,09	912,08
2944,99	2940,00	1337,18	1443,32	1624,59	964,10	914,84
2954,99	2950,00	1340,58	1446,84	1630,10	966,97	917,71
2964,99	2960,00	1344,06	1450,39	1634,12	969,84	920,58
2974,99	2970,00	1347,46	1453,85	1638,01	972,71	923,45
2984,99	2980,00	1348,82	1455,41	1641,90	974,28	924,89
2994,99	2990,00	1352,28	1458,88	1645,78	977,15	927,75
3004,99	3000,00	1354,64	1461,44	1649,68	980,04	930,51
3014,99	3010,00	1358,11	1464,90	1653,55	982,91	933,25
3024,99	3020,00	1360,46	1467,47	1657,45	984,47	934,81
3034,99	3030,00	1362,87	1469,93	1661,34	987,34	937,69
3044,99	3040,00	1366,30	1473,48	1666,88	990,22	940,44
3054,99	3050,00	1369,68	1476,94	1670,74	993,08	943,17
3064,99	3060,00	1372,04	1479,44	1674,52	995,98	946,05
3074,99	3070,00	1374,44	1481,89	1678,39	997,52	947,47
3084,99	3080,00	1377,87	1485,45	1682,29	1000,28	950,23
3094,99	3090,00	1380,20	1487,92	1686,17	1003,14	952,96
3104,99	3100,00	1383,61	1491,41	1690,07	1006,03	955,84
3114,99	3110,00	1384,90	1492,88	1693,94	1007,57	957,26
3124,99	3120,00	1388,31	1496,36	1697,72	1010,33	960,02
3134,99	3130,00	1391,71	1499,83	1703,23	1013,06	962,88

Mindestnettobeträge – 70%-Tabelle

Vollzeitarbeitsentgelt		Mindestnettobetrag in der Steuerklasse				
Monat bis DM	Monat bis DM gerundet:	I/IV	II	III	V	VI
3144,99	3140,00	1395,14	1503,31	1707,13	1015,96	965,51
3154,99	3150,00	1398,52	1506,77	1711,01	1018,82	968,36
3164,99	3160,00	1400,88	1509,27	1714,90	1020,38	969,80
3174,99	3170,00	1404,28	1512,72	1718,66	1023,11	972,54
3184,99	3180,00	1407,70	1516,21	1722,55	1025,87	975,30
3194,99	3190,00	1411,09	1519,68	1726,43	1028,73	978,03
3204,99	3200,00	1413,39	1522,16	1730,20	1030,17	979,45
3214,99	3210,00	1416,78	1525,63	1734,08	1033,04	982,19
3224,99	3220,00	1420,20	1529,12	1739,62	1035,79	984,94
3234,99	3230,00	1423,60	1532,57	1743,37	1038,53	987,68
3244,99	3240,00	1426,96	1536,06	1747,27	1041,43	990,30
3254,99	3250,00	1429,29	1538,45	1751,15	1042,82	991,72
3264,99	3260,00	1432,70	1541,94	1754,91	1045,58	994,47
3274,99	3270,00	1436,03	1545,41	1758,80	1048,45	997,21
3284,99	3280,00	1439,45	1548,89	1762,57	1051,21	999,96
3294,99	3290,00	1441,72	1551,30	1766,45	1052,61	1001,23
3304,99	3300,00	1445,14	1554,78	1770,22	1055,51	1003,99
3314,99	3310,00	1448,47	1558,24	1775,73	1058,11	1006,73
3324,99	3320,00	1451,89	1561,66	1779,51	1061,00	1009,36
3334,99	3330,00	1455,22	1565,12	1783,38	1063,73	1012,10
3344,99	3340,00	1457,51	1567,55	1787,16	1065,03	1013,38
3354,99	3350,00	1460,91	1571,00	1791,03	1067,89	1016,11
3364,99	3360,00	1464,26	1574,43	1794,80	1070,51	1018,75
3374,99	3370,00	1467,65	1577,88	1798,56	1073,38	1021,48
3384,99	3380,00	1469,95	1580,31	1802,45	1074,69	1022,77
3394,99	3390,00	1473,28	1583,72	1806,21	1077,42	1025,51
3404,99	3400,00	1476,64	1587,19	1811,75	1080,18	1028,14
3414,99	3410,00	1479,96	1590,60	1815,49	1082,91	1030,74
3424,99	3420,00	1483,38	1594,08	1819,27	1085,67	1033,49
3434,99	3430,00	1485,65	1596,49	1823,14	1086,94	1034,64
3444,99	3440,00	1489,01	1599,90	1826,92	1089,70	1037,39
3454,99	3450,00	1492,33	1603,29	1830,67	1092,56	1039,99
3464,99	3460,00	1495,68	1606,77	1834,43	1095,18	1042,74
3474,99	3470,00	1497,94	1609,11	1838,19	1096,46	1043,89
3484,99	3480,00	1501,30	1612,53	1841,97	1099,08	1046,65

Mindestnettobeträge – 70%-Tabelle

Vollzeitarbeits-entgelt		Mindestnettobetrag in der Steuerklasse				
Monat bis DM	Monat bis DM gerundet:	I/IV	II	III	V	VI
3494,99	3490,00	1504,63	1615,99	1847,48	1101,82	1049,26
3504,99	3500,00	1507,98	1619,41	1851,37	1104,57	1051,88
3514,99	3510,00	1511,31	1622,82	1855,13	1107,31	1054,61
3524,99	3520,00	1513,55	1625,23	1858,90	1108,61	1055,78
3534,99	3530,00	1516,88	1628,63	1862,65	1111,22	1058,38
3544,99	3540,00	1520,23	1632,06	1866,43	1113,97	1061,01
3554,99	3550,00	1523,56	1635,44	1870,17	1116,70	1063,60
3564,99	3560,00	1525,78	1637,80	1873,94	1118,00	1064,76
3574,99	3570,00	1529,11	1641,20	1877,70	1120,60	1067,37
3584,99	3580,00	1532,46	1644,62	1883,24	1123,23	1070,00
3594,99	3590,00	1535,79	1648,01	1886,98	1125,96	1072,60
3604,99	3600,00	1539,14	1651,43	1890,76	1128,58	1075,35
3614,99	3610,00	1541,34	1653,77	1894,38	1129,87	1076,50
3624,99	3620,00	1544,63	1657,19	1898,16	1132,63	1079,12
3634,99	3630,00	1547,97	1660,58	1901,91	1135,22	1081,59
3644,99	3640,00	1551,32	1664,01	1905,68	1137,84	1084,22
3654,99	3650,00	1553,52	1666,34	1909,43	1139,12	1085,49
3664,99	3660,00	1556,80	1669,76	1913,20	1141,74	1087,99
3674,99	3670,00	1560,13	1673,09	1918,71	1144,47	1090,58
3684,99	3680,00	1563,42	1676,50	1922,36	1147,10	1093,08
3694,99	3690,00	1566,75	1679,90	1926,11	1149,70	1095,82
3704,99	3700,00	1568,97	1682,25	1929,89	1150,87	1096,84
3714,99	3710,00	1572,25	1685,59	1933,64	1153,47	1099,32
3724,99	3720,00	1575,60	1689,02	1937,29	1156,11	1102,08
3734,99	3730,00	1578,86	1692,40	1941,04	1158,70	1104,54
3744,99	3740,00	1581,09	1694,71	1944,82	1159,87	1105,71
3754,99	3750,00	1584,34	1698,09	1948,44	1162,46	1108,17
3764,99	3760,00	1587,63	1701,44	1953,97	1165,09	1110,67
3774,99	3770,00	1590,96	1704,84	1957,72	1167,83	1113,41
3784,99	3780,00	1594,25	1708,19	1961,49	1170,44	1115,89
3794,99	3790,00	1596,39	1710,53	1965,12	1171,46	1116,91
3804,99	3800,00	1599,75	1713,88	1968,90	1174,09	1119,39
3814,99	3810,00	1603,00	1717,21	1972,52	1176,69	1122,00
3824,99	3820,00	1606,29	1720,64	1976,29	1179,44	1124,49
3834,99	3830,00	1608,43	1722,90	1979,92	1180,45	1125,64

Mindestnettobeträge – 70%-Tabelle

Vollzeitarbeitsentgelt		Mindestnettobetrag in der Steuerklasse				
Monat bis DM	Monat bis DM gerundet:	I/IV	II	III	V	VI
3844,99	3840,00	1611,72	1726,25	1983,69	1182,94	1128,13
3854,99	3850,00	1614,97	1729,65	1989,20	1185,54	1130,72
3864,99	3860,00	1618,32	1733,00	1992,84	1188,30	1133,08
3874,99	3870,00	1621,59	1736,34	1996,60	1190,77	1135,69
3884,99	3880,00	1623,75	1738,62	2000,25	1191,94	1136,72
3894,99	3890,00	1627,02	1741,95	2004,00	1194,42	1139,19
3904,99	3900,00	1630,30	1745,37	2007,77	1197,03	1141,68
3914,99	3910,00	1633,56	1748,71	2011,39	1199,63	1144,15
3924,99	3920,00	1635,66	1750,92	2015,17	1200,68	1145,19
3934,99	3930,00	1638,92	1754,33	2018,80	1203,14	1147,66
3944,99	3940,00	1642,21	1757,67	2024,34	1205,77	1150,28
3954,99	3950,00	1645,48	1761,00	2028,08	1208,23	1152,61
3964,99	3960,00	1648,75	1764,35	2031,72	1210,86	1155,25
3974,99	3970,00	1650,89	1766,56	2035,47	1211,86	1156,11
3984,99	3980,00	1654,12	1769,92	2039,12	1214,49	1158,75
3994,99	3990,00	1657,38	1773,25	2042,75	1216,96	1161,08
4004,99	4000,00	1660,66	1776,60	2046,53	1219,58	1163,57
4014,99	4010,00	1662,75	1778,86	2050,15	1220,60	1164,45
4024,99	4020,00	1666,02	1782,15	2053,92	1223,09	1166,95
4034,99	4030,00	1669,28	1785,48	2057,55	1225,70	1169,55
4044,99	4040,00	1672,50	1788,84	2061,32	1228,06	1172,05
4054,99	4050,00	1675,77	1792,16	2064,94	1230,64	1174,38
4064,99	4060,00	1677,87	1794,39	2066,83	1231,68	1175,41
4074,99	4070,00	1681,12	1797,71	2070,45	1234,15	1177,88
4084,99	4080,00	1684,35	1801,07	2074,22	1236,65	1180,10
4094,99	4090,00	1687,61	1804,33	2077,85	1239,11	1182,58
4104,99	4100,00	1689,70	1806,56	2081,62	1240,16	1183,60
4114,99	4110,00	1692,90	1809,89	2085,24	1242,62	1185,94
4124,99	4120,00	1696,18	1813,25	2088,89	1245,25	1188,44
4134,99	4130,00	1699,38	1816,51	2092,65	1247,59	1190,78
4144,99	4140,00	1702,61	1819,86	2096,30	1250,07	1193,26
4154,99	4150,00	1704,67	1822,06	2098,15	1251,08	1194,14
4164,99	4160,00	1707,96	1825,34	2101,79	1253,57	1196,64
4174,99	4170,00	1711,16	1828,67	2105,54	1256,04	1198,97
4184,99	4180,00	1714,38	1831,97	2111,08	1258,40	1201,46

Mindestnettobeträge – 70%-Tabelle

Vollzeitarbeitsentgelt		Mindestnettobetrag in der Steuerklasse				
Monat bis DM	Monat bis DM gerundet:	I/IV	II	III	V	VI
4194,99	4190,00	1716,45	1834,17	2112,82	1259,41	1202,21
4204,99	4200,00	1719,68	1837,46	2116,60	1261,90	1204,57
4214,99	4210,00	1722,87	1840,79	2120,22	1264,38	1207,04
4224,99	4220,00	1726,16	1844,07	2123,87	1266,87	1209,40
4234,99	4230,00	1729,35	1847,34	2127,62	1269,34	1211,74
4244,99	4240,00	1731,38	1849,56	2131,26	1270,25	1212,65
4254,99	4250,00	1734,58	1852,82	2134,88	1272,58	1215,10
4264,99	4260,00	1737,79	1856,11	2138,65	1275,06	1217,46
4274,99	4270,00	1740,99	1859,45	2142,28	1277,53	1219,80
4284,99	4280,00	1743,08	1861,60	2144,04	1278,44	1220,57
4294,99	4290,00	1746,28	1864,86	2147,80	1280,78	1222,91
4304,99	4300,00	1749,51	1868,15	2151,44	1283,26	1225,27
4314,99	4310,00	1752,70	1871,42	2155,07	1285,73	1227,74
4324,99	4320,00	1755,85	1874,70	2158,84	1288,09	1230,10
4334,99	4330,00	1757,93	1876,91	2162,46	1288,98	1230,99
4344,99	4340,00	1761,14	1880,19	2165,97	1291,34	1233,20
4354,99	4350,00	1764,27	1883,45	2169,24	1293,80	1235,54
4364,99	4360,00	1767,49	1886,74	2172,69	1296,16	1237,89
4374,99	4370,00	1769,51	1888,88	2173,72	1297,04	1238,64
4384,99	4380,00	1772,72	1892,16	2177,02	1299,54	1241,14
4394,99	4390,00	1775,91	1895,36	2180,30	1301,87	1243,34
4404,99	4400,00	1779,07	1898,65	2185,83	1304,23	1245,70
4414,99	4410,00	1782,28	1901,91	2189,26	1306,57	1248,04
4424,99	4420,00	1784,30	1904,07	2190,32	1307,47	1248,81
4434,99	4430,00	1787,43	1907,34	2193,60	1309,81	1251,15
4444,99	4440,00	1790,65	1910,62	2196,89	1312,16	1253,37
4454,99	4450,00	1793,85	1913,82	2200,30	1314,50	1255,84
4464,99	4460,00	1795,81	1915,98	2203,60	1315,40	1256,47
4474,99	4470,00	1799,00	1919,24	2206,88	1317,74	1258,68
4484,99	4480,00	1802,16	1922,47	2210,17	1320,10	1261,04
4494,99	4490,00	1805,36	1925,72	2213,45	1322,43	1263,24
4504,99	4500,00	1808,51	1929,00	2216,75	1324,93	1265,60
4514,99	4510,00	1810,52	1931,09	2217,94	1325,54	1266,22
4524,99	4520,00	1813,67	1934,37	2221,23	1328,04	1268,45
4534,99	4530,00	1816,81	1937,57	2224,51	1330,24	1270,79

Mindestnettobeträge – 70%-Tabelle

Vollzeitarbeitsentgelt		Mindestnettobetrag in der Steuerklasse				
Monat bis DM	Monat bis DM gerundet:	I/IV	II	III	V	VI
4544,99	4540,00	1820,02	1940,85	2227,81	1332,60	1273,01
4554,99	4550,00	1821,95	1942,92	2231,08	1333,34	1273,75
4564,99	4560,00	1825,11	1946,13	2234,37	1335,84	1275,85
4574,99	4570,00	1828,24	1949,40	2237,65	1338,04	1278,19
4584,99	4580,00	1831,46	1952,62	2240,95	1340,40	1280,27
4594,99	4590,00	1834,60	1955,88	2244,38	1342,73	1282,61
4604,99	4600,00	1836,56	1957,98	2245,43	1343,50	1283,12
4614,99	4610,00	1839,68	1961,18	2248,71	1345,71	1285,33
4624,99	4620,00	1842,84	1964,40	2252,01	1348,07	1287,69
4634,99	4630,00	1845,97	1967,67	2257,52	1350,41	1289,76
4644,99	4640,00	1847,94	1969,77	2258,58	1351,05	1290,39
4654,99	4650,00	1851,06	1972,95	2261,85	1353,24	1292,60
4664,99	4660,00	1854,22	1976,17	2265,14	1355,60	1294,69
4674,99	4670,00	1857,35	1979,38	2268,42	1357,80	1296,90
4684,99	4680,00	1860,50	1982,59	2271,72	1360,16	1299,12
4694,99	4690,00	1862,44	1984,67	2274,99	1360,79	1299,47
4704,99	4700,00	1865,59	1987,88	2278,29	1363,15	1301,70
4714,99	4710,00	1868,73	1991,08	2281,57	1365,34	1303,77
4724,99	4720,00	1871,88	1994,31	2284,86	1367,70	1306,00
4734,99	4730,00	1873,75	1996,37	2285,90	1368,19	1306,35
4744,99	4740,00	1876,91	1999,60	2289,20	1370,55	1308,58
4754,99	4750,00	1880,03	2002,78	2292,47	1372,61	1310,64
4764,99	4760,00	1883,13	2006,00	2295,76	1374,97	1312,74
4774,99	4770,00	1886,26	2009,21	2299,20	1377,05	1314,94
4784,99	4780,00	1888,22	2011,23	2302,76	1377,68	1315,31
4794,99	4790,00	1891,28	2014,43	2306,28	1379,90	1317,53
4804,99	4800,00	1894,43	2017,65	2309,83	1381,98	1319,49
4814,99	4810,00	1897,57	2020,84	2313,36	1384,32	1321,55
4824,99	4820,00	1899,46	2022,87	2314,93	1384,69	1321,93
4834,99	4830,00	1902,54	2026,01	2318,46	1386,90	1324,00
4844,99	4840,00	1905,69	2029,24	2322,01	1389,12	1326,10
4854,99	4850,00	1908,74	2032,42	2327,51	1391,32	1328,16
4864,99	4860,00	1911,90	2035,64	2331,07	1393,42	1330,25
4874,99	4870,00	1913,77	2037,65	2332,47	1393,91	1330,48
4884,99	4880,00	1916,87	2040,81	2336,02	1396,13	1332,57

Mindestnettobeträge – 70%-Tabelle

Vollzeitarbeits-entgelt Monat bis DM	Monat bis DM gerundet:	Mindestnettobetrag in der Steuerklasse				
		I/IV	II	III	V	VI
4894,99	4890,00	1920,00	2044,00	2339,55	1398,21	1334,51
4904,99	4900,00	1923,08	2047,15	2343,10	1400,29	1336,61
4914,99	4910,00	1924,95	2049,16	2346,63	1400,78	1336,97
4924,99	4920,00	1928,05	2052,39	2350,18	1402,88	1339,05
4934,99	4930,00	1931,18	2055,52	2353,72	1405,08	1340,99
4944,99	4940,00	1934,26	2058,73	2357,26	1407,18	1342,95
4954,99	4950,00	1937,32	2061,86	2360,65	1409,24	1345,02
4964,99	4960,00	1939,22	2063,88	2362,22	1409,74	1345,13
4974,99	4970,00	1942,28	2067,02	2365,75	1411,68	1347,20
4984,99	4980,00	1945,37	2070,24	2369,30	1413,79	1349,29
4994,99	4990,00	1948,44	2073,37	2372,83	1415,86	1351,23
5004,99	5000,00	1950,33	2075,34	2376,26	1416,23	1351,35
5014,99	5010,00	1953,39	2078,53	2379,78	1418,30	1353,29
5024,99	5020,00	1956,49	2081,68	2383,33	1420,40	1355,38
5034,99	5030,00	1959,55	2084,82	2386,87	1422,34	1357,31
5044,99	5040,00	1962,64	2087,97	2390,42	1424,43	1359,16
5054,99	5050,00	1964,51	2089,97	2391,81	1424,77	1359,23
5064,99	5060,00	1967,53	2093,12	2395,37	1426,73	1361,32
5074,99	5070,00	1970,60	2096,26	2398,89	1428,81	1363,13
5084,99	5080,00	1973,68	2099,41	2404,43	1430,91	1365,09
5094,99	5090,00	1975,49	2101,35	2405,84	1431,12	1365,18
5104,99	5100,00	1978,57	2104,50	2409,39	1433,22	1367,14
5114,99	5110,00	1981,64	2107,64	2412,92	1435,16	1369,08
5124,99	5120,00	1984,73	2110,79	2416,47	1437,13	1370,91
5134,99	5130,00	1987,79	2113,92	2419,88	1439,07	1372,73
5144,99	5140,00	1989,63	2115,88	2423,43	1439,30	1372,96
5154,99	5150,00	1992,61	2119,01	2426,95	1441,37	1374,89
5164,99	5160,00	1995,71	2122,16	2430,50	1443,34	1376,72
5174,99	5170,00	1998,77	2125,29	2433,89	1445,28	1378,40
5184,99	5180,00	2000,61	2127,26	2435,45	1445,37	1378,51
5194,99	5190,00	2003,60	2130,32	2438,85	1447,45	1380,46
5204,99	5200,00	2006,69	2133,47	2442,41	1449,41	1382,28
5214,99	5210,00	2009,69	2136,61	2445,93	1451,35	1384,08
5224,99	5220,00	2012,78	2139,76	2449,36	1453,18	1385,92
5234,99	5230,00	2014,58	2141,64	2450,90	1453,41	1385,87

Mindestnettobeträge – 70%-Tabelle

Vollzeitarbeitsentgelt		Mindestnettobetrag in der Steuerklasse				
Monat bis DM	Monat bis DM gerundet:	I/IV	II	III	V	VI
5244,99	5240,00	2017,60	2144,79	2454,31	1455,37	1387,83
5254,99	5250,00	2020,61	2147,92	2457,83	1457,30	1389,50
5264,99	5260,00	2023,69	2151,00	2461,39	1459,12	1391,46
5274,99	5270,00	2025,42	2152,94	2462,80	1459,22	1391,29
5284,99	5280,00	2028,52	2156,03	2466,35	1461,18	1393,11
5294,99	5290,00	2031,51	2159,16	2469,75	1462,98	1394,92
5304,99	5300,00	2034,54	2162,26	2471,18	1464,95	1396,76
5314,99	5310,00	2037,60	2165,39	2474,71	1466,89	1398,43
5324,99	5320,00	2039,37	2167,28	2476,14	1467,00	1398,28
5334,99	5330,00	2042,37	2170,41	2479,67	1468,80	1400,08
5344,99	5340,00	2045,39	2173,50	2483,10	1470,63	1401,90
5354,99	5350,00	2048,45	2176,57	2486,62	1472,44	1403,58
5364,99	5360,00	2050,22	2178,45	2488,05	1472,54	1403,55
5374,99	5370,00	2053,21	2181,59	2491,57	1474,35	1405,24
5384,99	5380,00	2056,23	2184,67	2494,99	1476,17	1407,06
5394,99	5390,00	2059,23	2187,75	2498,52	1477,99	1408,80
5404,99	5400,00	2062,25	2190,90	2501,95	1479,82	1410,50
5414,99	5410,00	2063,99	2192,76	2503,35	1479,78	1410,38
5424,99	5420,00	2067,01	2195,85	2506,90	1481,60	1412,08
5434,99	5430,00	2070,02	2198,92	2510,43	1483,41	1413,83
5444,99	5440,00	2073,04	2202,00	2511,86	1485,25	1415,58
5454,99	5450,00	2074,77	2203,87	2515,26	1485,19	1415,40
5464,99	5460,00	2077,79	2206,97	2516,68	1486,88	1417,16
5474,99	5470,00	2080,80	2210,03	2520,22	1488,70	1418,84
5484,99	5480,00	2083,75	2213,11	2523,63	1490,66	1420,60
5494,99	5490,00	2086,74	2216,19	2527,16	1492,20	1422,34
5504,99	5500,00	2088,51	2218,08	2528,46	1492,18	1422,19
5514,99	5510,00	2091,51	2221,14	2531,99	1493,98	1423,93
5524,99	5520,00	2094,46	2224,24	2535,41	1495,68	1425,69
5534,99	5530,00	2097,47	2227,23	2538,94	1497,48	1427,37
5544,99	5540,00	2099,23	2229,14	2540,38	1497,33	1427,29
5554,99	5550,00	2102,16	2232,19	2543,77	1499,06	1428,95
5564,99	5560,00	2105,17	2235,21	2547,31	1500,82	1430,71
5574,99	5570,00	2108,11	2238,27	2550,71	1502,56	1432,45
5584,99	5580,00	2111,13	2241,36	2552,15	1504,33	1434,22

Mindestnettobeträge – 70%-Tabelle

Vollzeitarbeitsentgelt		Mindestnettobetrag in der Steuerklasse				
Monat bis DM	Monat bis DM gerundet:	I/IV	II	III	V	VI
5594,99	5590,00	2112,80	2243,17	2555,54	1504,16	1434,04
5604,99	5600,00	2115,83	2246,26	2559,09	1505,85	1435,74
5614,99	5610,00	2118,76	2249,33	2560,38	1507,59	1437,48
5624,99	5620,00	2121,79	2252,34	2563,93	1509,35	1439,24
5634,99	5630,00	2123,46	2254,15	2565,20	1509,19	1439,07
5644,99	5640,00	2126,41	2257,24	2568,75	1510,94	1440,83
5654,99	5650,00	2129,41	2260,31	2572,15	1512,68	1442,57
5664,99	5660,00	2132,37	2263,32	2575,56	1514,37	1444,25
5674,99	5670,00	2135,30	2266,39	2579,09	1516,12	1446,00
5684,99	5680,00	2136,99	2268,22	2580,40	1515,96	1445,85
5694,99	5690,00	2140,00	2271,21	2583,92	1517,71	1447,59
5704,99	5700,00	2142,95	2274,30	2587,33	1519,47	1449,36
5714,99	5710,00	2145,89	2277,30	2590,74	1521,21	1451,09
5724,99	5720,00	2147,58	2279,14	2592,17	1521,04	1450,93
5734,99	5730,00	2150,51	2282,13	2595,57	1522,73	1452,68
5744,99	5740,00	2153,47	2285,15	2599,11	1524,50	1454,38
5754,99	5750,00	2156,39	2288,22	2600,40	1526,23	1456,11
5764,99	5760,00	2159,35	2291,23	2603,80	1527,99	1457,88
5774,99	5770,00	2161,03	2293,05	2605,21	1527,81	1457,69
5784,99	5780,00	2163,98	2296,06	2608,64	1529,57	1459,46
5794,99	5790,00	2166,91	2299,07	2612,03	1531,25	1461,14
5804,99	5800,00	2169,87	2302,09	2615,58	1533,01	1462,90
5814,99	5810,00	2171,55	2303,90	2616,87	1532,83	1462,71
5824,99	5820,00	2174,43	2306,91	2620,28	1534,60	1464,48
5834,99	5830,00	2177,36	2309,92	2623,81	1536,34	1466,22
5844,99	5840,00	2180,32	2312,93	2627,23	1538,10	1467,98
5854,99	5850,00	2183,24	2315,93	2630,62	1539,78	1469,66
5864,99	5860,00	2184,88	2317,69	2631,92	1539,61	1469,56
5874,99	5870,00	2187,82	2320,70	2635,44	1541,35	1471,24
5884,99	5880,00	2190,78	2323,71	2638,87	1543,12	1473,00
5894,99	5890,00	2193,71	2326,71	2640,14	1544,86	1474,75
5904,99	5900,00	2195,33	2328,47	2643,57	1544,70	1474,59
5914,99	5910,00	2198,20	2331,48	2644,84	1546,44	1476,33
5924,99	5920,00	2201,16	2334,50	2648,39	1548,14	1478,03
5934,99	5930,00	2204,10	2337,50	2651,80	1549,88	1479,77

Mindestnettobeträge – 70%-Tabelle

Vollzeitarbeits-entgelt Monat bis DM	Monat bis DM gerundet:	Mindestnettobetrag in der Steuerklasse				
		I/IV	II	III	V	VI
5944,99	5940,00	2206,97	2340,53	2655,21	1551,65	1481,53
5954,99	5950,00	2208,58	2342,19	2656,49	1551,46	1481,35
5964,99	5960,00	2211,54	2345,22	2659,90	1553,22	1483,11
5974,99	5970,00	2214,40	2348,21	2663,29	1554,97	1484,85
5984,99	5980,00	2217,36	2351,23	2666,72	1556,66	1486,55
5994,99	5990,00	2218,97	2352,90	2668,12	1556,49	1486,44
6004,99	6000,00	2221,86	2355,93	2671,54	1558,25	1488,13
6014,99	6010,00	2224,79	2358,93	2674,95	1559,99	1489,87
6024,99	6020,00	2227,68	2361,89	2678,35	1561,76	1491,64
6034,99	6030,00	2230,55	2364,88	2679,64	1563,49	1493,38
6044,99	6040,00	2232,17	2366,59	2683,05	1563,35	1493,23
6054,99	6050,00	2235,04	2369,57	2686,45	1565,00	1494,89
6064,99	6060,00	2238,00	2372,52	2687,74	1566,77	1496,66
6074,99	6070,00	2240,86	2375,53	2691,14	1568,51	1498,40
6084,99	6080,00	2242,42	2377,22	2692,44	1568,36	1498,25
6094,99	6090,00	2245,29	2380,22	2695,84	1570,11	1499,99
6104,99	6100,00	2248,18	2383,18	2699,26	1571,87	1501,75
6114,99	6110,00	2251,05	2386,11	2702,65	1573,54	1503,43
6124,99	6120,00	2253,94	2389,14	2706,07	1575,30	1505,18
6134,99	6130,00	2255,48	2390,81	2707,35	1575,13	1505,01
6144,99	6140,00	2258,38	2393,76	2710,77	1576,89	1506,78
6154,99	6150,00	2261,23	2396,69	2714,17	1578,63	1508,51
6164,99	6160,00	2264,12	2399,72	2717,58	1580,39	1510,28
6174,99	6170,00	2265,66	2401,39	2718,86	1580,21	1510,09
6184,99	6180,00	2268,55	2404,34	2722,27	1581,91	1511,85
6194,99	6190,00	2271,42	2407,28	2725,67	1583,65	1513,54
6204,99	6200,00	2274,24	2410,23	2726,97	1585,42	1515,30
6214,99	6210,00	2277,11	2413,17	2730,37	1587,16	1517,04
6224,99	6220,00	2278,61	2414,86	2731,67	1586,99	1516,88
6234,99	6230,00	2281,48	2417,79	2735,07	1588,73	1518,62
6244,99	6240,00	2284,36	2420,75	2738,35	1590,44	1520,32
6254,99	6250,00	2287,17	2423,68	2741,74	1592,17	1522,06
6264,99	6260,00	2288,66	2425,38	2745,17	1592,01	1521,90
6274,99	6270,00	2291,52	2428,31	2748,56	1593,75	1523,64
6284,99	6280,00	2294,34	2431,27	2751,97	1595,52	1525,40

Mindestnettobeträge – 70%-Tabelle

Vollzeitarbeitsentgelt		Mindestnettobetrag in der Steuerklasse				
Monat bis DM	Monat bis DM gerundet:	I/IV	II	III	V	VI
6294,99	6290,00	2297,16	2434,13	2755,38	1597,26	1527,14
6304,99	6300,00	2300,03	2437,09	2758,79	1598,96	1528,85
6314,99	6310,00	2301,51	2438,77	2759,94	1598,78	1528,73
6324,99	6320,00	2304,34	2441,72	2763,36	1600,54	1530,42
6334,99	6330,00	2307,14	2444,59	2766,76	1602,28	1532,17
6344,99	6340,00	2309,96	2447,54	2770,17	1604,04	1533,93
6354,99	6350,00	2311,44	2449,14	2773,56	1603,86	1533,74
6364,99	6360,00	2314,25	2452,10	2776,99	1605,63	1535,51
6374,99	6370,00	2317,05	2455,03	2780,25	1607,30	1537,19
6384,99	6380,00	2320,15	2458,19	2783,94	1609,33	1539,22
6394,99	6390,00	2323,48	2461,66	2787,87	1611,61	1541,50
6404,99	6400,00	2325,52	2463,82	2789,70	1611,98	1541,87
6414,99	6410,00	2328,80	2467,30	2793,50	1614,26	1544,15
6424,99	6420,00	2332,14	2470,72	2797,46	1616,56	1546,45
6434,99	6430,00	2335,48	2474,19	2801,39	1618,78	1548,66
6444,99	6440,00	2337,45	2476,35	2805,34	1619,15	1549,11
6454,99	6450,00	2340,79	2479,76	2809,28	1621,43	1551,32
6464,99	6460,00	2344,14	2483,25	2813,09	1623,73	1553,62
6474,99	6470,00	2347,42	2486,65	2817,04	1626,01	1555,89
6484,99	6480,00	2350,78	2490,14	2820,98	1628,31	1558,19
6494,99	6490,00	2352,72	2492,22	2822,67	1628,67	1558,56
6504,99	6500,00	2356,00	2495,70	2826,61	1630,90	1560,78
6514,99	6510,00	2359,35	2499,11	2830,56	1633,18	1563,06
6524,99	6520,00	2362,63	2502,54	2834,37	1635,47	1565,35
6534,99	6530,00	2364,59	2504,68	2838,31	1635,84	1565,73
6544,99	6540,00	2367,88	2508,11	2842,26	1638,13	1568,02
6554,99	6550,00	2371,22	2511,51	2846,19	1640,42	1570,30
6564,99	6560,00	2374,51	2514,93	2850,01	1642,63	1572,52
6574,99	6570,00	2377,77	2518,34	2853,95	1644,92	1574,80
6584,99	6580,00	2379,74	2520,44	2855,64	1645,30	1575,18
6594,99	6590,00	2383,02	2523,84	2859,59	1647,58	1577,46
6604,99	6600,00	2386,30	2527,26	2863,53	1649,87	1579,76
6614,99	6610,00	2389,58	2530,68	2867,35	1652,15	1582,04
6624,99	6620,00	2391,47	2532,77	2871,29	1652,53	1582,41
6634,99	6630,00	2394,75	2536,17	2875,22	1654,74	1584,69

Mindestnettobeträge – 70%-Tabelle

Vollzeitarbeitsentgelt		Mindestnettobetrag in der Steuerklasse				
Monat bis DM	Monat bis DM gerundet:	I/IV	II	III	V	VI
6644,99	6640,00	2398,04	2539,59	2879,04	1657,04	1586,93
6654,99	6650,00	2401,32	2543,00	2882,98	1659,32	1589,21
6664,99	6660,00	2404,60	2546,42	2886,79	1661,62	1591,51
6674,99	6670,00	2406,48	2548,43	2888,62	1661,98	1591,86
6684,99	6680,00	2409,77	2551,86	2892,43	1664,26	1594,15
6694,99	6690,00	2412,98	2555,20	2896,38	1666,49	1596,37
6704,99	6700,00	2416,27	2558,63	2900,32	1668,79	1598,67
6714,99	6710,00	2418,15	2560,64	2904,13	1669,14	1599,02
6724,99	6720,00	2421,38	2564,05	2908,07	1671,43	1601,32
6734,99	6730,00	2424,65	2567,40	2911,88	1673,71	1603,60
6744,99	6740,00	2427,94	2570,81	2915,83	1676,01	1605,90
6754,99	6750,00	2431,14	2574,15	2919,64	1678,23	1608,12
6764,99	6760,00	2432,98	2576,19	2921,46	1678,60	1608,55
6774,99	6770,00	2436,25	2579,53	2925,27	1680,88	1610,76
6784,99	6780,00	2439,48	2582,94	2929,21	1683,18	1613,06
6794,99	6790,00	2442,76	2586,29	2933,02	1685,46	1615,34
6804,99	6800,00	2444,58	2588,32	2936,97	1685,83	1615,72
6814,99	6810,00	2447,79	2591,66	2940,78	1688,11	1618,00
6824,99	6820,00	2451,02	2595,02	2944,73	1690,34	1620,23
6834,99	6830,00	2454,21	2598,35	2948,53	1692,62	1622,51
6844,99	6840,00	2457,50	2601,70	2952,48	1694,92	1624,81
6854,99	6850,00	2459,26	2603,73	2954,16	1695,28	1625,16
6864,99	6860,00	2462,55	2607,08	2957,98	1697,58	1627,46
6874,99	6870,00	2465,75	2610,43	2961,92	1699,85	1629,74
6884,99	6880,00	2468,98	2613,72	2965,74	1702,09	1631,97
6894,99	6890,00	2470,73	2615,73	2969,67	1702,44	1632,41
6904,99	6900,00	2473,95	2619,01	2973,49	1704,74	1634,63
6914,99	6910,00	2477,17	2622,36	2977,43	1707,02	1636,91
6924,99	6920,00	2480,38	2625,71	2981,24	1709,32	1639,20
6934,99	6930,00	2483,59	2629,05	2985,18	1711,60	1641,49
6944,99	6940,00	2485,35	2631,02	2986,75	1711,98	1641,86
6954,99	6950,00	2488,56	2634,29	2990,69	1714,19	1644,08
6964,99	6960,00	2491,71	2637,64	2994,51	1716,48	1646,37
6974,99	6970,00	2494,93	2640,91	2998,44	1718,77	1648,65
6984,99	6980,00	2496,69	2642,88	3002,27	1719,14	1649,03

Mindestnettobeträge – 70%-Tabelle

Vollzeitarbeits-entgelt		Mindestnettobetrag in der Steuerklasse				
Monat bis DM	Monat bis DM gerundet:	I/IV	II	III	V	VI
6994,99	6990,00	2499,90	2646,22	3006,19	1721,43	1651,31
7004,99	7000,00	2503,05	2649,51	3010,02	1723,72	1653,61
7014,99	7010,00	2506,26	2652,79	3013,82	1725,93	1655,82
7024,99	7020,00	2509,42	2656,14	3017,77	1728,22	1658,11
7034,99	7030,00	2511,17	2658,02	3019,46	1728,59	1658,48
7044,99	7040,00	2514,32	2661,31	3023,27	1730,89	1660,77
7054,99	7050,00	2517,54	2664,65	3027,07	1733,17	1663,05
7064,99	7060,00	2520,69	2667,94	3031,02	1735,47	1665,35
7074,99	7070,00	2522,44	2669,82	3034,83	1735,82	1665,71
7084,99	7080,00	2525,60	2673,11	3038,65	1738,06	1668,00
7094,99	7090,00	2528,74	2676,38	3042,58	1740,33	1670,22
7104,99	7100,00	2531,89	2679,67	3046,41	1742,63	1672,52
7114,99	7110,00	2535,04	2682,95	3050,20	1744,91	1674,80
7124,99	7120,00	2536,74	2684,84	3051,90	1745,28	1675,16
7134,99	7130,00	2539,88	2688,12	3055,70	1747,56	1677,45
7144,99	7140,00	2543,11	2691,40	3059,66	1749,80	1679,69
7154,99	7150,00	2546,18	2694,68	3063,46	1752,08	1681,97
7164,99	7160,00	2547,88	2696,51	3067,29	1752,45	1682,33
7174,99	7170,00	2551,02	2699,79	3071,22	1754,73	1684,61
7184,99	7180,00	2554,17	2703,07	3075,04	1757,02	1686,91
7194,99	7190,00	2557,32	2706,29	3078,84	1759,30	1689,19
7204,99	7200,00	2560,47	2709,57	3082,65	1761,54	1691,42
7214,99	7210,00	2562,10	2711,39	3084,34	1761,89	1691,84
7224,99	7220,00	2565,24	2714,68	3088,16	1764,19	1694,08
7234,99	7230,00	2568,38	2717,88	3091,96	1766,47	1696,36
7244,99	7240,00	2571,48	2721,17	3095,92	1768,77	1698,65
7254,99	7250,00	2573,16	2723,00	3099,71	1769,12	1699,01
7264,99	7260,00	2576,25	2726,21	3103,53	1771,42	1701,31
7274,99	7270,00	2579,40	2729,49	3107,34	1773,64	1703,52
7284,99	7280,00	2582,49	2732,71	3111,29	1775,94	1705,82
7294,99	7290,00	2585,63	2735,92	3115,10	1778,21	1708,10
7304,99	7300,00	2587,26	2737,75	3116,66	1778,59	1708,48
7314,99	7310,00	2590,34	2740,96	3120,47	1780,87	1710,75
7324,99	7320,00	2593,43	2744,18	3124,42	1783,17	1713,05
7334,99	7330,00	2596,57	2747,46	3128,22	1785,38	1715,27

Mindestnettobeträge – 70%-Tabelle

Vollzeitarbeits-entgelt		Mindestnettobetrag in der Steuerklasse				
Monat bis DM	Monat bis DM gerundet:	I/IV	II	III	V	VI
7344,99	7340,00	2598,13	2749,22	3132,03	1785,76	1715,71
7354,99	7350,00	2601,28	2752,44	3135,84	1788,04	1717,92
7364,99	7360,00	2604,37	2755,65	3139,66	1790,33	1720,22
7374,99	7370,00	2607,44	2758,85	3143,60	1792,61	1722,50
7384,99	7380,00	2610,53	2762,09	3147,42	1794,91	1724,79
7394,99	7390,00	2612,15	2763,83	3148,96	1795,28	1725,16
7404,99	7400,00	2615,24	2767,06	3152,79	1797,50	1727,38
7414,99	7410,00	2618,25	2770,26	3156,59	1799,78	1729,67
7424,99	7420,00	2621,33	2773,48	3160,40	1802,07	1731,96
7434,99	7430,00	2622,96	2775,23	3164,22	1802,44	1732,33
7444,99	7440,00	2626,05	2778,40	3168,16	1804,73	1734,62
7454,99	7450,00	2629,05	2781,60	3171,97	1807,02	1736,90
7464,99	7460,00	2632,14	2784,82	3175,78	1809,24	1739,12
7474,99	7470,00	2635,22	2787,96	3179,58	1811,52	1741,40
7484,99	7480,00	2636,80	2789,73	3181,15	1811,90	1741,79
7494,99	7490,00	2639,79	2792,94	3184,95	1814,18	1744,07
7504,99	7500,00	2642,89	2796,09	3188,78	1816,48	1746,37
7514,99	7510,00	2645,96	2799,23	3192,57	1818,76	1748,64
7524,99	7520,00	2647,46	2800,99	3196,40	1819,13	1749,01
7534,99	7530,00	2650,54	2804,14	3200,20	1821,35	1751,30
7544,99	7540,00	2653,56	2807,36	3204,01	1823,65	1753,53
7554,99	7550,00	2656,63	2810,51	3207,96	1825,93	1755,81
7564,99	7560,00	2659,66	2813,66	3211,77	1828,22	1758,11
7574,99	7570,00	2661,21	2815,34	3213,33	1828,58	1758,46
7584,99	7580,00	2664,24	2818,50	3217,14	1830,87	1760,76
7594,99	7590,00	2667,25	2821,65	3220,95	1833,09	1762,98
7604,99	7600,00	2670,27	2824,80	3224,77	1835,39	1765,27
7614,99	7610,00	2671,82	2826,48	3228,57	1835,74	1765,62
7624,99	7620,00	2674,85	2829,64	3232,38	1838,04	1767,92
7634,99	7630,00	2677,86	2832,79	3236,20	1840,32	1770,20
7644,99	7640,00	2680,87	2835,94	3240,01	1842,61	1772,50
7654,99	7650,00	2683,88	2839,08	3243,81	1844,84	1774,72
7664,99	7660,00	2685,39	2840,78	3245,38	1845,20	1775,15
7674,99	7670,00	2688,41	2843,93	3249,18	1847,48	1777,37
7684,99	7680,00	2691,42	2847,02	3252,87	1849,78	1779,67

Mindestnettobeträge – 70%-Tabelle

Vollzeitarbeitsentgelt Monat bis DM	Monat bis DM gerundet:	Mindestnettobetrag in der Steuerklasse				
		I/IV	II	III	V	VI
7694,99	7690,00	2694,37	2850,15	3256,68	1852,06	1781,95
7704,99	7700,00	2695,87	2851,85	3260,49	1852,44	1782,32
7714,99	7710,00	2698,87	2854,93	3264,29	1854,71	1784,60
7724,99	7720,00	2701,90	2858,08	3268,12	1856,95	1786,83
7734,99	7730,00	2704,84	2861,16	3271,91	1859,23	1789,11
7744,99	7740,00	2707,87	2864,32	3275,73	1861,52	1791,41
7754,99	7750,00	2709,29	2865,93	3277,28	1861,88	1791,77
7764,99	7760,00	2712,30	2869,02	3281,10	1864,18	1794,07
7774,99	7770,00	2715,31	2872,17	3284,91	1866,46	1796,35
7784,99	7780,00	2718,28	2875,26	3288,73	1868,69	1798,57
7794,99	7790,00	2719,70	2876,87	3292,39	1869,05	1799,01
7804,99	7800,00	2722,73	2879,96	3296,22	1871,35	1801,23
7814,99	7810,00	2725,66	2883,03	3300,02	1873,63	1803,51
7824,99	7820,00	2728,61	2886,20	3303,83	1875,92	1805,80
7834,99	7830,00	2731,62	2889,28	3307,64	1878,20	1808,09
7844,99	7840,00	2733,07	2890,84	3309,21	1878,58	1808,47
7854,99	7850,00	2736,01	2893,98	3313,01	1880,79	1810,68
7864,99	7860,00	2738,96	2897,07	3316,70	1883,08	1812,97
7874,99	7870,00	2741,91	2900,14	3320,51	1885,37	1815,25
7884,99	7880,00	2743,34	2901,72	3324,31	1885,75	1815,63
7894,99	7890,00	2746,29	2904,79	3328,12	1888,03	1817,91
7904,99	7900,00	2749,24	2907,88	3331,94	1890,33	1820,21
7914,99	7910,00	2752,18	2910,96	3335,62	1892,53	1822,42
7924,99	7920,00	2755,14	2913,97	3339,43	1894,83	1824,71
7934,99	7930,00	2756,50	2915,54	3340,99	1895,19	1825,08
7944,99	7940,00	2759,45	2918,62	3344,80	1897,49	1827,38
7954,99	7950,00	2762,40	2921,70	3348,47	1899,77	1829,66
7964,99	7960,00	2765,35	2924,71	3352,29	1902,07	1831,96
7974,99	7970,00	2766,71	2926,27	3356,10	1902,43	1832,31
7984,99	7980,00	2769,60	2929,37	3359,91	1904,66	1834,60
7994,99	7990,00	2772,55	2932,37	3363,58	1906,94	1836,83
8004,99	8000,00	2775,50	2935,46	3367,40	1909,24	1839,12
8014,99	8010,00	2778,38	2938,47	3371,21	1911,52	1841,40
8024,99	8020,00	2779,74	2940,04	3372,64	1911,88	1841,77
8034,99	8030,00	2782,70	2943,05	3376,44	1914,16	1844,05

Mindestnettobeträge – 70%-Tabelle

Vollzeitarbeits-entgelt		Mindestnettobetrag in der Steuerklasse				
Monat bis DM	Monat bis DM gerundet:	I/IV	II	III	V	VI
8044,99	8040,00	2785,59	2946,13	3380,27	1916,40	1846,29
8054,99	8050,00	2788,46	2949,15	3384,07	1918,68	1848,57
8064,99	8060,00	2789,82	2950,65	3387,75	1919,05	1848,94
8074,99	8070,00	2792,70	2953,65	3391,56	1921,33	1851,22
8084,99	8080,00	2795,65	2956,74	3395,38	1923,63	1853,51
8094,99	8090,00	2798,53	2959,75	3399,05	1925,91	1855,79
8104,99	8100,00	2801,42	2962,78	3402,86	1928,14	1858,03
8114,99	8110,00	2802,79	2964,27	3404,28	1928,50	1858,45
8124,99	8120,00	2805,68	2967,29	3408,10	1930,80	1860,68
8134,99	8130,00	2808,55	2970,30	3411,91	1933,07	1862,96
8144,99	8140,00	2811,45	2973,33	3415,59	1935,37	1865,26
8154,99	8150,00	2812,73	2974,73	3419,40	1935,73	1865,61
8164,99	8160,00	2815,62	2977,76	3423,22	1938,03	1867,91
8174,99	8170,00	2818,50	2980,78	3426,89	1940,24	1870,13
8184,99	8180,00	2821,39	2983,79	3430,70	1942,54	1872,42
8194,99	8190,00	2824,27	2986,80	3434,50	1944,82	1874,71
8204,99	8200,00	2825,49	2988,24	3435,94	1945,19	1875,08
8214,99	8210,00	2828,37	2991,25	3439,62	1947,47	1877,36
8224,99	8220,00	2831,26	2994,21	3443,43	1949,77	1879,65
8234,99	8230,00	2834,14	2997,21	3447,23	1951,99	1881,87
8244,99	8240,00	2835,38	2998,65	3450,92	1952,36	1882,31
8254,99	8250,00	2838,26	3001,66	3454,73	1954,64	1884,53
8264,99	8260,00	2841,15	3004,62	3458,41	1956,93	1886,82
8274,99	8270,00	2843,97	3007,63	3462,21	1959,22	1889,10
8284,99	8280,00	2846,86	3010,58	3466,03	1961,51	1891,39
8294,99	8290,00	2848,07	3012,01	3467,46	1961,88	1891,76
8304,99	8300,00	2850,90	3014,96	3471,14	1964,10	1893,98
8314,99	8310,00	2853,77	3017,97	3474,94	1966,38	1896,27
8324,99	8320,00	2856,60	3020,93	3478,62	1968,67	1898,56
8334,99	8330,00	2857,82	3022,28	3482,43	1969,04	1898,93
8344,99	8340,00	2860,64	3025,30	3486,11	1971,34	1901,23
8354,99	8350,00	2863,52	3028,25	3489,93	1973,62	1903,50
8364,99	8360,00	2866,35	3031,21	3493,61	1975,84	1905,73
8374,99	8370,00	2869,15	3034,15	3497,40	1978,12	1908,01
8384,99	8380,00	2870,39	3035,52	3498,84	1978,51	1908,39

Mindestnettobeträge – 70%-Tabelle

Vollzeitarbeits-entgelt Monat bis DM	Monat bis DM gerundet:	Mindestnettobetrag in der Steuerklasse				
		I/IV	II	III	V	VI
8394,99	8390,00	2873,21	3038,46	3502,51	1980,79	1910,67
8404,99	8400,00	2876,03	3041,42	3506,34	1983,08	1912,97
8414,99	8410,00	2878,84	3044,36	3510,01	1985,36	1915,25
8424,99	8420,00	2880,01	3045,74	3513,82	1985,73	1915,62
8434,99	8430,00	2882,82	3048,67	3517,49	1987,95	1917,90
8444,99	8440,00	2885,65	3051,63	3521,31	1990,25	1920,14
8454,99	8450,00	2888,45	3054,51	3524,98	1992,53	1922,42
8464,99	8460,00	2891,28	3057,47	3528,81	1994,83	1924,71
8474,99	8470,00	2892,44	3058,82	3530,09	1995,18	1925,06
8484,99	8480,00	2895,26	3061,77	3533,90	1997,47	1927,36
8494,99	8490,00	2898,00	3064,65	3537,58	1999,70	1929,58
8504,99 und mehr	8500,00 und mehr	2900,83	3067,62	3541,39	2001,99	1931,87

Teil 2
Einführung zum Tarifvertrag zur Regelung der Altersteilzeit

Nach dem Tarifvertrag zur Regelung der Altersteilzeit beruht der Grundsatz der Altersteilzeitarbeit darauf, daß der Arbeitnehmer nach dem vollendeten 55. Lebensjahr nur noch eine hälftige Arbeitsleistung zu erbringen hat. Für die Altersteilzeitarbeit gibt es zwei Modelle:

Nach dem **Teilzeitmodell** wird die Arbeitsleistung durchgehend mit der Hälfte der regelmäßigen tariflichen wöchentlichen Arbeitszeit geleistet.

Beim **Blockzeitmodell** arbeitet der Arbeitnehmer für einen zu vereinbarenden Zeitraum voll; im Anschluß daran folgt eine Freistellungsphase (von gleicher Dauer) unter Fortzahlung der Bezüge. Anschließend folgt die Verrentung.

Der Arbeitnehmer muß mindestens 24 Monate Altersteilzeit ausgeübt haben, um die Voraussetzung für die Rente nach Altersteilzeitarbeit erfüllt zu haben.

Während der Altersteilzeitarbeit werden die Altersteilzeitarbeitsbezüge des Arbeitnehmers um 20 v.H. aufgestockt. Der Aufstockungsbetrag muß aber mindestens so hoch sein, daß der Arbeitnehmer dadurch 83 v.H. seines pauschalierten Nettoentgeltes erhält. Das pauschalierte Nettoentgelt ergibt sich aus der Mindestnettobetrags-Verordnung (70%-Tabelle; umgerechnet auf 83 v.H.).

Außerdem wird ein besonderer Rentenbeitrag mit einer Beitragshöhe von 90 v.H. neben dem Rentenbeitrag für das eigentliche Altersteilzeitarbeitsentgelt entrichtet.

Tarifvertrag zur Regelung der Altersteilzeitarbeit (TV ATZ) vom 5. Mai 1998

Zwischen

der Bundesrepublik Deutschland,
vertreten durch das Bundesministerium des Innern,

der Tarifgemeinschaft deutscher Länder,
vertreten durch den Vorsitzenden des Vorstandes,

der Vereinigung der kommunalen Arbeitgeberverbände,

vertreten durch den Vorstand,

einerseits

und[1]

andererseits

wird folgendes vereinbart:

Präambel

Die Tarifvertragsparteien wollen mit Hilfe dieses Tarifvertrages älteren Beschäftigten einen gleitenden Übergang vom Erwerbsleben in den Ruhestand ermöglichen und dadurch vorrangig Auszubildenden und Arbeitslosen Beschäftigungsmöglichkeiten eröffnen.

---

[1] Abgeschlossen mit der

- Gewerkschaft Öffentliche Dienste, Transport und Verkehr (ÖTV), diese zugleich für die Gewerkschaft Erziehung und Wissenschaft (GEW), – der Polizei (GdP), – IG Bauen, Agrar, Umwelt (IG Bau) und der Deutschen Angestellten-Gewerkschaft (DAG), diese zugleich handelnd für den Marburger Bund (MB), sowie

- Gewerkschaft von Gewerkschaften und Verbänden des öffentlichen Dienstes (GGVöD).

§ 1 Geltungsbereich

Dieser Tarifvertrag gilt für die Arbeitnehmer (Angestellte, Arbeiter und Arbeiterinnen), die unter den Geltungsbereich des

a) Bundes-Angestelltentarifvertrages (BAT),

b) Tarifvertrages zur Anpassung des Tarifrechts – Manteltarifliche Vorschriften – (BAT-O),

c) Tarifvertrages zur Anpassung des Tarifrechts – Manteltarifliche Vorschriften – (BAT-Ostdeutsche Sparkassen),

d) Manteltarifvertrages für Arbeiterinnen und Arbeiter des Bundes und der Länder (MTArb),

e) Bundesmanteltarifvertrages für Arbeiter gemeindlicher Verwaltungen und Betriebe – BMT-G II –,

f) Tarifvertrages zur Anpassung des Tarifrechts für Arbeiter an den MTArb (MTArb-O),

g) Tarifvertrages zur Anpassung des Tarifrechts – Manteltarifliche Vorschriften für Arbeiter gemeindlicher Verwaltungen und Betriebe – (BMT-G-O),

h) Tarifvertrages über die Anwendung von Tarifverträgen auf Arbeiter (TV Arbeiter-Ostdeutsche Sparkassen)

fallen.

§ 2 Voraussetzungen der Altersteilzeit

(1) Der Arbeitgeber kann mit vollbeschäftigten Arbeitnehmern, die das 55. Lebensjahr und eine Beschäftigungszeit (z.B. § 19 BAT/BAT-O) von fünf Jahren vollendet haben und in den letzten fünf Jahren an mindestens 1080 Kalendertagen mit der regelmäßigen wöchentlichen Arbeitszeit beschäftigt waren, die Änderung des Arbeitsverhältnisses in ein Altersteilzeitarbeitsverhältnis auf der Grundlage des Altersteilzeitgesetzes vereinbaren. Geringfügige Unterschreitungen der tariflichen regelmäßigen wöchentlichen Arbeitszeit sind unbeachtlich. Als vollbeschäftigt gelten auch Arbeitnehmer, deren regelmäßige wöchentliche Arbeitszeit durch eine besondere tarifvertragliche Regelung herabgesetzt worden ist.

(2) Arbeitnehmer, die das 60. Lebensjahr vollendet haben und die übrigen Voraussetzungen des Absatzes 1 erfüllen, haben Anspruch auf Vereinbarung eines Altersteilzeitarbeitsverhältnisses. Der Arbeitnehmer hat den Arbeitgeber drei Monate vor dem Beginn der Altersteilzeit über die Geltendmachung des

Anspruchs zu informieren; von dem Fristerfordernis kann einvernehmlich abgewichen werden.

(3) Der Arbeitgeber kann die Vereinbarung eines Altersteilzeitarbeitsverhältnisses ablehnen, soweit dringende dienstliche bzw. betriebliche Gründe entgegenstehen.

(4) Das Altersteilzeitarbeitsverhältnis soll mindestens für die Dauer von zwei Jahren vereinbart werden. Es muß vor dem 1. August 2004 beginnen.

§ 3 Reduzierung und Verteilung der Arbeitszeit

(1) Die durchschnittliche wöchentliche Arbeitszeit während des Altersteilzeitarbeitsverhältnisses beträgt die Hälfte der regelmäßigen tariflichen Arbeitszeit.

(2) Die während der Gesamtdauer des Altersteilzeitarbeitsverhältnisses zu leistende Arbeit kann so verteilt werden, daß sie

a) in der ersten Hälfte des Altersteilzeitarbeitsverhältnisses geleistet und der Arbeitnehmer anschließend von der Arbeit unter Fortzahlung der Bezüge nach Maßgabe der §§ 4 und 5 freigestellt wird (Blockmodell) oder

b) durchgehend geleistet wird (Teilzeitmodell).

(3) Der Arbeitnehmer kann vom Arbeitgeber verlangen, daß sein Wunsch nach einer bestimmten Verteilung der Arbeitszeit mit dem Ziel einer einvernehmlichen Regelung erörtert wird.

Protokollerklärungen zu Absatz 1:
1. Für die unter die Pauschallohn-Tarifverträge des Bundes und der Länder fallenden Kraftfahrer gilt für die Anwendung dieses Tarifvertrages die den Pauschalgruppen zugrundeliegende Arbeitszeit als regelmäßige Arbeitszeit.
2. Für Arbeitnehmer mit verlängerter regelmäßiger Arbeitszeit nach Nr. 5 Abs. 5 SR 2 e 1 BAT/BAT-O und Nr. 7 Abs. 3 SR 2 a des Abschnitts A der Anlage 2 MTArb/Nr. 8 Abs. 4 SR 2 a des Abschnitts A der Anlage 2 MTArb-O und entsprechenden Sonderregelungen gilt für die Anwendung dieses Tarifvertrages die dienstplanmäßig zu leistende Arbeitszeit als regelmäßige Arbeitszeit.

Protokollerklärung zu Absatz 2:
Für Arbeitnehmer mit verlängerter regelmäßiger Arbeitszeit und für Kraftfahrer im Sinne der Pauschallohn-Tarifverträge des Bundes und der Länder ist Altersteilzeitarbeit nur im Blockmodell möglich.

§ 4 Höhe der Bezüge

(1) Der Arbeitnehmer erhält als Bezüge die sich für entsprechende Teilzeitkräfte mit der Hälfte der durchschnittlichen regelmäßigen wöchentlichen Arbeitszeit bei Anwendung der tariflichen Vorschriften (z.b. § 34 BAT/BAT-O) ergebenden Beträge mit der Maßgabe, daß die Bezügebestandteile, die üblicherweise in die Berechnung des Aufschlags zur Urlaubsvergütung/ Zuschlags zum Urlaubslohn einfließen, sowie Wechselschicht- und Schichtzulagen entsprechend dem Umfang der tatsächlich geleisteten Tätigkeit berücksichtigt werden.

(2) Als Bezüge im Sinne des Absatzes 1 gelten auch Einmalzahlungen (z.B. Zuwendung, Urlaubsgeld, Jubiläumszuwendung) und vermögenswirksame Leistungen.

Protokollerklärung zu Absatz 1:

Die im Blockmodell über die regelmäßige wöchentliche Arbeitszeit hinaus geleisteten Arbeitsstunden gelten bei Vorliegen der übrigen tariflichen Voraussetzungen als Überstunden.

§ 5 Aufstockungsleistungen

(1) Die dem Arbeitnehmer nach § 4 zustehenden Bezüge werden um 20 v.H. dieser Bezüge aufgestockt (Aufstockungsbetrag). Bei der Berechnung des Aufstockungsbetrages bleiben steuerfreie Bezügebestandteile, Vergütungen für Mehrarbeits- und Überstunden, Bereitschaftsdienste und Rufbereitschaften sowie für Arbeitsbereitschaften (§ 18 Abs. 1 Unterabs. 2 MTArb/MTArb-O bzw. § 67 Nr. 10 BMT-G/BMG-G-O) unberücksichtigt; diese werden, soweit sie nicht unter Absatz 2 Unterabs. 2 und 3 fallen, neben dem Aufstockungsbetrag gezahlt.

(2) Der Aufstockungsbetrag muß so hoch sein, daß der Arbeitnehmer 83 v.H. des Nettobetrages des bei regelmäßiger Arbeitszeit zustehenden Vollzeitarbeitsentgelts erhält (Mindestnettobetrag). Als Vollzeitarbeitsentgelt ist anzusetzen das gesamte, dem Grunde nach beitragspflichtige Arbeitsentgelt, das der Arbeitnehmer ohne Reduzierung der Arbeitszeit im Rahmen der tariflichen regelmäßigen wöchentlichen Arbeitszeit erzielt hätte.

Dem Vollzeitarbeitsentgelt zuzurechnen sind Vergütungen für Bereitschaftsdienst und Rufbereitschaft – letztere jedoch ohne Vergütungen für angefallene Arbeit einschließlich einer etwaigen Wegezeit –, die ohne Reduzierung der Arbeitszeit zugestanden hätten; in diesem Fall sind in der Arbeitsphase die tatsächlich zustehenden Vergütungen abweichend von Absatz 1 Satz 2 letzter

TV ATZ

Halbsatz in die Berechnung des aufzustockenden Nettobetrages einzubeziehen. Die Regelungen zu Bereitschaftsdienst und Rufbereitschaft in Satz 1 dieses Unterabsatzes gelten bei Arbeitern für die Arbeitsbereitschaft nach § 18 Abs. 1 Unterabs. 2 MTAarb/MTArb-O bzw. § 67 Nr. 10 BMT-G/BMG-G-O entsprechend.

Haben dem Arbeitnehmer, der die Altersteilzeitarbeit im Blockmodell leistet, seit mindestens zwei Jahren vor Beginn des Altersteilzeitarbeitsverhältnisses ununterbrochen Pauschalen für Überstunden (z.B. nach § 35 Abs. 4 BAT/BAT-O) zugestanden, werden diese der Bemessungsgrundlage nach Unterabsatz 1 Satz 2 in der Höhe zugerechnet, die ohne die Reduzierung der Arbeitszeit maßgebend gewesen wäre; in diesem Fall sind in der Arbeitsphase die tatsächlich zustehenden Pauschalen abweichend von Absatz 1 Satz 2 letzter Halbsatz in die Berechnung des aufzustockenden Nettobetrages einzubeziehen.

Bei Kraftfahrern, die unter die Pauschallohn-Tarifverträge des Bundes und der Länder fallen, ist als Vollzeitarbeitsentgelt im Sinne des Unterabsatzes 1 Satz 2 in der Freistellungsphase der Lohn aus der Pauschalgruppe anzusetzen, die mindestens während der Hälfte der Dauer der Arbeitsphase maßgebend war.

Für Arbeitnehmer mit verlängerter regelmäßiger Arbeitszeit nach Nr. 5 Abs. 5 SR 2 e I BAT/BAT-O und Nr. 7 Abs. 3 SR 2 a des Abschnitts A der Anlage 2 MTArb/Nr. 8 Abs. 4 SR 2 a des Abschnitts A der Anlage 2 MTArb-O und entsprechenden Sonderregelungen ist als Vollzeitarbeitsentgelt im Sinne des Unterabsatzes 1 Satz 2 in der Freistellungsphase die Vergütung bzw. der Lohn aus derjenigen Stundenzahl anzusetzen, die während der Arbeitsphase, längstens während der letzten 48 Kalendermonate, als dienstplanmäßige Arbeitszeit durchschnittlich geleistet wurde.

(3) Für die Berechnung des Mindestnettobetrages nach Absatz 2 ist die Rechtsverordnung nach § 15 des Altersteilzeitgesetzes zugrunde zu legen. Sofern das bei regelmäßiger Arbeitszeit zustehende Vollzeitarbeitsentgelt des Arbeitnehmers die Beitragsbemessungsgrenze in der gesetzlichen Rentenversicherung übersteigen würde, sind für die Berechnung des Mindestnettobetrages diejenigen gesetzlichen Abzüge anzusetzen, die bei Arbeitnehmern gewöhnlich anfallen (§ 3 Abs. 1 Nr. 1 Buchst. a des Altersteilzeitgesetzes).

(4) Neben den vom Arbeitgeber zu tragenden Sozialversicherungsbeiträgen für die nach § 4 zustehenden Bezüge entrichtet der Arbeitgeber gemäß § 3 Abs. 1 Nr. 1 Buchst. b des Altersteilzeitgesetzes zusätzliche Beiträge zur gesetzlichen Rentenversicherung für den Unterschiedsbetrag zwischen den nach § 4 zustehenden Bezügen einerseits und 90 v.H. des Vollzeitarbeitsentgelts (Absatz 2 Unterabs. 1 Satz 2), höchstens aber der Beitragsbemessungsgrenze, andererseits.

(5) Ist der Angestellte von der Versicherungspflicht in der gesetzlichen Rentenversicherung befreit, erhöht sich der Zuschuß des Arbeitgebers zu einer anderen Zukunftssicherung um den Betrag, den der Arbeitgeber nach Absatz 4 bei Versicherungspflicht in der gesetzlichen Rentenversicherung zu entrichten hätte.

(6) Die Regelungen der Absätze 1 bis 5 gelten auch in den Fällen, in denen eine aufgrund dieses Tarifvertrages geschlossene Vereinbarung eine Verteilung der Arbeitsleistung (§ 3 Abs. 2) vorsieht, die sich auf einen Zeitraum von mehr als fünf Jahren erstreckt.

(7) Arbeitnehmer, die nach Inanspruchnahme der Altersteilzeit eine Rentenkürzung wegen einer vorzeitigen Inanspruchnahme der Rente zu erwarten haben, erhalten für je 0,3 v.H. Rentenminderung eine Abfindung in Höhe von 5 v.H. der Vergütung (§ 26 BAT/BAT-O/BAT-Ostdeutsche Sparkassen) und der in Monatsbeträgen festgelegten Zulagen bzw. des Monatsregellohnes (§ 21 Abs. 4 MTArb/MTArb-O) ggf. zuzüglich des Sozialzuschlags bzw. des Monatsgrundlohnes (§ 67 Nr. 26 b BMT-G/BMG-G-O) und der ständigen Lohnzuschläge, die bzw. der dem Arbeitnehmer im letzten Monat vor dem Ende des Altersteilzeitarbeitsverhältnisses zugestanden hätte, wenn er mit der regelmäßigen wöchentlichen Arbeitszeit beschäftigt gewesen wäre. Die Abfindung wird zum Ende des Altersteilzeitarbeitsverhältnisses gezahlt.

Protokollerklärung zu Absatz 2:

Beim Blockmodell können in der Freistellungsphase die in die Bemessungsgrundlage nach Absatz 2 eingehenden, nicht regelmäßig zustehenden Bezügebestandteile (z.B. Erschwerniszuschläge) mit dem für die Arbeitsphase errechneten Durchschnittsbetrag angesetzt werden; dabei werden Krankheits- und Urlaubszeiten nicht berücksichtigt. Allgemeine Bezügeerhöhungen sind zu berücksichtigen, soweit die zugrundeliegenden Bezügebestandteile ebenfalls an allgemeinen Bezügeerhöhungen teilnehmen.

§ 6 Nebentätigkeit

Der Arbeitnehmer darf während des Altersteilzeitarbeitsverhältnisses keine Beschäftigungen oder selbständigen Tätigkeiten ausüben, die die Geringfügigkeitsgrenze des § 8 SGB IV überschreiten, es sei denn, diese Beschäftigungen oder selbständigen Tätigkeiten sind bereits innerhalb der letzten fünf Jahre vor Beginn des Altersteilzeitarbeitsverhältnisses ständig ausgeübt worden. Bestehende tarifliche Regelungen über Nebentätigkeiten bleiben unberührt.

§ 7 Urlaub

Für den Arbeitnehmer, der im Rahmen der Altersteilzeit im Blockmodell (§ 3 Abs. 2) beschäftigt wird, besteht kein Urlaubsanspruch für die Zeit der Freistellung von der Arbeit. Im Kalenderjahr des Übergangs von der Beschäftigung zur Freistellung hat der Arbeitnehmer für jeden vollen Beschäftigungsmonat Anspruch auf ein Zwölftel des Jahresurlaubs.

§ 8 Nichtbestehen bzw. Ruhen der Aufstockungsleistungen

Der Anspruch auf die Aufstockungsleistungen (§ 5) besteht nicht, solange die Voraussetzungen des § 10 Abs. 2 des Altersteilzeitgesetzes vorliegen. Er ruht während der Zeit, in der der Arbeitnehmer eine unzulässige Beschäftigung oder selbständige Tätigkeit im Sinne des § 6 ausübt oder über die Altersteilzeitarbeit hinaus Mehrarbeit und Überstunden leistet, die den Umfang der Geringfügigkeitsgrenze des § 8 SGB IV überschreiten. Hat der Anspruch auf die Aufstockungsleistungen mindestens 150 Tage geruht, erlischt er; mehrere Ruhenszeiträume werden zusammengerechnet.

§ 9 Ende des Arbeitsverhältnisses

(1) Das Arbeitsverhältnis endet zu dem in der Altersteilzeitvereinbarung festgelegten Zeitpunkt.

(2) Das Arbeitsverhältnis endet unbeschadet der sonstigen tariflichen Beendigungstatbestände (z.B. §§ 53 bis 60 BAT/BAT-O)

a) mit Ablauf des Kalendermonats vor dem Kalendermonat, für den der Arbeitnehmer eine Rente wegen Alters oder, wenn er von der Versicherungspflicht in der gesetzlichen Rentenversicherung befreit ist, eine vergleichbare Leistung einer Versicherungs- oder Versorgungseinrichtung oder eines Versicherungsunternehmens beanspruchen kann; dies gilt nicht für Renten, die vor dem für den Versicherten maßgebenden Rentenalter in Anspruch genommen werden können, oder

b) mit Beginn des Kalendermonats, für den der Arbeitnehmer eine Rente wegen Alters, eine Knappschaftsausgleichsleistung, eine ähnliche Leistung öffentlich-rechtlicher Art oder, wenn er von der Versicherungspflicht in der gesetzlichen Rentenversicherung befreit ist, eine vergleichbare Leistung einer Versicherungs- oder Versorgungseinrichtung oder eines Versicherungsunternehmens bezieht.

(3) Endet bei einem Arbeitnehmer, der im Rahmen der Altersteilzeit nach dem Blockmodell (§ 3 Abs. 2) beschäftigt wird, das Arbeitsverhältnis vorzeitig, hat er Anspruch auf eine etwaige Differenz zwischen den nach den §§ 4 und 5 erhaltenen Bezügen und Aufstockungsleistungen und den Bezügen für den Zeitraum seiner tatsächlichen Beschäftigung, die er ohne Eintritt in die Altersteilzeit erzielt hätte. Bei Tod des Arbeitnehmers steht dieser Anspruch seinen Erben zu.

§ 10 Mitwirkungspflicht

(1) Der Arbeitnehmer hat Änderungen der ihn betreffenden Verhältnisse, die für den Anspruch auf Aufstockungsleistungen erheblich sind, dem Arbeitgeber unverzüglich mitzuteilen.

(2) Der Arbeitnehmer hat dem Arbeitgeber zu Unrecht gezahlte Leistungen, die die im Altersteilzeitgesetz vorgesehenen Leistungen übersteigen, zu erstatten, wenn er die unrechtmäßige Zahlung dadurch bewirkt hat, daß er Mitwirkungspflichten nach Absatz 1 verletzt hat.

§ 11 Inkrafttreten, Geltungsdauer

Dieser Tarifvertrag tritt mit Wirkung vom 1. Mai 1998 in Kraft. Vor dem 26. Juni 1997 abgeschlossene Vereinbarungen über den Eintritt in ein Altersteilzeitarbeitsverhältnis bleiben unberührt.

Mindestnettobeträge – 83%-Tabelle

Nettobeträge Altersteilzeit 83% für 1999

Vollzeit-arbeits-entgelt Monat bis DM gerundet:	Mindestnettobetrag in der Steuerklasse DM				
	I/IV	II	III	V	VI
10,00	8,30	8,30	8,30	8,30	6,43
20,00	16,60	16,60	16,60	16,60	12,79
30,00	24,90	24,90	24,90	24,90	19,16
40,00	33,20	33,20	33,20	33,20	25,51
50,00	41,50	41,50	41,50	41,50	30,97
60,00	49,80	49,80	49,80	49,80	37,33
70,00	58,10	58,10	58,10	58,10	43,68
80,00	66,40	66,40	66,40	66,40	50,04
90,00	74,70	74,70	74,70	74,70	56,41
100,00	83,00	83,00	83,00	83,00	61,86
110,00	91,30	91,30	91,30	91,30	68,22
120,00	99,60	99,60	99,60	99,60	74,58
130,00	107,90	107,90	107,90	107,90	80,93
140,00	116,20	116,20	116,20	116,20	86,32
150,00	124,50	124,50	124,50	124,50	92,76
160,00	132,80	132,80	132,80	132,80	99,11
170,00	141,10	141,10	141,10	141,10	105,47
180,00	149,40	149,40	149,40	147,53	111,83
190,00	157,70	157,70	157,70	152,92	117,22
200,00	166,00	166,00	166,00	159,28	123,65
210,00	174,30	174,30	174,30	165,64	130,01
220,00	182,60	182,60	182,60	172,07	136,36
230,00	190,90	190,90	190,90	177,45	141,75
240,00	199,20	199,20	199,20	183,82	148,11
250,00	207,50	207,50	207,50	190,17	154,54
260,00	215,80	215,80	215,80	196,53	160,90
270,00	224,10	224,10	224,10	202,96	167,26
280,00	232,40	232,40	232,40	208,35	172,65
290,00	240,70	240,70	240,70	214,70	179,07
300,00	249,00	249,00	249,00	221,07	185,44
310,00	257,30	257,30	257,30	227,42	191,79
320,00	265,60	265,60	265,60	232,88	197,17
330,00	273,90	273,90	273,90	239,25	203,53

Mindestnettobeträge – 83%-Tabelle

Vollzeit-arbeits-entgelt Monat bis DM gerundet:	Mindestnettobetrag in der Steuerklasse DM				
	I/IV	II	III	V	VI
340,00	282,20	282,20	282,20	245,60	209,97
350,00	290,50	290,50	290,50	251,95	216,32
360,00	298,80	298,80	298,80	258,32	222,69
370,00	307,10	307,10	307,10	263,77	228,08
380,00	315,40	315,40	315,40	270,13	234,43
390,00	323,70	323,70	323,70	276,50	240,87
400,00	332,00	332,00	332,00	282,85	247,22
410,00	340,30	340,30	340,30	288,31	252,60
420,00	348,60	348,60	348,60	294,67	258,96
430,00	356,90	356,90	356,90	301,02	265,33
440,00	365,20	365,20	365,20	307,38	271,75
450,00	373,50	373,50	373,50	313,75	278,12
460,00	381,80	381,80	381,80	319,20	283,50
470,00	390,10	390,10	390,10	325,56	289,85
480,00	398,40	398,40	398,40	331,93	296,21
490,00	406,70	406,70	406,70	338,27	302,64
500,00	415,00	415,00	415,00	343,66	308,03
510,00	423,30	423,30	423,30	350,10	314,39
520,00	431,60	431,60	431,60	356,45	320,75
530,00	439,90	439,90	439,90	362,81	327,10
540,00	448,20	448,20	448,20	369,18	333,54
550,00	456,50	456,50	456,50	374,56	338,93
560,00	464,80	464,80	464,80	380,99	345,28
570,00	473,10	473,10	473,10	387,35	351,64
580,00	481,40	481,40	481,40	393,70	358,07
590,00	489,70	489,70	489,70	399,09	363,46
600,00	498,00	498,00	498,00	405,53	369,81
610,00	506,30	506,30	506,30	411,88	376,18
620,00	514,60	514,60	514,60	418,24	382,53
630,00	522,90	522,90	522,90	424,60	388,97
640,00	419,33	419,33	419,33	318,12	282,49
650,00	425,86	425,86	425,86	322,78	286,77
660,00	432,43	432,43	432,43	327,41	291,03
670,00	438,97	438,97	438,97	332,00	295,28

Mindestnettobeträge – 83%-Tabelle

Vollzeit-arbeits-entgelt Monat bis DM gerundet:	Mindestnettobetrag in der Steuerklasse DM				
	I/IV	II	III	V	VI
680,00	445,54	445,54	445,54	335,65	298,48
690,00	452,08	452,08	452,08	340,25	302,71
700,00	458,64	458,64	458,64	344,95	306,98
710,00	465,18	465,18	465,18	349,55	311,22
720,00	471,75	471,75	471,75	354,18	315,47
730,00	478,29	478,29	478,29	357,80	318,66
740,00	484,85	484,85	484,85	362,42	322,92
750,00	491,38	491,38	491,38	367,09	327,14
760,00	497,95	497,95	497,95	371,71	331,42
770,00	504,49	504,49	504,49	375,33	334,59
780,00	511,06	511,06	511,06	379,96	338,85
790,00	517,60	517,60	517,60	384,56	343,10
800,00	524,16	524,16	524,16	389,25	347,36
810,00	530,70	530,70	530,70	393,86	351,59
820,00	537,27	537,27	537,27	397,03	354,80
830,00	543,81	543,81	543,81	401,26	359,03
840,00	550,37	550,37	550,37	405,62	363,29
850,00	556,91	556,91	556,91	409,85	367,53
860,00	563,47	563,47	563,47	412,96	370,64
870,00	570,01	570,01	570,01	417,19	374,96
880,00	576,58	576,58	576,58	421,47	379,24
890,00	583,12	583,12	583,12	425,78	383,56
900,00	589,68	589,68	589,68	430,06	388,08
910,00	596,22	596,22	596,22	433,14	391,57
920,00	602,79	602,79	602,79	437,40	396,17
930,00	609,33	609,33	609,33	441,63	400,67
940,00	615,89	615,89	615,89	445,99	405,20
950,00	622,43	622,43	622,43	449,07	408,67
960,00	628,99	628,99	628,99	453,33	413,27
970,00	635,53	635,53	635,53	457,58	417,77
980,00	642,10	642,10	642,10	461,84	422,29
990,00	648,64	648,64	648,64	466,17	426,79
1000,00	655,20	655,20	655,20	469,28	430,29
1010,00	661,74	661,74	661,74	473,52	434,87

Mindestnettobeträge – 83%-Tabelle

Vollzeit-arbeits-entgelt Monat bis DM gerundet:	Mindestnettobetrag in der Steuerklasse DM				
	I/IV	II	III	V	VI
1020,00	668,31	668,31	668,31	477,77	439,39
1030,00	674,85	674,85	674,85	482,02	443,90
1040,00	681,41	681,41	681,41	485,22	447,40
1050,00	687,95	687,95	687,95	489,44	451,89
1060,00	694,51	694,51	694,51	493,94	456,50
1070,00	701,05	701,05	701,05	498,44	460,99
1080,00	707,62	707,62	707,62	502,96	465,51
1090,00	714,16	714,16	714,16	506,52	468,99
1100,00	720,72	720,72	720,72	511,04	473,52
1110,00	727,26	727,26	727,26	515,54	478,10
1120,00	733,83	733,83	733,83	520,07	482,63
1130,00	740,37	740,37	740,37	523,62	486,11
1140,00	746,93	746,93	746,93	528,15	490,62
1150,00	753,47	753,47	753,47	532,64	495,11
1160,00	760,03	760,03	760,03	537,16	499,72
1170,00	766,57	766,57	766,57	541,66	504,22
1180,00	773,14	773,14	773,14	545,25	507,72
1190,00	779,68	779,68	779,68	549,74	512,23
1200,00	786,24	786,24	786,24	554,27	516,52
1210,00	792,78	792,78	792,78	558,77	521,33
1220,00	799,35	799,35	799,35	562,28	524,83
1230,00	805,59	805,59	805,59	566,85	529,32
1240,00	812,45	812,45	812,45	571,38	533,85
1250,00	818,99	818,99	818,99	575,88	538,41
1260,00	825,55	825,55	825,55	580,39	542,94
1270,00	832,09	832,09	832,09	583,95	546,42
1280,00	838,66	838,66	838,66	588,47	550,95
1290,00	845,20	845,20	845,20	592,97	555,44
1300,00	851,76	851,76	851,76	597,50	560,05
1310,00	858,30	858,30	858,30	600,98	563,53
1320,00	864,87	864,87	864,87	605,58	568,05
1330,00	871,41	871,41	871,41	610,08	572,55
1340,00	877,97	877,97	877,97	614,60	577,08
1350,00	884,51	884,51	884,51	619,09	581,64

Mindestnettobeträge – 83%-Tabelle

Vollzeit-arbeits-entgelt Monat bis DM gerundet:	Mindestnettobetrag in der Steuerklasse DM				
	I/IV	II	III	V	VI
1360,00	891,07	891,07	891,07	622,59	585,14
1370,00	897,61	897,61	897,61	627,17	589,65
1380,00	904,18	904,18	904,18	631,70	590,64
1390,00	910,72	910,72	910,72	636,20	591,37
1400,00	917,28	917,28	917,28	639,71	589,14
1410,00	923,82	923,82	923,82	644,20	589,87
1420,00	930,39	930,39	930,39	648,80	590,84
1430,00	936,93	936,93	936,93	653,30	591,36
1440,00	943,49	943,49	943,49	657,82	591,96
1450,00	950,03	950,03	950,03	661,29	589,70
1460,00	956,59	956,59	956,59	665,83	594,38
1470,00	963,13	963,13	963,13	670,39	598,25
1480,00	969,70	969,70	969,70	674,92	601,83
1490,00	976,24	976,24	976,24	678,41	604,29
1500,00	982,80	982,80	982,80	682,92	607,87
1510,00	989,34	989,34	989,34	687,51	611,74
1520,00	995,91	995,91	995,91	692,02	615,48
1530,00	1002,45	1002,45	1002,45	696,52	619,20
1540,00	1009,01	1009,01	1009,01	698,30	621,52
1550,00	1015,55	1015,55	1015,55	699,02	625,23
1560,00	1022,11	1022,11	1022,11	699,79	629,13
1570,00	1028,65	1028,65	1028,65	700,51	632,85
1580,00	1034,32	1035,22	1035,22	698,29	635,17
1590,00	1038,93	1041,76	1041,76	699,01	638,88
1600,00	1044,51	1048,32	1048,32	699,76	642,63
1610,00	1049,12	1054,86	1054,86	700,51	646,34
1620,00	1054,71	1061,43	1061,43	701,10	650,08
1630,00	1058,26	1067,97	1067,97	704,34	652,53
1640,00	1063,86	1074,53	1074,53	708,24	656,26
1650,00	1068,44	1081,07	1081,07	711,78	659,97
1660,00	1073,07	1087,63	1087,63	715,68	663,87
1670,00	1077,59	1094,17	1094,17	717,98	666,02
1680,00	1082,22	1100,74	1100,74	721,73	669,91
1690,00	1087,71	1107,28	1107,28	725,28	673,79

Mindestnettobeträge – 83%-Tabelle

Vollzeit-arbeits-entgelt Monat bis DM gerundet:	Mindestnettobetrag in der Steuerklasse DM				
	I/IV	II	III	V	VI
1700,00	1092,33	1113,84	1113,84	729,18	677,53
1710,00	1097,83	1120,38	1120,38	732,89	681,25
1720,00	1101,40	1126,95	1126,95	735,21	683,72
1730,00	1106,97	1133,49	1133,49	739,10	687,43
1740,00	1111,52	1140,05	1140,05	742,83	691,17
1750,00	1116,03	1146,59	1146,59	746,54	694,88
1760,00	1120,52	1153,15	1153,15	748,87	697,36
1770,00	1125,04	1159,69	1159,69	752,59	701,24
1780,00	1130,63	1166,26	1166,26	756,32	704,98
1790,00	1135,07	1172,80	1172,80	760,04	708,70
1800,00	1140,68	1179,36	1179,36	763,92	712,43
1810,00	1144,08	1185,90	1185,90	766,22	714,88
1820,00	1149,67	1192,47	1192,47	770,12	718,62
1830,00	1154,12	1199,01	1199,01	773,83	722,49
1840,00	1158,60	1205,58	1205,58	777,42	726,40
1850,00	1163,11	1212,11	1212,11	779,87	728,69
1860,00	1167,58	1218,67	1218,67	783,77	732,43
1870,00	1173,08	1225,21	1225,21	787,32	736,29
1880,00	1177,55	1231,78	1231,78	791,22	740,03
1890,00	1183,05	1238,32	1238,32	795,09	743,90
1900,00	1186,48	1244,88	1244,88	797,41	746,23
1910,00	1191,90	1251,42	1251,42	801,12	750,11
1920,00	1196,36	1257,99	1257,99	805,03	753,85
1930,00	1200,81	1264,53	1264,53	808,74	757,71
1940,00	1205,21	1271,10	1271,10	811,07	760,20
1950,00	1209,65	1277,63	1277,63	814,94	763,74
1960,00	1215,17	1284,19	1284,19	818,68	767,64
1970,00	1219,55	1290,73	1290,73	822,54	771,35
1980,00	1225,06	1297,30	1297,30	826,27	775,26
1990,00	1228,40	1303,84	1303,84	828,74	777,56
2000,00	1232,79	1310,40	1310,40	832,47	781,30
2010,00	1237,16	1316,94	1316,94	836,19	785,01
2020,00	1241,57	1323,51	1323,51	840,09	788,90
2030,00	1244,82	1330,05	1330,05	842,54	791,06

Mindestnettobeträge – 83%-Tabelle

Vollzeit-arbeits-entgelt Monat bis DM gerundet:	Mindestnettobetrag in der Steuerklasse DM				
	I/IV	II	III	V	VI
2040,00	1249,30	1336,62	1336,62	846,28	794,79
2050,00	1253,66	1343,15	1343,15	850,14	798,64
2060,00	1258,06	1349,71	1349,71	853,73	802,39
2070,00	1262,44	1356,25	1356,25	857,60	806,10
2080,00	1265,71	1362,82	1362,82	860,09	808,43
2090,00	1271,13	1369,36	1369,36	863,81	812,14
2100,00	1275,53	1375,92	1375,92	867,69	815,73
2110,00	1279,91	1382,46	1382,46	871,57	819,44
2120,00	1283,18	1389,03	1389,03	873,89	821,77
2130,00	1287,55	1395,57	1395,57	877,60	825,48
2140,00	1291,96	1400,27	1402,14	881,51	829,23
2150,00	1296,32	1404,86	1408,67	885,05	832,93
2160,00	1300,72	1409,49	1415,23	888,95	836,67
2170,00	1303,98	1413,12	1421,77	891,25	838,81
2180,00	1308,30	1417,66	1428,34	895,14	842,54
2190,00	1312,67	1422,25	1434,88	898,71	846,10
2200,00	1317,07	1426,88	1441,44	902,45	849,99
2210,00	1320,33	1430,43	1447,98	904,90	852,14
2220,00	1324,66	1434,98	1454,55	908,63	855,88
2230,00	1329,02	1439,58	1461,09	912,35	859,45
2240,00	1333,35	1444,13	1467,66	916,09	863,18
2250,00	1337,71	1448,64	1474,19	919,80	866,73
2260,00	1340,52	1452,22	1480,75	921,97	868,89
2270,00	1344,40	1456,74	1487,29	925,69	872,77
2280,00	1348,31	1461,22	1493,86	929,43	876,35
2290,00	1352,28	1465,75	1500,40	933,14	879,92
2300,00	1354,86	1469,24	1506,96	935,47	882,07
2310,00	1360,15	1474,82	1513,51	939,18	885,79
2320,00	1364,06	1479,28	1520,07	942,92	889,37
2330,00	1367,95	1483,81	1526,61	946,47	892,94
2340,00	1371,96	1488,28	1533,18	950,21	896,51
2350,00	1374,50	1491,68	1539,71	952,50	898,81
2360,00	1378,41	1496,22	1546,27	956,09	902,38
2370,00	1382,30	1500,68	1552,81	959,95	905,95

Mindestnettobeträge – 83%-Tabelle

Vollzeit-arbeits-entgelt Monat bis DM gerundet:	Mindestnettobetrag in der Steuerklasse DM				
	I/IV	II	III	V	VI
2380,00	1386,29	1505,15	1559,38	963,54	909,69
2390,00	1388,85	1508,55	1565,92	965,84	911,67
2400,00	1392,76	1512,96	1572,48	969,43	915,41
2410,00	1396,64	1517,40	1579,03	973,14	918,81
2420,00	1400,55	1521,87	1585,59	976,72	922,39
2430,00	1404,43	1526,25	1592,13	980,27	926,11
2440,00	1407,02	1529,67	1598,70	982,60	928,11
2450,00	1410,89	1534,05	1605,23	986,31	931,67
2460,00	1414,80	1538,44	1611,79	989,90	935,26
2470,00	1418,78	1542,90	1618,33	993,44	938,80
2480,00	1421,81	1546,17	1624,90	995,77	940,97
2490,00	1426,00	1550,54	1631,44	999,33	944,54
2500,00	1430,21	1554,95	1638,01	1002,92	948,12
2510,00	1434,40	1559,31	1644,55	1006,47	951,52
2520,00	1438,53	1563,79	1651,11	1010,21	955,26
2530,00	1441,54	1567,04	1657,65	1012,20	957,24
2540,00	1446,93	1572,56	1664,22	1015,94	960,67
2550,00	1451,11	1576,93	1670,75	1019,48	964,21
2560,00	1455,23	1581,26	1677,31	1023,07	967,64
2570,00	1458,24	1584,58	1683,85	1025,22	969,78
2580,00	1462,44	1588,99	1690,42	1028,79	973,37
2590,00	1466,55	1593,35	1696,96	1032,50	976,93
2600,00	1470,77	1597,68	1703,53	1035,94	980,35
2610,00	1473,70	1601,01	1710,07	1039,48	983,91
2620,00	1476,74	1604,28	1716,63	1041,66	985,76
2630,00	1480,84	1608,66	1723,17	1045,22	989,32
2640,00	1483,79	1611,94	1729,74	1048,80	992,75
2650,00	1487,97	1616,23	1736,27	1052,34	996,29
2660,00	1489,75	1618,46	1742,83	1054,36	998,15
2670,00	1493,85	1622,76	1749,37	1057,91	1001,71
2680,00	1497,98	1627,17	1755,94	1061,34	1005,29
2690,00	1500,91	1630,41	1762,48	1065,06	1008,70
2700,00	1505,13	1634,73	1769,05	1068,63	1012,11
2710,00	1508,04	1637,91	1775,59	1070,47	1014,10

Mindestnettobeträge – 83%-Tabelle

Vollzeit-arbeits-entgelt Monat bis DM gerundet:	Mindestnettobetrag in der Steuerklasse DM				
	I/IV	II	III	V	VI
2720,00	1510,93	1640,59	1782,15	1074,05	1017,53
2730,00	1515,12	1644,47	1788,69	1077,77	1020,92
2740,00	1519,24	1648,46	1795,26	1081,18	1024,35
2750,00	1520,92	1649,68	1801,79	1083,17	1026,49
2760,00	1525,03	1653,68	1808,35	1086,74	1029,76
2770,00	1529,14	1657,56	1814,89	1090,31	1033,15
2780,00	1532,11	1660,24	1821,46	1093,73	1036,59
2790,00	1536,21	1664,13	1828,00	1097,13	1040,14
2800,00	1537,91	1665,38	1834,57	1099,15	1041,99
2810,00	1542,01	1669,26	1841,11	1102,70	1045,40
2820,00	1546,14	1673,26	1847,67	1106,13	1048,81
2830,00	1548,99	1675,81	1854,21	1109,53	1052,22
2840,00	1551,94	1678,39	1860,78	1111,54	1054,08
2850,00	1556,05	1682,27	1867,31	1115,09	1057,47
2860,00	1558,92	1684,85	1873,87	1118,51	1060,89
2870,00	1563,03	1688,73	1880,41	1122,07	1064,29
2880,00	1567,08	1692,64	1886,98	1125,50	1067,55
2890,00	1568,75	1693,96	1893,52	1127,32	1069,55
2900,00	1572,82	1698,18	1900,09	1130,91	1072,82
2910,00	1576,91	1702,36	1906,63	1134,30	1076,21
2920,00	1579,80	1705,39	1913,19	1137,89	1079,64
2930,00	1582,64	1708,33	1919,73	1139,57	1081,47
2940,00	1585,52	1711,37	1926,30	1143,14	1084,74
2950,00	1589,54	1715,54	1932,83	1146,55	1088,14
2960,00	1593,67	1719,75	1937,60	1149,96	1091,55
2970,00	1597,70	1723,85	1942,21	1153,36	1094,95
2980,00	1599,32	1725,70	1946,82	1155,22	1096,65
2990,00	1603,42	1729,81	1951,42	1158,62	1100,05
3000,00	1606,22	1732,85	1956,05	1162,04	1103,32
3010,00	1610,32	1736,96	1960,64	1165,44	1106,56
3020,00	1613,12	1740,00	1965,27	1167,30	1108,42
3030,00	1615,97	1742,92	1969,87	1170,71	4111,83
3040,00	1620,04	1747,13	1976,44	1174,12	1115,10
3050,00	1624,04	1751,23	1981,02	1177,51	1118,33

Mindestnettobeträge – 83%-Tabelle

Vollzeit-arbeits-entgelt Monat bis DM gerundet:	Mindestnettobetrag in der Steuerklasse DM				
	I/IV	II	III	V	VI
3060,00	1626,84	1754,19	1985,50	1180,95	1121,75
3070,00	1629,70	1757,10	1990,09	1182,77	1123,43
3080,00	1633,76	1761,32	1994,71	1186,05	1126,70
3090,00	1636,53	1764,25	1999,32	1189,44	1129,94
3100,00	1640,57	1768,38	2003,94	1192,86	1133,36
3110,00	1642,10	1770,12	2008,53	1194,69	1135,04
3120,00	1646,14	1774,26	2013,01	1197,96	1138,30
3130,00	1650,17	1778,37	2019,55	1201,20	1141,70
3140,00	1654,23	1782,50	2024,17	1204,64	1144,82
3150,00	1658,24	1786,60	2028,77	1208,02	1148,20
3160,00	1661,04	1789,56	2033,38	1209,87	1149,91
3170,00	1665,07	1793,65	2037,84	1213,12	1153,15
3180,00	1669,13	1797,79	2042,46	1216,39	1156,42
3190,00	1673,15	1801,91	2047,05	1219,78	1159,66
3200,00	1675,88	1804,85	2051,53	1221,49	1161,35
3210,00	1679,90	1808,96	2056,13	1224,89	1164,60
3220,00	1683,95	1813,09	2062,69	1228,15	1167,86
3230,00	1687,99	1817,19	2067,14	1231,40	1171,11
3240,00	1691,96	1821,33	2071,76	1234,83	1174,22
3250,00	1694,73	1824,17	2076,36	1236,48	1175,89
3260,00	1698,77	1828,30	2080,83	1239,75	1179,16
3270,00	1702,72	1832,42	2085,43	1243,17	1182,40
3280,00	1706,77	1836,54	2089,90	1246,44	1185,67
3290,00	1709,47	1839,40	2094,51	1248,10	1187,17
3300,00	1713,52	1843,52	2098,97	1251,53	1190,44
3310,00	1717,47	1847,63	2105,51	1254,61	1193,69
3320,00	1721,53	1851,68	2109,98	1258,04	1196,81
3330,00	1725,48	1855,79	2114,58	1261,28	1200,06
3340,00	1728,19	1858,66	2119,06	1262,82	1201,58
3350,00	1732,22	1862,76	2123,65	1266,21	1204,82
3360,00	1736,19	1866,82	2128,12	1269,32	1207,94
3370,00	1740,21	1870,92	2132,58	1272,72	1211,19
3380,00	1742,94	1873,80	2137,19	1274,27	121271
3390,00	1746,89	1877,83	2141,65	1277,51	1215,96

Mindestnettobeträge – 83%-Tabelle

Vollzeit-arbeits-entgelt Monat bis DM gerundet:	Mindestnettobetrag in der Steuerklasse DM				
	I/IV	II	III	V	VI
3400,00	1750,87	1881,96	2148,21	1280,78	1219,08
3410,00	1754,81	1885,99	2152,65	1284,03	1222,16
3420,00	1758,86	1890,12	2157,13	1287,30	1225,42
3430,00	1761,56	1892,98	2161,73	1288,80	1226,78
3440,00	1765,53	1897,02	2166,20	1292,07	1230,05
3450,00	1769,48	1901,04	2170,65	1295,46	1233,13
3460,00	1773,45	1905,17	2175,11	1298,57	1236,39
3470,00	1776,13	1907,95	2179,56	1300,09	1237,75
3480,00	1780,11	1912,00	2184,05	1303,20	1241,02
3490,00	1784,06	1916,10	2190,59	1306,44	1244,12
3500,00	1788,04	1920,16	2195,20	1309,71	1247,22
3510,00	1791,99	1924,20	2199,66	1312,95	1250,46
3520,00	1794,63	1927,06	2204,12	1314,50	1251,85
3530,00	1798,59	1931,09	2208,57	1317,58	1254,94
3540,00	1802,56	1935,15	2213,05	1320,85	1258,06
3550,00	1806,50	1939,16	2217,49	1324,08	1261,13
3560,00	1809,13	1941,96	2221,96	1325,63	1262,50
3570,00	1813,09	1945,99	2226,42	1328,71	1265,59
3580,00	1817,06	1950,05	2232,98	1331,83	1268,71
3590,00	1821,00	1954,07	2237,42	1335,07	1271,79
3600,00	1824,98	1958,13	2241,90	1338,18	1275,06
3610,00	1827,59	1960,90	2246,20	1339,70	1276,42
3620,00	1831,49	1964,96	2250,68	1342,97	1279,53
3630,00	1835,45	1968,98	2255,12	1346,04	1282,46
3640,00	1839,42	1973,03	2259,59	1349,16	1285,57
3650,00	1842,03	1975,80	2264,04	1350,67	1287,08
3660,00	1845,92	1979,86	2268,51	1353,78	1290,04
3670,00	1849,87	1983,81	2275,05	1357,02	1293,12
3680,00	1853,77	1987,85	2279,37	1360,14	1296,08
3690,00	1857,72	1991,88	2283,82	1363,22	1299,32
3700,00	1860,35	1994,67	2288,30	1364,60	1300,54
3710,00	1864,24	1998,62	2292,74	1367,69	1303,48
3720,00	1868,21	2002,69	2297,07	1370,81	1306,75
3730,00	1872,07	2006,71	2301,52	1373,88	1309,67

Mindestnettobeträge – 83%-Tabelle

Vollzeit-arbeits-entgelt Monat bis DM gerundet:	Mindestnettobetrag in der Steuerklasse DM				
	I/IV	II	III	V	VI
3740,00	1874,72	2009,44	2306,00	1375,27	1311,05
3750,00	1878,57	2013,45	2310,29	1378,35	1313,97
3760,00	1882,47	2017,42	2316,85	1381,47	1316,94
3770,00	1886,42	2021,45	2321,29	1384,71	1320,18
3780,00	1890,33	2025,42	2325,77	1387,81	1323,13
3790,00	1892,86	2028,20	2330,07	1389,01	1324,34
3800,00	1896,84	2032,17	2334,55	1392,13	1327,28
3810,00	1900,70	2036,12	2338,85	1395,21	1330,37
3820,00	1904,60	2040,18	2343,31	1398,48	1333,32
3830,00	1907,13	2042,87	2347,61	1399,68	1334,68
3840,00	1911,04	2046,84	2352,09	1402,63	1337,64
3850,00	1914,89	2050,87	2358,62	1405,71	1340,72
3860,00	1918,87	2054,85	2362,94	1408,98	1343,51
3870,00	1922,74	2058,80	2367,40	1411,91	1346,61
3880,00	1925,30	2061,50	2371,73	1413,30	1347,82
3890,00	1929,18	2065,46	2376,17	1416,24	1350,76
3900,00	1933,07	2069,51	2380,64	1419,33	1353,71
3910,00	1936,94	2073,46	2384,94	1422,42	1356,64
3920,00	1939,43	2076,10	2389,42	1423,66	1357,86
3930,00	1943,30	2080,13	2393,72	1426,58	1360,79
3940,00	1947,19	2084,10	2400,29	1429,70	1363,91
3950,00	1951,06	2088,04	2404,72	1432,61	1366,67
3960,00	1954,95	2092,02	2409,04	1435,73	1369,79
3970,00	1957,49	2094,64	2413,49	1436,92	1370,82
3980,00	1961,31	2098,61	2417,81	1440,03	1373,94
3990,00	1965,17	2102,56	2422,11	1442,96	1376,71
4000,00	1969,07	2106,54	2426,60	1446,08	1379,66
4010,00	1971,54	2109,22	2430,90	1447,29	1380,71
4020,00	1975,42	2113,12	2435,36	1450,23	1383,67
4030,00	1979,29	2117,07	2439,66	1453,33	1386,75
4040,00	1983,11	2121,05	2444,13	1456,13	1389,71
4050,00	1986,98	2124,99	2448,43	1459,19	1392,47
4060,00	1989,47	2127,63	2450,67	1460,42	1393,69
4070,00	1993,33	2131,57	2454,97	1463,35	1396,63

Mindestnettobeträge – 83%-Tabelle

Vollzeit-arbeits-entgelt Monat bis DM gerundet:	Mindestnettobetrag in der Steuerklasse DM				
	I/IV	II	III	V	VI
4080,00	1997,15	2135,55	2459,43	1466,31	1399,26
4090,00	2001,02	2139,42	2463,73	1469,23	1402,20
4100,00	2003,50	2142,06	2468,20	1470,47	1403,41
4110,00	2007,30	2146,01	2472,50	1473,39	1406,19
4120,00	2011,19	2149,99	2476,83	1476,51	1409,15
4130,00	2014,98	2153,86	2481,29	1479,28	1411,92
4140,00	2018,81	2157,83	2485,61	1482,22	1414,87
4150,00	2021,25	2160,44	2487,80	1483,43	1415,91
4160,00	2025,15	2164,33	2492,12	1486,37	1418,87
4170,00	2028,94	2168,28	2496,57	1489,30	1421,64
4180,00	2032,77	2172,19	2503,14	1492,10	1424,59
4190,00	2035,22	2174,80	2505,20	1493,30	1425,48
4200,00	2039,04	2178,70	2509,68	1496,26	1428,27
4210,00	2042,83	2182,65	2513,98	1499,20	1431,20
4220,00	2046,73	2186,54	2518,30	1502,14	1434,00
4230,00	2050,52	2190,41	2522,74	1505,07	1436,77
4240,00	2052,92	2193,05	2527,07	1506,15	1437,85
4250,00	2056,72	2196,91	2531,36	1508,92	1440,76
4260,00	2060,52	2200,82	2535,83	1511,85	1443,56
4270,00	2064,32	2204,77	2540,13	1514,78	1446,33
4280,00	2066,80	2207,33	2542,22	1515,86	1447,25
4290,00	2070,59	2211,19	2546,67	1518,63	1450,02
4300,00	2074,42	2215,09	2551,00	1521,58	1452,62
4310,00	2078,20	2218,97	2555,30	1524,51	1455,75
4320,00	2081,94	2222,86	2559,76	1527,31	1458,54
4330,00	2084,40	2225,48	2564,06	1528,36	1459,60
4340,00	2088,21	2229,36	2568,22	1531,16	1462,23
4350,00	2091,92	2233,23	2572,10	1534,07	1464,99
4360,00	2095,74	2237,13	2576,19	1536,87	1467,79
4370,00	2098,13	2239,67	2577,42	1537,92	1468,68
4380,00	2101,94	2243,56	2581,32	1540,88	1471,64
4390,00	2105,73	2247,36	2585,21	1543,65	1474,25
4400,00	2109,47	2251,25	2591,77	1546,45	1477,04
4410,00	2113,27	2255,12	2595,84	1549,22	1479,82

Mindestnettobeträge – 83%-Tabelle

Vollzeit-arbeits-entgelt Monat bis DM gerundet:	Mindestnettobetrag in der Steuerklasse DM				
	I/IV	II	III	V	VI
4420,00	2115,67	2257,68	2597,09	1550,28	1480,73
4430,00	2119,38	2261,56	2600,98	1553,05	1483,50
4440,00	2123,20	2265,45	2604,89	1555,85	1486,14
4450,00	2126,99	2269,24	2608,93	1558,62	1489,06
4460,00	2129,32	2271,80	2612,84	1559,69	1489,82
4470,00	2133,10	2275,67	2616,72	1562,46	1492,44
4480,00	2136,84	2279,50	2620,63	1565,26	1495,24
4490,00	2140,64	2283,35	2624,52	1568,03	1497,84
4500,00	2144,37	2287,25	2628,43	1570,99	1500,64
4510,00	2146,76	2289,72	2629,84	1571,71	1501,37
4520,00	2150,50	2293,61	2633,75	1574,68	1504,02
4530,00	2154,22	2297,41	2637,63	1577,28	1506,79
4540,00	2158,02	2301,29	2641,54	1580,08	1509,42
4550,00	2160,32	2303,75	2645,42	1580,96	1510,30
4560,00	2164,06	2307,56	2649,33	1583,92	1512,79
4570,00	2167,77	2311,43	2653,21	1586,53	1515,56
4580,00	2171,59	2315,25	2657,12	1589,33	1518,04
4590,00	2175,31	2319,12	2661,19	1592,10	1520,81
4600,00	2177,63	2321,61	2662,44	1593,01	1521,41
4610,00	2181,34	2325,39	2666,33	1595,63	1524,03
4620,00	2185,08	2329,21	2670,23	1598,42	1526,83
4630,00	2188,79	2333,09	2676,77	1601,19	1529,28
4640,00	2191,13	2335,58	2678,03	1601,96	1530,04
4650,00	2194,83	2339,36	2681,90	1604,56	1532,65
4660,00	2198,57	2343,17	2685,81	1607,35	1535,13
4670,00	2202,28	2346,97	2689,70	1609,97	1537,75
4680,00	2206,02	2350,78	2693,61	1612,76	1540,38
4690,00	2208,32	2353,25	2697,49	1613,50	1540,80
4700,00	2212,06	2357,06	2701,40	1616,30	1543,44
4710,00	2215,78	2360,85	2705,29	1618,91	1545,90
4720,00	2219,51	2364,68	2709,19	1621,70	1548,54
4730,00	2221,74	2367,13	2710,42	1622,28	1548,95
4740,00	2225,48	2370,95	2714,33	1625,08	1551,60
4750,00	2229,18	2374,73	2718,21	1627,52	1554,04

Mindestnettobeträge – 83%-Tabelle

Vollzeit-arbeits-entgelt Monat bis DM gerundet:	Mindestnettobetrag in der Steuerklasse DM				
	I/IV	II	III	V	VI
4760,00	2232,85	2378,55	2722,12	1630,32	1556,53
4770,00	2236,57	2382,35	2726,19	1632,78	1559,15
4780,00	2238,89	2384,75	2730,41	1633,54	1559,59
4790,00	2242,52	2388,53	2734,59	1636,16	1562,21
4800,00	2246,25	2392,36	2738,80	1638,64	1564,53
4810,00	2249,97	2396,14	2742,98	1641,41	1566,98
4820,00	2252,22	2398,55	2744,84	1641,85	1567,43
4830,00	2255,87	2402,27	2749,03	1644,47	1569,89
4840,00	2259,60	2406,10	2753,23	1647,10	1572,38
4850,00	2263,22	2409,87	2759,77	1649,71	1574,82
4860,00	2266,96	2413,68	2763,98	1652,20	1577,30
4870,00	2269,19	2416,07	2765,64	1652,78	1577,56
4880,00	2272,86	2419,82	2769,85	1655,41	1580,05
4890,00	2276,57	2423,60	2774,04	1657,88	1582,35
4900,00	2280,22	2427,34	2778,25	1660,35	1584,84
4910,00	2282,44	2429,72	2782,43	1660,92	1585,26
4920,00	2286,11	2433,54	2786,64	1663,42	1587,73
4930,00	2289,83	2437,25	2790,83	1666,03	1590,03
4940,00	2293,48	2441,06	2795,04	1668,52	1592,36
4950,00	2297,11	2444,77	2799,06	1670,96	1594,80
4960,00	2299,36	2447,17	2800,92	1671,55	1594,94
4970,00	2302,98	2450,89	2805,10	1673,85	1597,39
4980,00	2306,65	2454,72	2809,31	1676,35	1599,87
4990,00	2310,30	2458,43	2813,49	1678,80	1602,17
5000,00	2312,53	2460,76	2817,56	1679,24	1602,32
5010,00	2316,16	2464,54	2821,74	1681,70	1604,61
5020,00	2319,83	2468,28	2825,95	1684,19	1607,09
5030,00	2323,46	2472,00	2830,14	1686,49	1609,39
5040,00	2327,13	2475,73	2834,35	1688,97	1611,57
5050,00	2329,35	2478,11	2836,00	1689,37	1611,65
5060,00	2332,92	2481,84	2840,22	1691,70	1614,13
5070,00	2336,57	2485,56	2844,40	1694,15	1616,28
5080,00	2340,22	2489,29	2850,97	1696,65	1618,61
5090,00	2342,37	2491,60	2852,64	1696,90	1618,71

Mindestnettobeträge – 83%-Tabelle

Vollzeit-arbeits-entgelt Monat bis DM gerundet:	Mindestnettobetrag in der Steuerklasse DM				
	I/IV	II	III	V	VI
5100,00	2346,02	2495,34	2856,85	1699,39	1621,04
5110,00	2349,66	2499,06	2861,03	1701,69	1623,34
5120,00	2353,32	2502,79	2865,24	1704,02	1625,51
5130,00	2356,95	2506,51	2869,29	1706,32	1627,66
5140,00	2359,13	2508,83	2873,49	1706,60	1627,94
5150,00	2362,67	2512,53	2877,67	1709,05	1630,23
5160,00	2366,34	2516,28	2881,88	1711,39	1632,39
5170,00	2369,97	2519,99	2885,90	1713,68	1634,39
5180,00	2372,15	2522,32	2887,75	1713,80	1634,52
5190,00	2375,69	2525,96	2891,78	1716,26	1636,83
5200,00	2379,36	2529,69	2895,99	1718,59	1638,98
5210,00	2382,91	2533,41	2900,18	1720,89	1641,13
5220,00	2386,58	2537,14	2904,24	1723,06	1643,31
5230,00	2388,72	2539,38	2906,07	1723,33	1643,25
5240,00	2392,30	2543,11	2910,11	1725,65	1645,57
5250,00	2395,86	2546,82	2914,29	1727,94	1647,55
5260,00	2399,51	2550,47	2918,50	1730,10	1649,87
5270,00	2401,57	2552,77	2920,17	1730,22	1649,67
5280,00	2405,24	2556,43	2924,38	1732,54	1651,83
5290,00	2408,79	2560,15	2928,42	1734,68	1653,97
5300,00	2412,39	2563,82	2930,11	1737,01	1656,16
5310,00	2416,01	2567,53	2934,30	1739,31'	1658,13
5320,00	2418,11	2569,77	2935,99	1739,44	1657,96
5330,00	2421,67	2573,49	2940,18	1741,58	1660,09
5340,00	2425,24	2577,15	2944,24	1743,75	1662,26
5350,00	2428,88	2580,79	2948,42	1745,89	1664,24
5360,00	2430,97	2583,02	2950,11	1746,01	1664,21
5370,00	2434,51	2586,74	2954,29	1748,16	1666,21
5380,00	2438,10	2590,40	2958,34	1750,32	1668,37
5390,00	2441,66	2594,04	2962,53	1752,47	1670,43
5400,00	2445,24	2597,78	2966,59	1754,64	1672,45
5410,00	2447,30	2599,99	2968,25	1754,60	1672,31
5420,00	2450,88	2603,65	2972,47	1756,75	1674,33
5430,00	2454,45	2607,30	2976,65	1758,89	1676,39

Mindestnettobeträge – 83%-Tabelle

Vollzeit-arbeits-entgelt Monat bis DM gerundet:	Mindestnettobetrag in der Steuerklasse DM				
	I/IV	II	III	V	VI
5440,00	2458,03	2610,95	2978,35	1761,08	1678,48
5450,00	2460,09	2613,16	2982,38	1761,01	1678,26
5460,00	2463,66	2616,83	2984,07	1763,01	1680,35
5470,00	2467,23	2620,46	2988,26	1765,17	1682,34
5480,00	2470,74	2624,12	2992,31	1767,49	1684,43
5490,00	2474,28	2627,76	2996,49	1769,33	1686,49
5500,00	2476,37	2630,00	2998,03	1769,29	1686,31
5510,00	2479,93	2633,64	3002,22	1771,43	1688,37
5520,00	2483,43	2637,31	3006,27	1773,45	1690,46
5530,00	2487,00	2640,86	3010,46	1775,59	1692,45
5540,00	2489,09	2643,12	3012,16	1775,40	1692,35
5550,00	2492,56	2646,74	3016,18	1777,46	1694,32
5560,00	2496,13	2650,32	3020,39	1779,54	1696,41
5570,00	2499,61	2653,95	3024,41	1781,61	1698,48
5580,00	2503,20	2657,61	3026,12	1783,70	1700,57
5590,00	2505,18	2659,76	3030,14	1783,50	1700,36
5600,00	2508,77	2663,42	3034,35	1785,50	1702,37
5610,00	2512,24	2667,06	3035,87	1787,57	1704,44
5620,00	2515,84	2670,63	3040,08	1789,66	1706,53
5630,00	2517,81	2672,78	3041,59	1789,46	1706,32
5640,00	2521,32	2676,44	3045,80	1791,55	1708,41
5650,00	2524,88	2680,08	3049,84	1793,61	1710,47
5660,00	2528,38	2683,65	3053,88	1795,61	1712,47
5670,00	2531,86	2687,29	3058,06	1797,68	1714,54
5680,00	2533,86	2689,46	3059,61	1797,50	1714,37
5690,00	2537,43	2693,01	3063,80	1799,56	1716,43
5700,00	2540,93	2696,67	3067,84	1801,66	1718,52
5710,00	2544,41	2700,23	3071,87	1803,72	1720,58
5720,00	2546,42	2702,41	3073,57	1803,52	1720,39
5730,00	2549,89	2705,96	3077,60	1805,52	1722,46
5740,00	2553,40	2709,54	3081,81	1807,62	1724,47
5750,00	2556,86	2713,17	3083,33	1809,67	1726,53
5760,00	2560,37	2716,75	3087,37	1811,76	1728,62
5770,00	2562,36	2718,90	3089,04	1811,54	1728,41

Mindestnettobeträge – 83%-Tabelle

Vollzeit-arbeits-entgelt Monat bis DM gerundet:	Mindestnettobetrag in der Steuerklasse DM				
	I/IV	II	III	V	VI
5780,00	2565,86	2722,47	3093,10	1813,63	1730,50
5790,00	2569,34	2726,04	3097,12	1815,63	1732,49
5800,00	2572,84	2729,62	3101,33	1817,72	1734,58
5810,00	2574,83	2731,76	3102,86	1817,50	1734,36
5820,00	2578,25	2735,34	3106,90	1819,59	1736,45
5830,00	2581,73	2738,91	3111,09	1821,66	1738,52
5840,00	2585,23	2742,48	3115,14	1823,74	1740,61
5850,00	2588,70	2746,03	3119,16	1825,73	1742,59
5860,00	2590,65	2748,12	3120,70	1825,54	1742,48
5870,00	2594,12	2751,68	3124,88	1827,60	1744,47
5880,00	2597,63	2755,26	3128,95	1829,69	1746,56
5890,00	2601,11	2758,81	3130,45	1831,76	1748,63
5900,00	2603,04	2760,90	3134,52	1831,58	1748,44
5910,00	2606,44	2764,47	3136,02	1833,64	1750,50
5920,00	2609,94	2768,05	3140,23	1835,65	1752,52
5930,00	2613,43	2771,60	3144,27	1837,72	1754,58
5940,00	2616,84	2775,20	3148,31	1839,81	1756,67
5950,00	2618,75	2777,16	3149,83	1839,59	1756,45
5960,00	2622,25	2780,76	3153,88	1841,68	1758,55
5970,00	2625,65	2784,30	3157,90	1843,75	1760,61
5980,00	2629,15	2787,89	3161,97	1845,75	1762,62
5990,00	2631,07	2789,87	3163,63	1845,55	1762,50
6000,00	2634,49	2793,46	3167,69	1847,64	1764,50
6010,00	2637,96	2797,02	3171,72	1849,70	1766,56
6020,00	2641,39	2800,53	3175,76	1851,80	1768,66
6030,00	2644,80	2804,07	3177,29	1853,85	1770,72
6040,00	2646,72	2806,10	3181,33	1853,68	1770,55
6050,00	2650,12	2809,63	3185,36	1855,65	1772,51
6060,00	2653,63	2813,14	3186,89	1857,74	1774,61
6070,00	2657,02	2816,70	3190,93	1859,81	1776,67
6080,00	2658,87	2818,70	3192,46	1859,63	1776,49
6090,00	2662,27	2822,27	3196,50	1861,70	1778,56
6100,00	2665,70	2825,77	3200,55	1863,79	1780,65
6110,00	2669,10	2829,25	3204,57	1865,77	1782,63

Mindestnettobeträge – 83%-Tabelle

Vollzeit-arbeits-entgelt Monat bis DM gerundet:	Mindestnettobetrag in der Steuerklasse DM				
	I/IV	II	III	V	VI
6120,00	2672,53	2832,84	3208,63	1867,86	1784,72
6130,00	2674,35	2834,82	3210,14	1867,65	1784,52
6140,00	2677,79	2838,32	3214,20	1869,74	1786,61
6150,00	2681,17	2841,79	3218,23	1871,80	1788,67
6160,00	2684,59	2845,38	3222,27	1873,89	1790,76
6170,00	2686,43	2847,36	3223,79	1873,68	1790,53
6180,00	2689,86	2850,86	3227,84	1875,69	1792,63
6190,00	2693,25	2854,35	3231,87	1877,76	1794,63
6200,00	2696,60	2857,85	3233,41	1879,85	1796,71
6210,00	2700,00	2861,33	3237,44	1881,92	1798,78
6220,00	2701,77	2863,33	3238,98	1881,72	1798,59
6230,00	2705,19	2866,81	3243,01	1883,78	1800,65
6240,00	2708,60	2870,32	3246,90	1885,81	1802,67
6250,00	2711,93	2873,79	3250,92	1887,86	1804,73
6260,00	2713,69	2875,81	3254,99	1887,67	1804,54
6270,00	2717,09	2879,29	3259,00	1889,74	1806,60
6280,00	2720,43	2882,79	3263,05	1891,83	1808,69
6290,00	2723,77	2886,18	3267,10	1893,89	1810,75
6300,00	2727,18	2889,69	3271,14	1895,91	1812,78
6310,00	2728,93	2891,68	3272,50	1895,70	1812,64
6320,00	2732,29	2895,18	3276,55	1897,79	1814,65
6330,00	2735,61	2898,58	3280,59	1899,85	1816,71
6340,00	2738,95	2902,09	3284,63	1901,94	1818,80
6350,00	2740,70	2903,98	3288,65	1901,72	1818,58
6360,00	2744,04	2907,49	3292,72	1903,81	1820,67
6370,00	2747,36	2910,97	3296,58	1905,80	1822,66
6380,00	2751,04	2914,71	3300,95	1908,20	1825,07
6390,00	2754,99	2918,83	3305,62	1910,91	1827,78
6400,00	2757,40	2921,38	3307,79	1911,35	1828,22
6410,00	2761,29	2925,51	3312,30	1914,05	1830,92
6420,00	2765,25	2929,57	3316,99	1916,78	1833,64
6430,00	2769,21	2933,68	3321,64	1919,41	1836,27
6440,00	2771,55	2936,24	3326,33	1919,85	1836,80
6450,00	2775,50	2940,29	3331,01	1922,55	1839,42

Mindestnettobeträge – 83%-Tabelle

Vollzeit-arbeits-entgelt Monat bis DM gerundet:	Mindestnettobetrag in der Steuerklasse DM				
	I/IV	II	III	V	VI
6460,00	2779,48	2944,43	3335,52	1925,28	1842,14
6470,00	2783,36	2948,46	3340,20	1927,98	1844,84
6480,00	2787,35	2952,59	3344,88	1930,70	1847,56
6490,00	2789,65	2955,06	3346,88	1931,14	1848,00
6500,00	2793,55	2959,19	3351,56	1933,78	1850,63
6510,00	2797,52	2963,23	3356,24	1936,48	1853,34
6520,00	2801,41	2967,30	3360,75	1939,20	1856,06
6530,00	2803,73	2969,84	3365,43	1939,64	1856,50
6540,00	2807,63	2973,90	3370,11	1942,36	1859,22
6550,00	2811,58	2977,93	3374,77	1945,06	1861,92
6560,00	2815,48	2981,99	3379,30	1947,69	1864,56
6570,00	2819,36	2986,03	3383,97	1950,40	1867,27
6580,00	2821,69	2988,52	3385,98	1950,86	1867,72
6590,00	2825,58	2992,56	3390,66	1953,56	1870,42
6600,00	2829,47	2996,61	3395,33	1956,28	1873,14
6610,00	2833,35	3000,66	3399,85	1958,98	1875,85
6620,00	2835,60	3003,14	3404,53	1959,42	1876,29
6630,00	2839,49	3007,17	3409,19	1962,05	1878,99
6640,00	2843,39	3011,23	3413,72	1964,78	1881,64
6650,00	2847,27	3015,27	3418,39	1967,48	1884,35
6660,00	2851,17	3019,32	3422,91	1970,20	1887,07
6670,00	2853,40	3021,71	3425,08	1970,63	1887,49
6680,00	2857,30	3025,78	3429,59	1973,34	1890,21
6690,00	2861,11	3029,73	3434,27	1975,98	1892,84
6700,00	2865,00	3033,80	3438,95	1978,70	1895,56
6710,00	2867,24	3036,18	3443,47	1979,12	1895,99
6720,00	2871,07	3040,23	3448,14	1981,84	1898,71
6730,00	2874,95	3044,20	3452,66	1984,55	1901,41
6740,00	2878,85	3048,25	3457,34	1987,27	1904,14
6750,00	2882,64	3052,21	3461,86	1989,90	1906,77
6760,00	2884,81	3054,62	3464,02	1990,34	1907,28
6770,00	2888,70	3058,58	3468,53	1993,05	1909,90
6780,00	2892,53	3062,63	3473,21	1995,77	1912,63
6790,00	2896,41	3066,60	3477,72	1998,47	1915,33

Mindestnettobeträge – 83%-Tabelle

Vollzeit-arbeits-entgelt Monat bis DM gerundet:	Mindestnettobetrag in der Steuerklasse DM				
	I/IV	II	III	V	VI
6800,00	2898,58	3069,01	3482,41	1998,91	1915,78
6810,00	2902,38	3072,97	3486,92	2001,62	1918,49
6820,00	2906,20	3076,95	3491,60	2004,26	1921,13
6830,00	2910,00	3080,90	3496,11	2006,96	1923,83
6840,00	2913,90	3084,88	3500,80	2009,69	1926,55
6850,00	2915,98	3087,28	3502,79	2010,12	1926,98
6860,00	2919,88	3091,25	3507,32	2012,84	1929,70
6870,00	2923,68	3095,22	3511,99	2015,54	1932,41
6880,00	2927,50	3099,12	3516,52	2018,19	1935,05
6890,00	2929,58	3101,50	3521,18	2018,61	1935,57
6900,00	2933,39	3105,40	3525,71	2021,33	1938,20
6910,00	2937,21	3109,37	3530,38	2024,04	1940,91
6920,00	2941,02	3113,34	3534,90	2026,76	1943,63
6930,00	2944,82	3117,30	3539,57	2029,47	1946,33
6940,00	2946,92	3119,64	3541,44	2029,92	1946,78
6950,00	2950,72	3123,51	3546,10	2032,54	1949,40
6960,00	2954,46	3127,49	3550,63	2035,26	1952,12
6970,00	2958,27	3131,37	3555,29	2037,97	1954,82
6980,00	2960,36	3133,70	3559,83	2038,41	1955,28
6990,00	2964,16	3137,67	3564,48	2041,12	1957,99
7000,00	2967,91	3141,57	3569,02	2043,84	1960,71
7010,00	2971,71	3145,45	3573,52	2046,46	1963,32
7020,00	2975,45	3149,42	3578,21	2049,18	1966,05
7030,00	2977,53	3151,65	3580,21	2049,62	1966,49
7040,00	2981,27	3155,55	3584,73	2052,34	1969,20
7050,00	2985,09	3159,51	3589,24	2055,05	1971,91
7060,00	2988,81	3163,41	3593,92	2057,77	1974,63
7070,00	2990,90	3165,64	3598,44	2058,18	1975,05
7080,00	2994,64	3169,55	3602,97	2060,84	1977,77
7090,00	2998,36	3173,42	3607,63	2063,54	1980,40
7100,00	3002,10	3177,32	3612,17	2066,26	1983,13
7110,00	3005,84	3181,21	3616,67	2068,97	1985,83
7120,00	3007,85	3183,46	3618,68	2069,41	1986,26
7130,00	3011,57	3187,34	3623,19	2072,11	1988,97

Mindestnettobeträge – 83%-Tabelle

Vollzeit-arbeits-entgelt Monat bis DM gerundet:	Mindestnettobetrag in der Steuerklasse DM				
	I/IV	II	III	V	VI
7140,00	3015,40	3191,23	3627,88	2074,76	1991,63
7150,00	3019,04	3195,12	3632,39	2077,47	1994,33
7160,00	3021,06	3197,29	3636,93	2077,91	1994,76
7170,00	3024,78	3201,18	3641,58	2080,60	1997,47
7180,00	3028,52	3205,07	3646,12	2083,32	2000,19
7190,00	3032,25	3208,89	3650,62	2086,03	2002,90
7200,00	3035,98	3212,78	3655,15	2088,69	2005,55
7210,00	3037,92	3214,93	3657,15	2089,10	2006,04
7220,00	3041,64	3218,83	3661,68	2091,82	2008,69
7230,00	3045,37	3222,63	3666,18	2094,53	2011,40
7240,00	3049,04	3226,53	3670,87	2097,25	2014,11
7250,00	3051,03	3228,70	3675,37	2097,68	2014,54
7260,00	3054,70	3232,51	3679,90	2100,40	2017,27
7270,00	3058,43	3236,39	3684,42	2103,03	2019,89
7280,00	3062,09	3240,21	3689,10	2105,75	2022,61
7290,00	3065,81	3244,02	3693,62	2108,45	2025,32
7300,00	3067,75	3246,19	3695,47	2108,90	2025,76
7310,00	3071,40	3249,99	3699,98	2111,60	2028,46
7320,00	3075,07	3253,82	3704,66	2114,33	2031,18
7330,00	3078,79	3257,70	3709,18	2116,95	2033,82
7340,00	3080,64	3259,78	3713,69	2117,40	2034,35
7350,00	3084,37	3263,60	3718,21	2120,10	2036,96
7360,00	3088,04	3267,41	3722,74	2122,82	2039,68
7370,00	3091,68	3271,21	3727,41	2125,52	2042,39
7380,00	3095,34	3275,05	3731,94	2128,24	2045,11
7390,00	3097,26	3277,11	3733,77	2128,68	2045,54
7400,00	3100,92	3280,94	3738,30	2131,32	2048,18
7410,00	3104,49	3284,73	3742,81	2134,02	2050,89
7420,00	3108,15	3288,56	3747,33	2136,74	2053,61
7430,00	3110,08	3290,63	3751,86	2137,18	2054,04
7440,00	3113,75	3294,39	3756,53	2139,90	2056,76
7450,00	3117,31	3298,18	3761,05	2142,60	2059,47
7460,00	3120,97	3302,00	3765,57	2145,24	2062,10
7470,00	3124,62	3305,72	3770,08	2147,95	2064,81

Mindestnettobeträge – 83%-Tabelle

Vollzeit-arbeits-entgelt Monat bis DM gerundet:	Mindestnettobetrag in der Steuerklasse DM				
	I/IV	II	III	V	VI
7480,00	3126,49	3307,82	3771,94	2148,40	2065,26
7490,00	3130,04	3311,63	3776,44	2151,10	2067,97
7500,00	3133,71	3315,37	3780,98	2153,83	2070,69
7510,00	3137,35	3319,09	3785,48	2156,53	2073,39
7520,00	3139,13	3321,18	3790,01	2156,96	2073,83
7530,00	3142,78	3324,91	3794,53	2159,60	2076,54
7540,00	3146,36	3328,73	3799,04	2162,32	2079,18
7550,00	3150,01	3332,46	3803,72	2165,03	2081,89
7560,00	3153,60	3336,19	3808,24	2167,74	2084,61
7570,00	3155,44	3338,19	3810,09	2168,17	2085,03
7580,00	3159,03	3341,94	3814,61	2170,89	2087,76
7590,00	3162,59	3345,67	3819,12	2173,52	2090,39
7600,00	3166,18	3349,41	3823,65	2176,24	2093,11
7610,00	3168,02	3351,40	3828,16	2176,67	2093,53
7620,00	3171,60	3355,14	3832,68	2179,39	2096,25
7630,00	3175,17	3358,88	3837,21	2182,09	2098,95
7640,00	3178,75	3362,61	3841,72	2184,81	2101,68
7650,00	3182,32	3366,34	3846,23	2187,45	2104,31
7660,00	3184,10	3368,35	3848,09	2187,88	2104,82
7670,00	3187,68	3372,08	3852,60	2190,59	2107,45
7680,00	3191,25	3375,75	3856,97	2193,31	2110,18
7690,00	3194,75	3379,46	3861,49	2196,01	2112,88
7700,00	3196,53	3381,48	3866,01	2196,46	2113,32
7710,00	3200,09	3385,13	3870,51	2199,16	2116,03
7720,00	3203,68	3388,87	3875,05	2201,81	2118,67
7730,00	3207,17	3392,52	3879,55	2204,51	2121,37
7740,00	3210,76	3396,27	3884,08	2207,24	2124,09
7750,00	3212,44	3398,18	3885,92	2207,66	2124,53
7760,00	3216,02	3401,84	3890,45	2210,38	2127,25
7770,00	3219,59	3405,57	3894,97	2213,09	2129,95
7780,00	3223,10	3409,23	3899,49	2215,73	2132,59
7790,00	3224,78	3411,15	3903,84	2216,16	2133,11
7800,00	3228,38	3414,81	3908,37	2218,88	2135,74
7810,00	3231,85	3418,45	3912,89	2221,59	2138,45

Mindestnettobeträge – 83%-Tabelle

Vollzeit-arbeits-entgelt Monat bis DM gerundet:	Mindestnettobetrag in der Steuerklasse DM				
	I/IV	II	III	V	VI
7820,00	3235,36	3422,21	3917,40	2224,31	2141,17
7830,00	3238,93	3425,86	3921,92	2227,01	2143,87
7840,00	3240,64	3427,71	3923,78	2227,46	2144,33
7850,00	3244,12	3431,43	3928,28	2230,08	2146,94
7860,00	3247,62	3435,10	3932,66	2232,80	2149,67
7870,00	3251,13	3438,74	3937,17	2235,51	2152,37
7880,00	3252,82	3440,61	3941,69	2235,96	2152,82
7890,00	3256,31	3444,25	3946,20	2238,67	2155,53
7900,00	3259,82	3447,92	3950,73	2241,39	2158,25
7910,00	3263,30	3451,56	3955,09	2244,00	2160,87
7920,00	3266,81	3455,14	3959,61	2246,73	2163,59
7930,00	3268,42	3456,99	3961,46	2247,16	2164,03
7940,00	3271,92	3460,65	3965,97	2249,88	2166,75
7950,00	3275,42	3464,30	3970,33	2252,59	2169,45
7960,00	3278,92	3467,87	3974,85	2255,31	2172,18
7970,00	3280,53	3469,72	3979,38	2255,73	2172,59
7980,00	3283,95	3473,39	3983,89	2258,38	2175,31
7990,00	3287,45	3476,95	3988,25	2261,09	2177,95
8000,00	3290,95	3480,61	3992,77	2263,81	2180,67
8010,00	3294,36	3484,18	3997,30	2266,51	2183,37
8020,00	3295,98	3486,04	3998,98	2266,95	2183,81
8030,00	3299,48	3489,61	4003,50	2269,65	2186,52
8040,00	3302,91	3493,27	4008,03	2272,31	2189,17
8050,00	3306,32	3496,85	4012,54	2275,01	2191,87
8060,00	3307,93	3498,62	4016,90	2275,45	2192,31
8070,00	3311,34	3502,19	4021,42	2278,15	2195,02
8080,00	3314,85	3505,85	4025,95	2280,87	2197,73
8090,00	3318,26	3509,42	4030,31	2283,58	2200,44
8100,00	3321,68	3513,01	4034,82	2286,23	2203,09
8110,00	3323,30	3514,78	4036,51	2286,65	2203,59
8120,00	3326,73	3518,35	4041,04	2289,37	2206,23
8130,00	3330,14	3521,92	4045,54	2292,07	2208,94
8140,00	3333,57	3525,52	4049,91	2294,79	2211,66
8150,00	3335,10	3527,18	4054,43	2295,22	2212,08

Mindestnettobeträge – 83%-Tabelle

Vollzeit-arbeits-entgelt Monat bis DM gerundet:	Mindestnettobetrag in der Steuerklasse DM				
	I/IV	II	III	V	VI
8160,00	3338,53	3530,77	4058,96	2297,95	2214,81
8170,00	3341,94	3534,35	4063,31	2300,57	2217,44
8180,00	3345,36	3537,92	4067,83	2303,29	2220,16
8190,00	3348,78	3541,49	4072,34	2306,00	2222,86
8200,00	3350,23	3543,20	4074,05	2306,44	2223,30
8210,00	3353,64	3546,76	4078,40	2309,14	2226,01
8220,00	3357,07	3550,28	4082,92	2311,87	2228,73
8230,00	3360,48	3553,84	4087,43	2314,50	2231,36
8240,00	3361,95	3555,54	4091,80	2314,94	2231,89
8250,00	3365,36	3559,11	4096,32	2317,64	2234,51
8260,00	3368,79	3562,62	4100,69	2320,36	2237,23
8270,00	3372,13	3566,19	4105,19	2323,07	2239,93
8280,00	3375,56	3569,69	4109,72	2325,79	2242,65
8290,00	3377,00	3571,38	4111,41	2326,22	2243,09
8300,00	3380,35	3574,88	4115,78	2328,86	2245,72
8310,00	3383,76	3578,45	4120,29	2331,57	2248,43
8320,00	3387,11	3581,96	4124,65	2334,28	2251,15
8330,00	3388,56	3583,56	4129,17	2334,72	2251,59
8340,00	3391,90	3587,14	4133,53	2337,45	2254,31
8350,00	3395,31	3590,64	4138,06	2340,15	2257,01
8360,00	3398,68	3594,15	4142,42	2342,78	2259,65
8370,00	3402,00	3597,64	4146,92	2345,49	2262,36
8380,00	3403,46	3599,25	4148,62	2345,95	2262,80
8390,00	3406,80	3602,75	4152,98	2348,65	2265,51
8400,00	3410,15	3606,25	4157,51	2351,37	2268,23
8410,00	3413,48	3609,74	4161,87	2354,07'	2270,94
8420,00	3414,87	3611,37	4166,38	2354,51	2271,38
8430,00	3418,20	3614,85	4170,74	2357,14	2274,08
8440,00	3421,56	3618,36	4175,27	2359,86	2276,73
8450,00	3424,88	3621,77	4179,62	2362,57	2279,44
8460,00	3428,23	3625,28	4184,15	2365,29	2282,16
8470,00	3429,60	3626,88	4185,68	2365,72	2282,57
8480,00	3432,95	3630,39	4190,20	2368,43	2285,30
8490,00	3436,20	3633,80	4194,55	2371,07	2287,93

Mindestnettobeträge – 83%-Tabelle

Vollzeit-arbeits-entgelt Monat bis DM gerundet:	Mindestnettobetrag in der Steuerklasse DM				
	I/IV	II	III	V	VI
8500,00	3439,55	3637,32	4199,08	2373,79	2290,65
8510,00	3442,04	3639,97	4204,56	2375,33	2292,19
8520,00	3446,50	3644,56	4210,19	2379,15	2296,02
8530,00	3450,87	3649,10	4215,67	2382,98	2299,85
8540,00	3455,32	3653,63	4221,14	2386,81	2303,67
8550,00	3459,70	3658,23	4226,77	2390,56	2307,42
8560,00	3462,20	3660,88	4229,41	2392,10	2309,04
8570,00	3466,57	3665,41	4235,04	2395,93	2312,79
8580,00	3470,94	3670,04	4240,52	2399,75	2316,61
8590,00	3475,39	3674,57	4246,16	2403,58	2320,44
8600,00	3477,81	3677,22	4251,63	2405,12	2321,99
8610,00	3482,18	3681,75	4257,10	2408,95	2325,82
8620,00	3486,63	3686,28	4262,72	2412,69	2329,56
8630,00	3491,00	3690,81	4268,20	2416,52	2333,39
8640,00	3495,40	3695,34	4273,67	2420,35	2337,21
8650,00	3497,80	3697,99	4276,48	2421,90	2338,76
8660,00	3502,17	3702,52	4281,95	2425,72	2342,58
8670,00	3506,54	3706,96	4287,59	2429,54	2346,41
8680,00	3510,92	3711,49	4293,07	2433,29	2350,16
8690,00	3513,34	3714,14	4298,54	2434,84	2351,80
8700,00	3517,71	3718,67	4304,01	2438,66	2355,53
8710,00	3522,01	3723,13	4309,63	2442,49	2359,36
8720,00	3526,38	3727,66	4315,11	2446,32	2363,18
8730,00	3530,76	3732,19	4320,58	2450,14	2367,01
8740,00	3533,18	3734,78	4323,39	2451,70	2368,56
8750,00	3537,47	3739,22	4328,87	2455,44	2372,31
8760,00	3541,83	3743,75	4334,33	2459,27	2376,12
8770,00	3546,21	3748,21	4339,98	2463,09	2379,95
8780,00	3548,55	3750,78	4345,45	2464,64	2381,51
8790,00	3552,84	3755,31	4350,93	2468,47	2385,34
8800,00	3557,21	3759,76	4356,40	2472,30	2389,16
8810,00	3561,51	3764,21	4361,87	2476,03	2392,90
8820,00	3565,90	3768,74	4367,49	2479,86	2396,72
8830,00	3568,22	3771,23	4370,14	2481,42	2398,29

Mindestnettobeträge – 83%-Tabelle

Vollzeit-arbeits-entgelt Monat bis DM gerundet:	Mindestnettobetrag in der Steuerklasse DM				
	I/IV	II	III	V	VI
8840,00	3572,52	3775,76	4375,61	2485,24	2402,10
8850,00	3576,81	3780,22	4381,09	2489,07	2405,93
8860,00	3581,19	3784,68	4386,72	2492,90	2409,76
8870,00	3583,44	3787,17	4392,19	2494,43	2411,30
8880,00	3587,82	3791,62	4397,66	2498,19	2415,13
8890,00	3592,12	3796,07	4403,14	2502,01	2418,88
8900,00	3596,41	3800,52	4408,61	2505,84	2422,70
8910,00	3600,71	3804,99	4414,09	2509,66	2426,53
8920,00	3602,97	3807,47	4416,90	2511,21	2428,07
8930,00	3607,26	3811,92	4422,37	2515,03	2431,89
8940,00	3611,56	3816,37	4427,85	2518,78	2435,65
8950,00	3615,86	3820,82	4433,32	2522,61	2439,48
8960,00	3618,10	3823,31	4438,80	2524,15	2441,01
8970,00	3622,40	3827,70	4444,27	2527,97	2444,84
8980,00	3626,70	3832,14	4449,75	2531,80	2448,67
8990,00	3630,99	3836,60	4455,37	2535,63	2452,49
9000,00	3635,22	3840,97	4460,84	2539,39	2456,24
9010,00	3637,47	3843,47	4463,49	2540,92	2457,86
9020,00	3641,77	3847,84	4468,96	2544,75	2461,61
9030,00	3646,06	3852,30	4474,44	2548,57	2465,44
9040,00	3650,29	3856,67	4479,91	2552,40	2469,26
9050,00	3652,53	3859,16	4485,39	2553,94	2470,81
9060,00	3656,76	3863,54	4490,86	2557,77	2474,64
9070,00	3661,06	3867,91	4496,33	2561,52	2478,38
9080,00	3665,26	3872,28	4501,80	2565,35	2482,21
9090,00	3669,48	3876,73	4507,28	2569,17	2486,03
9100,00	3671,74	3879,15	4509,93	2570,72	2487,58
9110,00	3675,95	3883,52	4515,40	2574,54	2491,40
9120,00	3680,18	3887,90	4520,88	2578,37	2495,23
9130,00	3684,39	3892,27	4526,35	2582,11	2498,98
9140,00	3686,65	3894,68	4531,82	2583,67	2500,62
9150,00	3690,86	3899,06	4537,29	2587,49	2504,35
9160,00	3695,09	3903,44	4542,77	2591,31	2508,18
9170,00	3699,31	3907,81	4548,24	2595,14	2512,00

Mindestnettobeträge – 83%-Tabelle

Vollzeit-arbeits-entgelt Monat bis DM gerundet:	Mindestnettobetrag in der Steuerklasse DM				
	I/IV	II	III	V	VI
9180,00	3703,52	3912,11	4553,72	2598,96	2515,83
9190,00	3705,69	3914,51	4556,37	2600,52	2517,38
9200,00	3709,91	3918,89	4561,84	2604,26	2521,13
9210,00	3714,14	3923,28	4567,32	2608,08	2524,95
9220,00	3718,27	3927,57	4572,79	2611,91	2528,78
9230,00	3720,45	3929,98	4578,26	2613,47	2530,33
9240,00	3724,67	3934,27	4583,73	2617,29	2534,16
9250,00	3728,80	3938,65	4589,21	2621,12	2537,98
9260,00	3733,03	3942,94	4594,68	2624,86	2541,72
9270,00	3737,24	3947,31	4600,16	2628,68	2545,54
9280,00	3739,34	3949,65	4602,66	2630,24	2547,10
9290,00	3743,57	3953,95	4608,13	2634,06	2550,93
9300,00	3747,69	3958,32	4613,60	2637,89	2554,76
9310,00	3751,92	3962,62	4619,07	2641,72	2558,57
9320,00	3754,01	3964,95	4624,55	2643,25	2560,12
9330,00	3758,16	3969,25	4630,02	2647,01	2563,94
9340,00	3762,37	3973,54	4635,50	2650,84	2567,70
9350,00	3766,52	3977,92	4640,97	2654,66	2571,52
9360,00	3770,65	3982,22	4646,28	2658,48	2575,35
9370,00	3772,75	3984,48	4648,93	2660,03	2576,89
9380,00	3776,88	3988,77	4654,40	2663,85	2580,72
9390,00	3781,02	3993,07	4659,88	2667,60	2584,47
9400,00	3785,17	3997,36	4665,35	2671,43	2588,30
9410,00	3787,26	3999,70	4670,83	2672,97	2589,83
9420,00	3791,41	4003,99	4676,14	2676,80	2593,66
9430,00	3795,54	4008,20	4681,62	2680,63	2597,49
9440,00	3799,67	4012,50	4687,08	2684,44	2601,31
9450,00	3803,82	4016,80	4692,56	2688,20	2605,06
9460,00	3805,84	4019,05	4695,06	2689,74	2606,68
9470,00	3809,97	4023,35	4700,54	2693,57	2610,43
9480,00	3814,12	4027,57	4706,01	2697,39	2614,26
9490,00	3818,26	4031,87	4711,49	2701,22	2618,09
9500,00	3820,27	4034,12	4716,79	2702,77	2619,63
9510,00	3824,33	4038,34	4722,27	2706,59	2623,46

Mindestnettobeträge – 83%-Tabelle

Vollzeit-arbeits-entgelt Monat bis DM gerundet:	Mindestnettobetrag in der Steuerklasse DM				
	I/IV	II	III	V	VI
9520,00	3828,48	4042,63	4727,74	2710,34	2627,21
9530,00	3832,62	4046,86	4733,22	2714,17	2631,03
9540,00	3836,68	4051,16	4738,53	2717,99	2634,85
9550,00	3838,69	4053,33	4741,18	2719,54	2636,40
9560,00	3842,84	4057,63	4746,65	2723,36	2640,23
9570,00	3846,90	4061,84	4751,97	2727,19	2644,06
9580,00	3850,96	4066,05	4757,45	2730,93	2647,80
9590,00	3852,98	4068,24	4762,92	2732,48	2649,43
9600,00	3857,03	4072,53	4768,23	2736,31	2653,17
9610,00	3861,18	4076,75	4773,70	2740,14	2657,00
9620,00	3865,24	4080,96	4779,18	2743,96	2660,82
9630,00	3869,29	4085,19	4784,49	2747,78	2664,65
9640,00	3871,24	4087,36	4787,14	2749,34	2666,21
9650,00	3875,29	4091,58	4792,47	2753,08	2669,94
9660,00	3879,44	4095,79	4797,95	2756,90	2673,77
9670,00	3883,50	4100,01	4803,42	2760,73	2677,60
9680,00	3885,45	4102,12	4808,73	2762,29	2679,15
9690,00	3889,50	4106,33	4814,20	2766,12	2682,98
9700,00	3893,48	4110,55	4819,68	2769,94	2686,80
9710,00	3897,54	4114,77	4824,99	2773,68	2690,54
9720,00	3901,61	4118,90	4830,47	2777,50	2694,36
9730,00	3903,55	4121,08	4832,97	2779,06	2695,92
9740,00	3907,61	4125,31	4638,44	2782,88	2699,75
9750,00	3911,59	4129,44	4843,75	2786,71	2703,58
9760,00	3915,65	4133,67	4849,22	2790,53	2707,40
9770,00	3917,59	4135,75	4854,69	2792,08	2708,94
9780,00	3921,58	4139,90	4860,01	2795,83	2712,76
9790,00	3925,64	4144,11	4865,48	2799,66	2716,52
9800,00	3929,62	4148,26	4870,81	2803,48	2720,34
9810,00	3933,68	4152,47	4876,28	2807,31	2724,17
9820,00	3935,54	4154,57	4878,76	2808,84	2725,71
9830,00	3939,60	4158,71	4884,09	2812,67	2729,54
9840,00	3943,59	4162,85	4889,55	2816,43	2733,29
9850,00	3947,56	4166,98	4895,03	2820,25	2737,12

Mindestnettobeträge – 83%-Tabelle

Vollzeit-arbeits-entgelt Monat bis DM gerundet:	Mindestnettobetrag in der Steuerklasse DM				
	I/IV	II	III	V	VI
9860,00	3949,43	4169,09	4900,35	2821,79	2738,66
9870,00	3953,41	4173,22	4905,83	2825,62	2742,49
9880,00	3957,48	4177,36	4911,13	2829,45	2746,30
9890,00	3961,45	4181,51	4916,61	2833,27	2750,13
9900,00	3965,43	4185,64	4921,92	2837,02	2753,89
9910,00	3967,31	4187,75	4924,43	2838,57	2755,51
9920,00	3971,28	4191,81	4929,90	2842,39	2759,25
9930,00	3975,26	4195,94	4935,21	2846,21	2763,08
9940,00	3979,25	4200,07	4940,68	2850,04	2766,90
9950,00	3981,03	4202,11	4946,00	2851,59	2768,45
9960,00	3985,02	4206,23	4951,32	2855,42	2772,27
9970,00	3988,99	4210,37	4956,80	2859,16	2776,03
9980,00	3992,97	4214,43	4962,11	2862,99	2779,85
9990,00	3996,96	4218,58	4967,58	2866,81	2783,68
10000,00	3998,74	4220,59	4970,07	2868,36	2785,22
10010,00	4002,64	4224,73	4975,40	2872,18	2789,05
10020,00	4006,63	4228,79	4980,71	2876,01	2792,88
10030,00	4010,62	4232,94	4986,18	2879,76	2796,62
10040,00	4012,39	4234,88	4991,50	2881,30	2798,25
10050,00	4016,30	4239,02	4996,97	2885,13	2802,00
10060,00	4020,28	4243,08	5002,29	2888,96	2805,82
10070,00	4024,18	4247,13	5007,77	2892,78	2809,64
10080,00	4028,16	4251,28	5013,08	2896,61	2813,47
10090,00	4029,87	4253,22	5015,57	2898,16	2815,03
10100,00	4033,86	4257,28	5020,89	2901,90	2818,76
10110,00	4037,76	4261,34	5026,21	2905,73	2822,59
10120,00	4041,66	4265,39	5031,68	2909,55	2826,42
10130,00	4043,45	4267,43	5037,00	2911,11	2827,98
10140,00	4047,35	4271,49	5042,32	2914,94	2831,80
10150,00	4051,25	4275,55	5047,79	2918,76	2835,62
10160,00	4055,16	4279,60	5053,10	2922,50	2839,36
10170,00	4059,06	4283,58	5058,42	2926,32	2843,19
10180,00	4060,77	4285,52	5060,92	2927,88	2844,74
10190,00	4064,67	4289,58	5066,23	2931,71	2848,57

Mindestnettobeträge – 83%-Tabelle

Vollzeit-arbeits-entgelt Monat bis DM gerundet:	Mindestnettobetrag in der Steuerklasse DM				
	I/IV	II	III	V	VI
10200,00	4068,59	4293,65	5071,70	2935,53	2852,39
10210,00	4072,48	4297,71	5077,02	2939,35	2856,22
10220,00	4074,18	4299,57	5082,34	2940,90	2857,76
10230,00	4078,09	4303,63	5087,82	2944,65	2861,58
10240,00	4082,00	4307,69	5093,12	2948,48	2865,34
10250,00	4085,82	4311,68	5098,44	2952,30	2869,17
10260,00	4089,72	4315,74	5103,77	2956,13	2873,00
10270,00	4091,43	4317,59	5106,25	2957,67	2874,53
10280,00	4095,25	4321,65	5111,56	2961,49	2878,36
10290,00	4099,15	4325,64	5116,89	2965,25	2882,11
10300,00	4102,98	4329,70	5122,36	2969,08	2885,93
10310,00	4104,68	4331,57	5127,67	2970,61	2887,48
10320,00	4108,51	4335,55	5132,99	2974,44	2891,31
10330,00	4112,43	4339,53	5138,31	2978,26	2895,13
10340,00	4116,24	4343,51	5143,63	2982,09	2898,96
10350,00	4120,07	4347,58	5149,10	2985,84	2902,71
10360,00	4121,69	4349,36	5151,44	2987,39	2904,33
10370,00	4125,61	4353,42	5156,75	2991,21	2908,07
10380,00	4129,43	4357,41	5162,06	2995,04	2911,90
10390,00	4133,25	4361,38	5167,54	2998,86	2915,72
10400,00	4134,87	4363,17	5172,87	3000,41	2917,28
10410,00	4138,70	4367,14	5178,17	3004,23	2921,10
10420,00	4142,52	4371,13	5183,49	3007,98	2924,85
10430,00	4146,35	4375,12	5188,81	3011,80	2928,67
10440,00	4150,17	4379,09	5194,12	3015,63	2932,50
10450,00	4151,80	4380,88	5196,61	3017,18	2934,04
10460,00	4155,63	4384,86	5201,94	3021,01	2937,87
10470,00	4159,45	4388,84	5207,25	3024,83	2941,69
10480,00	4163,21	4392,74	5212,57	3028,58	2945,45
10490,00	4164,82	4394,53	5217,89	3030,12	2947,08
10500,00	4168,65	4398,51	5223,20	3033,95	2950,82
10510,00	4172,48	4402,49	5228,51	3037,78	2954,64
10520,00	4176,22	4406,40	5233,84	3041,60	2958,47
10530,00	4180,05	4410,38	5239,32	3045,43	2962,29

Mindestnettobeträge – 83%-Tabelle

Vollzeit-arbeits-entgelt Monat bis DM gerundet:	Mindestnettobetrag in der Steuerklasse DM				
	I/IV	II	III	V	VI
10540,00	4181,60	4412,09	5241,64	3046,99	2963,85
10550,00	4185,42	4416,07	5246,96	3050,72	2967,59
10560,00	4189,25	4419,97	5252,27	3054,55	2971,41
10570,00	4193,07	4423,96	5257,59	3058,38	2975,23
10580,00	4194,63	4425,67	5262,91	3059,93	2976,80
10590,00	4198,36	4429,56	5268,23	3063,75	2980,62
10600,00	4202,19	4433,55	5273,54	3067,58	2984,45
10610,00	4206,02	4437,45	5278,87	3071,32	2988,18
10620,00	4209,84	4441,35	5284,17	3075,14	2992,01
10630,00	4211,40	4443,06	5286,52	3076,70	2993,57
10640,00	4215,23	4446,97	5291,82	3080,53	2997,39
10650,00	4218,96	4450,87	5297,14	3084,35	3001,21
10660,00	4222,79	4454,77	5302,46	3088,18	3005,04
10670,00	4224,34	4456,48	5307,78	3089,72	3006,58
10680,00	4228,17	4460,39	5313,09	3093,48	3010,41
10690,00	4232,00	4464,28	5318,42	3097,29	3014,16
10700,00	4235,82	4468,19	5323,73	3101,12	3017,99
10710,00	4239,56	4472,10	5329,04	3104,95	3021,81
10720,00	4241,12	4473,72	5331,37	3106,49	3023,35
10730,00	4244,94	4477,63	5336,69	3110,32	3027,18
10740,00	4248,77	4481,53	5342,02	3114,07	3030,94
10750,00	4252,60	4485,35	5347,32	3117,90	3034,76
10760,00	4254,13	4487,05	5352,65	3119,44	3036,30
10770,00	4257,96	4490,88	5357,97	3123,26	3040,12
10780,00	4261,72	4494,78	5363,28	3127,08	3043,95
10790,00	4265,54	4498,61	5368,59	3130,91	3047,78
10800,00	4269,36	4502,53	5373,75	3134,67	3051,53
10810,00	4270,91	4504,14	5376,09	3136,20	3053,15
10820,00	4274,73	4507,96	5381,40	3140,03	3056,90
10830,00	4278,56	4511,79	5386,72	3143,86	3060,72
10840,00	4282,31	4515,71	5392,05	3147,68	3064,54
10850,00	4283,85	4517,32	5397,36	3149,23	3066,09
10860,00	4287,68	4521,15	5402,67	3153,05	3069,92
10870,00	4291,50	4524,97	5408,00	3156,81	3073,66

Mindestnettobeträge – 83%-Tabelle

Vollzeit-arbeits-entgelt Monat bis DM gerundet:	Mindestnettobetrag in der Steuerklasse DM				
	I/IV	II	III	V	VI
10880,00	4295,32	4528,80	5413,14	3160,63	3077,49
10890,00	4299,15	4532,62	5418,47	3164,45	3081,32
10900,00	4300,70	4534,25	5420,80	3166,00	3082,87
10910,00	4304,45	4538,07	5426,13	3169,83	3086,69
10920,00	4308,27	4541,90	5431,43	3173,65	3090,51
10930,00	4312,10	4545,73	5436,60	3177,40	3094,26
10940,00	4313,64	4547,27	5441,91	3178,95	3095,90
10950,00	4317,47	4551,10	5447,22	3182,78	3099,64
10960,00	4321,30	4554,92	5452,55	3186,59	3103,46
10970,00	4325,05	4558,75	5457,86	3190,42	3107,29
10980,00	4328,87	4562,58	5463,03	3194,25	3111,11
10990,00	4330,42	4564,14	5465,35	3195,81	3112,67
11000,00	4334,24	4567,95	5470,68	3199,54	3116,41
11010,00	4338,07	4571,70	5475,98	3203,37	3120,24
11020,00	4341,90	4575,52	5481,15	3207,19	3124,06
11030,00	4343,45	4577,08	5486,47	3208,76	3125,61
11040,00	4347,19	4580,90	5491,78	3212,57	3129,44
11050,00	4351,02	4584,73	5497,11	3216,40	3133,27
11060,00	4354,84	4588,46	5502,25	3220,14	3137,00
11070,00	4358,66	4592,29	5507,58	3223,97	3140,83
11080,00	4360,22	4593,85	5509,91	3225,52	3142,39
11090,00	4364,05	4597,68	5515,07	3229,35	3146,21
11100,00	4367,78	4601,50	5520,38	3233,17	3150,04
11110,00	4371,61	4605,33	5525,71	3237,00	3153,86
11120,00	4373,17	4606,87	5530,86	3238,54	3155,40
11130,00	4377,00	4610,69	5536,18	3242,30	3159,23
11140,00	4380,81	4614,44	5541,50	3246,12	3162,98
11150,00	4384,64	4618,27	5546,67	3249,95	3166,81
11160,00	4388,38	4622,10	5551,97	3253,77	3170,63
11170,00	4389,94	4623,64	5554,14	3255,31	3172,18
11180,00	4393,76	4627,47	5559,46	3259,14	3176,00
11190,00	4397,59	4631,22	5564,79	3262,89	3179,75
11200,00	4401,42	4635,04	5569,94	3266,71	3183,58
11210,00	4402,96	4636,59	5575,27	3268,26	3185,12

Mindestnettobeträge – 83%-Tabelle

Vollzeit-arbeits-entgelt Monat bis DM gerundet:	Mindestnettobetrag in der Steuerklasse DM				
	I/IV	II	III	V	VI
11220,00	4406,78	4640,41	5580,57	3272,08	3188,94
11230,00	4410,54	4644,23	5585,74	3275,91	3192,77
11240,00	4414,36	4648,06	5591,05	3279,73	3196,60
11250,00	4418,19	4651,82	5596,37	3283,49	3200,35
11260,00	4419,73	4653,44	5598,54	3285,02	3201,97
11270,00	4423,55	4657,18	5603,70	3288,85	3205,72
11280,00	4427,38	4661,01	5609,02	3292,68	3209,54
11290,00	4431,13	4664,83	5614,34	3296,50	3213,37
11300,00	4432,67	4666,38	5619,50	3298,05	3214,91
11310,00	4436,50	4670,20	5624,83	3301,87	3218,74
11320,00	4440,33	4673,95	5629,97	3305,62	3222,49
11330,00	4444,15	4677,78	5635,30	3309,45	3226,31
11340,00	4447,97	4681,60	5640,45	3313,28	3230,14
11350,00	4449,52	4683,15	5642,63	3314,82	3231,69
11360,00	4453,27	4686,98	5647,95	3318,65	3235,51
11370,00	4457,09	4690,80	5653,26	3322,47	3239,34
11380,00	4460,92	4694,55	5658,43	3326,22	3243,08
11390,00	4462,47	4696,18	5663,74	3327,77	3244,72
11400,00	4466,30	4699,92	5668,91	3331,60	3248,45
11410,00	4470,11	4703,74	5674,21	3335,42	3252,28
11420,00	4473,87	4707,57	5679,38	3339,25	3256,11
11430,00	4477,69	4711,40	5684,69	3343,07	3259,93
11440,00	4479,24	4712,96	5686,87	3344,63	3261,49
11450,00	4483,06	4716,78	5692,04	3348,36	3265,23
11460,00	4486,89	4720,52	5697,34	3352,19	3269,05
11470,00	4490,72	4724,34	5702,52	3356,01	3272,88
11480,00	4492,28	4725,90	5707,66	3357,57	3274,43
11490,00	4496,01	4729,72	5712,99	3361,40	3278,26
11500,00	4499,84	4733,55	5718,14	3365,23	3282,09
11510,00	4503,66	4737,29	5723,46	3368,96	3285,83
11520,00	4507,49	4741,12	5728,62	3372,79	3289,65
11530,00	4509,04	4742,67	5730,79	3374,34	3291,21
11540,00	4512,87	4746,50	5736,12	3378,17	3295,03
11550,00	4516,60	4750,32	5741,27	3381,99	3298,86

Mindestnettobeträge – 83%-Tabelle

Vollzeit-arbeits-entgelt Monat bis DM gerundet:	Mindestnettobetrag in der Steuerklasse DM			
	I/IV	II	III	V	VI
11560,00	4520,43	4754,15	5746,43	3385,82	3302,69
11570,00	4521,99	4755,68	5751,75	3387,36	3304,22
11580,00	4525,82	4759,51	5756,90	3391,11	3308,05
11590,00	4529,64	4763,27	5762,23	3394,94	3311,81
11600,00	4533,47	4767,10	5767,39	3398,77	3315,63
11610,00	4537,20	4770,91	5772,55	3402,59	3319,45
11620,00	4538,76	4772,46	5774,73	3404,13	3321,00
11630,00	4542,58	4776,28	5779,88	3407,96	3324,82
11640,00	4546,41	4780,04	5785,21	3411,72	3328,57
11650,00	4550,23	4783,86	5790,35	3415,53	3332,40
11660,00	4551,78	4785,41	5795,52	3417,08	3333,94
11670,00	4555,60	4789,23	5800,84	3420,90	3337,77
11680,00	4559,36	4793,06	5805,99	3424,73	3341,59
11690,00	4563,18	4796,88	5811,16	3428,56	3345,41
11700,00	4567,01	4800,64	5816,47	3432,31	3349,17
11710,00	4568,54	4802,26	5818,49	3433,85	3350,79
11720,00	4572,37	4806,00	5823,82	3437,68	3354,54
11730,00	4576,20	4809,83	5828,97	3441,50	3358,36
11740,00	4579,96	4813,65	5834,13	3445,32	3362,19
11750,00	4581,49	4815,20	5839,44	3446,87	3363,73
11760,00	4585,32	4819,02	5844,60	3450,70	3367,56
11770,00	4589,14	4822,77	5849,77	3454,44	3371,31
11780,00	4592,97	4826,60	5854,92	3458,27	3375,14
11790,00	4596,80	4830,43	5860,25	3462,10	3378,96,
11800,00	4598,34	4831,97	5862,26	3463,64	3380,51
11810,00	4602,09	4835,80	5867,43	3467,47	3384,33
11820,00	4605,92	4839,62	5872,74	3471,29	3388,16
11830,00	4609,74	4843,37	5877,90	3475,04	3391,90
11840,00	4611,29	4845,00	5883,06	3476,59	3393,54
11850,00	4615,12	4848,74	5888,22	3480,41	3397,28
11860,00	4618,94	4852,57	5893,53	3484,24	3401,11
11870,00	4622,69	4856,40	5898,69	3488,07	3404,93
11880,00	4626,51	4860,21	5903,86	3491,89	3408,75
11890,00	4628,06	4861,77	5905,87	3493,45	3410,31

Mindestnettobeträge – 83%-Tabelle

Vollzeit-arbeits-entgelt Monat bis DM gerundet:	Mindestnettobetrag in der Steuerklasse DM				
	I/IV	II	III	V	VI
11900,00	4631,88	4865,60	5911,19	3497,19	3414,05
11910,00	4635,71	4869,34	5916,35	3501,01	3417,87
11920,00	4639,53	4873,16	5921,52	3504,83	3421,70
11930,00	4641,09	4874,72	5926,66	3506,39	3423,26
11940,00	4644,83	4878,55	5931,83	3510,22	3427,09
11950,00	4648,66	4882,38	5937,00	3514,05	3430,90
11960,00	4652,48	4886,11	5942,30	3517,78	3434,65
11970,00	4656,31	4889,94	5947,47	3521,61	3438,47
11980,00	4657,86	4891,49	5949,48	3523,17	3440,03
11990,00	4661,69	4895,32	5954,65	3526,99	3443,85
12000,00	4665,43	4899,14	5959,81	3530,81	3447,68
12010,00	4669,26	4902,97	5964,96	3534,64	3451,51
12020,00	4670,81	4904,51	5970,13	3536,18	3453,05
12030,00	4674,63	4908,34	5975,29	3539,93	3456,87
12040,00	4678,46	4912,09	5980,44	3543,76	3460,63
12050,00	4682,29	4915,92	5985,61	3547,59	3464,45
12060,00	4686,02	4919,74	5990,77	3551,41	3468,28
12070,00	4687,58	4921,28	5992,79	3552,96	3469,82
12080,00	4691,41	4925,10	5997,95	3556,77	3473,64
12090,00	4695,24	4928,86	6003,10	3560,53	3477,39
12100,00	4699,05	4932,68	6008,27	3564,36	3481,22
12110,00	4700,60	4934,23	6013,42	3565,90	3482,76
12120,00	4704,42	4938,05	6018,58	3569,72	3486,59
12130,00	4708,18	4941,88	6023,75	3573,55	3490,42
12140,00	4712,00	4945,70	6028,90	3577,37	3494,24
12150,00	4715,83	4949,46	6034,06	3581,13	3497,99
12160,00	4717,37	4951,07	6036,08	3582,67	3499,61
12170,00	4721,20	4954,83	6041,24	3586,50	3503,36
12180,00	4725,02	4958,64	6046,41	3590,32	3507,18
12190,00	4728,78	4962,47	6051,56	3594,15	3511,01
12200,00	4730,31	4964,02	6056,72	3595,69	3512,56
12210,00	4734,14	4967,85	6061,89	3599,52	3516,39
12220,00	4737,96	4971,59	6067,04	3603,26	3520,13
12230,00	4741,79	4975,42	6072,04	3607,09	3523,96

Mindestnettobeträge – 83%-Tabelle

Vollzeit-arbeits-entgelt Monat bis DM gerundet:	Mindestnettobetrag in der Steuerklasse DM				
	I/IV	II	III	V	VI
12240,00	4745,62	4979,24	6077,20	3610,92	3527,78
12250,00	4747,16	4980,79	6079,22	3612,47	3529,33
12260,00	4750,91	4984,61	6084,38	3616,29	3533,15
12270,00	4754,74	4988,44	6089,55	3620,11	3536,98
12280,00	4758,56	4992,19	6094,56	3623,86	3540,73
12290,00	4760,11	4993,83	6099,70	3625,41	3542,37
12300,00	4763,93	4997,56	6104,87	3629,23	3546,10
12310,00	4767,76	5001,39	6110,04	3633,06	3549,93
12320,00	4771,50	5005,22	6115,18	3636,89	3553,75
12330,00	4775,33	5009,04	6120,19	3640,71	3557,58
12340,00	4776,88	5010,59	6122,21	3642,27	3559,13
12350,00	4780,71	5014,42	6127,37	3646,01	3562,87
12360,00	4784,54	5018,16	6132,37	3649,83	3566,69
12370,00	4788,35	5021,98	6137,53	3653,66	3570,52
12380,00	4789,91	5023,54	6142,70	3655,21	3572,08
12390,00	4793,65	5027,37	6147,70	3659,04	3575,91
12400,00	4797,47	5031,19	6152,85	3662,86	3579,73
12410,00	4801,30	5034,93	6158,01	3666,60	3583,47
12420,00	4805,13	5038,76	6163,02	3670,43	3587,29
12430,00	4806,69	5040,32	6165,03	3671,99	3588,85
12440,00	4810,51	5044,14	6170,04	3675,81	3592,67
12450,00	4814,25	5047,96	6175,20	3679,64	3596,50
12460,00	4818,08	5051,79	6180,36	3683,47	3600,32
12470,00	4819,63	5053,33	6185,37	3685,00	3601,87
12480,00	4823,45	5057,16	6190,52	3688,76	3605,69
12490,00	4827,28	5060,91	6195,68	3692,58	3609,45
12500,00	4831,11	5064,73	6200,68	3696,41	3613,27
12510,00	4834,84	5068,56	6205,85	3700,23	3617,10
12520,00	4836,40	5070,10	6207,70	3701,78	3618,63
12530,00	4840,23	5073,92	6212,71	3705,60	3622,46
12540,00	4844,05	5077,68	6217,87	3709,35	3626,22
12550,00	4847,88	5081,51	6223,03	3713,18	3630,05
12560,00	4849,42	5083,04	6228,04	3714,72	3631,58
12570,00	4853,24	5086,87	6233,19	3718,54	3635,41

Mindestnettobeträge – 83%-Tabelle

Vollzeit-arbeits-entgelt Monat bis DM gerundet:	Mindestnettobetrag in der Steuerklasse DM				
	I/IV	II	III	V	VI
12580,00	4857,00	5090,70	6238,19	3722,37	3639,23
12590,00	4860,82	5094,52	6243,35	3726,19	3643,06
12600,00	4864,65	5098,28	6248,36	3729,95	3646,81
12610,00	4866,19	5099,89	6250,22	3731,49	3648,43
12620,00	4870,02	5103,65	6255,38	3735,32	3652,18
12630,00	4873,84	5107,47	6260,38	3739,14	3656,01
12640,00	4877,59	5111,30	6265,54	3742,97	3659,83
12650,00	4879,14	5112,84	6270,54	3744,51	3661,38
12660,00	4882,96	5116,67	6275,55	3748,34	3665,21
12670,00	4886,78	5120,41	6280,72	3752,09	3668,95
12680,00	4890,61	5124,24	6285,71	3755,92	3672,77
12690,00	4894,44	5128,06	6290,87	3759,73	3676,60
12700,00	4895,99	5129,62	6292,57	3761,29	3678,15
12710,00	4899,73	5133,44	6297,73	3765,11	3681,97
12720,00	4903,56	5137,26	6302,74	3768,94	3685,80
12730,00	4907,38	5141,01	6307,91	3772,68	3689,55
12740,00	4908,93	5142,65	6312,91	3774,23	3691,18
12750,00	4912,75	5146,38	6317,91	3778,06	3694,92
12760,00	4916,58	5150,21	6323,06	3781,88	3698,75
12770,00	4920,33	5154,03	6328,06	3785,70	3702,57
12780,00	4924,16	5157,86	6333,07	3789,53	3706,40
12790,00	4925,70	5159,42	6334,93	3791,09	3707,95
12800,00	4929,53	5163,24	6339,93	3794,83	3711,69
12810,00	4933,35	5166,98	6345,10	3798,65	3715,52
12820,00	4937,18	5170,81	6350,11	3802,48	3719,35
12830,00	4938,73	5172,36	6355,11	3804,04	3720,90
12840,00	4942,48	5176,19	6360,11	3807,86	3724,72
12850,00	4946,30	5180,01	6365,26	3811,68	3728,55
12860,00	4950,12	5183,75	6370,27	3815,43	3732,29
12870,00	4953,95	5187,57	6375,26	3819,25	3736,11
12880,00	4955,51	5189,14	6377,13	3820,81	3737,67
12890,00	4959,33	5192,96	6382,14	3824,63	3741,50
12900,00	4963,07	5196,79	6387,13	3828,46	3745,33
12910,00	4966,89	5200,61	6392,14	3832,28	3749,14

Mindestnettobeträge – 83%-Tabelle

Vollzeit-arbeits-entgelt Monat bis DM gerundet:	Mindestnettobetrag in der Steuerklasse DM				
	I/IV	II	III	V	VI
12920,00	4968,45	5202,15	6397,14	3833,82	3750,69
12930,00	4972,28	5205,98	6402,15	3837,58	3754,51
12940,00	4976,10	5209,73	6407,31	3841,41	3758,26
12950,00	4979,93	5213,55	6412,31	3845,23	3762,09
12960,00	4983,67	5217,38	6417,32	3849,05	3765,92
12970,00	4985,22	5218,92	6419,02	3850,59	3767,46
12980,00	4989,05	5222,75	6424,03	3854,42	3771,29
12990,00	4992,87	5226,50	6429,03	3858,17	3775,04
13000,00	4996,70	5230,33	6434,18	3862,00	3778,87
13010,00	4998,24	5231,87	6439,18	3863,54	3780,40
13020,00	5002,06	5235,69	6444,19	3867,37	3784,23
13030,00	5005,82	5239,52	6449,19	3871,19	3788,05
13040,00	5009,65	5243,34	6454,19	3875,01	3791,88
13050,00	5013,47	5247,10	6459,19	3878,77	3795,63
13060,00	5015,01	5248,72	6460,90	3880,31	3797,25
13070,00	5018,84	5252,46	6465,90	3884,13	3801,00
13080,00	5022,66	5256,29	6470,90	3887,96	3804,83
13090,00	5026,41	5260,12	6475,91	3891,79	3808,65
13100,00	5027,96	5261,66	6480,91	3893,34	3810,20
13110,00	5031,78	5265,49	6485,91	3897,16	3814,02
13120,00	5035,61	5269,24	6490,92	3900,91	3817,78
13130,00	5039,44	5273,06	6495,92	3904,74	3821,59
13140,00	5043,25	5276,88	6500,93	3908,56	3825,42
13150,00	5044,81	5278,43	6502,63	3910,11	3826,97
13160,00	5048,55	5282,26	6507,63	3913,93	3830,80
13170,00	5052,38	5286,09	6512,64	3917,76	3834,62
13180,00	5056,20	5289,83	6517,63	3921,50	3838,37
13190,00	5057,75	5291,47	6522,64	3923,05	3840,00
13200,00	5061,58	5295,21	6527,64	3926,88	3843,74
13210,00	5065,40	5299,03	6532,50	3930,71	3847,56
13220,00	5069,15	5302,85	6537,50	3934,53	3851,39
13230,00	5072,98	5306,68	6542,50	3938,35	3855,22
13240,00	5074,52	5308,24	6544,21	3939,91	3856,78
13250,00	5078,35	5312,07	6549,21	3943,65	3860,51

Mindestnettobeträge –83%-Tabelle

Vollzeit-arbeits-entgelt Monat bis DM gerundet:	Mindestnettobetrag in der Steuerklasse DM				
	I/IV	II	III	V	VI
13260,00	5082,17	5315,80	6554,21	3947,47	3864,34
13270,00	5086,00	5319,63	6559,05	3951,30	3868,17
13280,00	5087,56	5321,19	6564,06	3952,86	3869,72
13290,00	5091,29	5325,01	6569,06	3956,68	3873,54
13300,00	5095,12	5328,83	6574,06	3960,51	3877,37
13310,00	5098,95	5332,58	6579,06	3964,25	3881,11
13320,00	5102,77	5336,40	6584,07	3968,07	3884,93
13330,00	5104,33	5337,95	6585,61	3969,62	3886,49
13340,00	5108,15	5341,78	6590,62	3973,45	3890,32
13350,00	5111,89	5345,61	6595,62	3977,28	3894,14
13360,00	5115,71	5349,43	6600,48	3981,10	3897,97
13370,00	5117,27	5350,97	6605,48	3982,65	3899,51
13380,00	5121,10	5354,79	6610,48	3986,40	3903,33
13390,00	5124,93	5358,55	6615,48	3990,23	3907,09
13400,00	5128,75	5362,38	6620,32	3994,05	3910,91
13410,00	5132,49	5366,20	6625,33	3997,88	3914,74
13420,00	5134,05	5367,74	6626,87	3999,41	3916,28
13430,00	5137,87	5371,57	6631,87	4003,24	3920,11
13440,00	5141,69	5375,32	6636,88	4007,00	3923,86
13450,00	5145,52	5379,15	6641,73	4010,82	3927,68
13460,00	5147,06	5380,69	6646,73	4012,36	3929,23
13470,00	5150,89	5384,52	6651,74	4016,19	3933,05
13480,00	5154,64	5388,34	6656,58	4020,01	3936,87
13490,00	5158,47	5392,16	6661,58	4023,84	3940,70
13500,00	5162,29	5395,92	6666,42	4027,59	3944,46
13510,00	5163,83	5397,54	6668,13	4029,14	3946,08
13520,00	5167,65	5401,28	6672,98	4032,96	3949,82
13530,00	5171,48	5405,11	6677,99	4036,78	3953,65
13540,00	5175,24	5408,94	6682,82	4040,61	3957,47
13550,00	5176,78	5410,49	6687,82	4042,16	3959,02
13560,00	5180,60	5414,31	6692,83	4045,98	3962,84
13570,00	5184,43	5418,06	6697,68	4049,73	3966,59
13580,00	5188,26	5421,88	6702,67	4053,55	3970,42
13590,00	5192,08	5425,71	6707,53	4057,38	3974,25

Mindestnettobeträge – 83%-Tabelle

Vollzeit-arbeits-entgelt Monat bis DM gerundet:	Mindestnettobetrag in der Steuerklasse DM				
	I/IV	II	III	V	VI
13600,00	5193,63	5427,25	6709,07	4058,92	3975,79
13610,00	5197,38	5431,08	6714,08	4062,75	3979,62
13620,00	5201,20	5434,91	6718,92	4066,58	3983,44
13630,00	5205,02	5438,65	6723,92	4070,33	3987,19
13640,00	5206,57	5440,28	6728,78	4071,87	3988,82
13650,00	5210,40	5444,03	6733,78	4075,70	3992,57
13660,00	5214,23	5447,85	6738,62	4079,52	3996,39
13670,00	5217,97	5451,68	6743,46	4083,35	4000,21
13680,00	5221,80	5455,50	6748,46	4087,18	4004,04
13690,00	5223,35	5457,06	6750,02	4088,73	4005,60
13700,00	5227,17	5460,89	6754,86	4092,47	4009,33
13710,00	5230,99	5464,62	6759,86	4096,30	4013,16
13720,00	5234,82	5468,45	6764,71	4100,12	4016,98
13730,00	5236,38	5470,01	6769,56	4101,68	4018,54
13740,00	5240,11	5473,83	6774,57	4105,50	4022,37
13750,00	5243,94	5477,66	6779,41	4109,33	4026,19
13760,00	5247,77	5481,39	6784,25	4113,07	4029,93
13770,00	5251,59	5485,22	6789,25	4116,89	4033,76
13780,00	5253,14	5486,77	6790,65	4118,45	4035,31
13790,00	5256,97	5490,60	6795,65	4122,28	4039,14
13800,00	5260,71	5494,43	6800,49	4126,10	4042,96
13810,00	5264,54	5498,25	6805,34	4129,92	4046,79
13820,00	5266,09	5499,80	6810,35	4131,47	4048,33
13830,00	5269,92	5503,62	6815,19	4135,22	4052,15
13840,00	5273,75	5507,37	6820,04	4139,04	4055,91
13850,00	5277,57	5511,20	6825,03	4142,87	4059,74
13860,00	5281,31	5515,03	6829,89	4146,70	4063,56
13870,00	5282,87	5516,56	6831,27	4148,24	4065,10
13880,00	5286,69	5520,39	6836,28	4152,06	4068,93
13890,00	5290,52	5524,15	6841,13	4155,82	4072,68
13900,00	5294,34	5527,97	6845,96	4159,64	4076,50
13910,00	5295,88	5529,51	6850,81	4161,18	4078,05
13920,00	5299,71	5533,34	6855,67	4165,01	4081,87
13930,00	5303,46	5537,16	6860,67	4168,83	4085,70

Mindestnettobeträge – 83%-Tabelle

Vollzeit-arbeits-entgelt Monat bis DM gerundet:	Mindestnettobetrag in der Steuerklasse DM				
	I/IV	II	III	V	VI
13940,00	5307,29	5540,99	6865,51	4172,66	4089,53
13950,00	5311,11	5544,74	6870,35	4176,41	4093,28
13960,00	5312,66	5546,36	6871,74	4177,95	4094,90
13970,00	5316,48	5550,11	6876,59	4181,78	4098,64
13980,00	5320,30	5553,93	6881,60	4185,61	4102,47
13990,00	5324,06	5557,75	6886,45	4189,43	4106,29
14000,00	5325,60	5559,31	6891,28	4190,98	4107,84
14010,00	5329,42	5563,13	6896,13	4194,80	4111,67
14020,00	5333,25	5566,88	6900,99	4198,55	4115,41
14030,00	5337,07	5570,70	6905,82	4202,37	4119,24
14040,00	5340,90	5574,53	6910,67	4206,20	4123,07
14050,00	5342,44	5576,07	6912,06	4207,75	4124,61
14060,00	5346,20	5579,90	6916,90	4211,58	4128,44
14070,00	5350,02	5583,73	6921,76	4215,40	4132,26
14080,00	5353,85	5587,48	6926,60	4219,15	4136,01
14090,00	5355,39	5589,11	6931,45	4220,69	4137,65
14100,00	5359,22	5592,85	6936,30	4224,52	4141,38
14110,00	5363,05	5596,67	6941,13	4228,34	4145,21
14120,00	5366,79	5600,50	6946,14	4232,17	4149,04
14130,00	5370,61	5604,33	6950,84	4236,00	4152,86
14140,00	5372,17	5605,88	6952,22	4237,56	4154,42
14150,00	5375,99	5609,70	6957,08	4241,29	4158,16
14160,00	5379,82	5613,45	6961,91	4245,12	4161,98
14170,00	5383,64	5617,27	6966,75	4248,94	4165,80
14180,00	5385,20	5618,83	6971,61	4250,50	4167,36
14190,00	5388,93	5622,65	6976,45	4254,32	4171,19
14200,00	5392,76	5626,48	6981,30	4258,15	4175,02
14210,00	5396,59	5630,21	6986,15	4261,88	4178,75
14220,00	5400,41	5634,04	6990,98	4265,71	4182,58
14230,00	5401,97	5635,60	6992,38	4267,27	4184,14
14240,00	5405,80	5639,43	6997,22	4271,10	4187,96
14250,00	5409,53	5643,24	7001,92	4274,92	4191,78
14260,00	5413,36	5647,07	7006,76	4278,75	4195,61
14270,00	5414,91	5648,61	7011,60	4280,29	4197,15

Mindestnettobeträge – 83%-Tabelle

Vollzeit-arbeits-entgelt Monat bis DM gerundet:	Mindestnettobetrag in der Steuerklasse DM				
	I/IV	II	III	V	VI
14280,00	5418,74	5652,44	7016,45	4284,05	4200,98
14290,00	5422,56	5656,19	7021,29	4287,86	4204,73
14300,00	5426,39	5660,02	7026,14	4291,69	4208,56
14310,00	5430,13	5663,85	7031,00	4295,52	4212,38
14320,00	5431,69	5665,39	7032,23	4297,06	4213,92
14330,00	5435,51	5669,21	7037,06	4300,89	4217,74
14340,00	5439,34	5672,97	7041,91	4304,64	4221,50
14350,00	5443,16	5676,79	7046,60	4308,46	4225,33
14360,00	5444,70	5678,33	7051,45	4310,01	4226,87
14370,00	5448,53	5682,16	7056,30	4313,83	4230,69
14380,00	5452,29	5685,98	7061,14	4317,65	4234,52
14390,00	5456,10	5689,81	7065,84	4321,48	4238,35
14400,00	5459,93	5693,56	7070,67	4325,24	4242,10
14410,00	5461,47	5695,18	7072,07	4326,77	4243,72
14420,00	5465,30	5698,93	7076,75	4330,60	4247,47
14430,00	5469,13	5702,76	7081,61	4334,43	4251,29
14440,00	5472,88	5706,58	7086,45	4338,25	4255,11
14450,00	5474,42	5708,13	7091,15	4339,80	4256,66
14460,00	5478,25	5711,95	7095,98	4343,62	4260,49
14470,00	5482,07	5715,70	7100,82	4347,37	4264,23
14480,00	5485,89	5719,52	7105,51	4351,20	4268,06
14490,00	5489,72	5723,35	7110,36	4355,02	4271,89
14500,00	5491,27	5724,90	7111,60	4356,57	4273,44
14510,00	5495,02	5728,73	7116,45	4360,40	4277,26
14520,00	5498,84	5732,54	7121,13	4364,22	4281,08
14530,00	5502,67	5736,30	7125,98	4367,97	4284,83
14540,00	5504,21	5737,93	7130,82	4369,52	4286,47
14550,00	5508,04	5741,67	7135,52	4373,34	4290,20
14560,00	5511,86	5745,49	7140,36	4377,16	4294,03
14570,00	5515,62	5749,32	7145,06	4380,99	4297,86
14580,00	5519,44	5753,15	7149,89	4384,82	4301,68
14590,00	5520,99	5754,71	7151,12	4386,38	4303,23
14600,00	5524,81	5758,52	7155,97	4390,11	4306,98
14610,00	5528,64	5762,27	7160,66	4393,94	4310,80

Mindestnettobeträge – 83%-Tabelle

Vollzeit-arbeits-entgelt Monat bis DM gerundet:	Mindestnettobetrag in der Steuerklasse DM				
	I/IV	II	III	V	VI
14620,00	5532,46	5766,09	7165,51	4397,76	4314,63
14630,00	5534,02	5767,65	7170,20	4399,32	4316,18
14640,00	5537,76	5771,47	7175,04	4403,14	4320,01
14650,00	5541,59	5775,30	7179,73	4406,97	4323,84
14660,00	5545,40	5779,03	7184,43	4410,71	4327,57
14670,00	5549,23	5782,86	7189,26	4414,54	4331,40
14680,00	5550,79	5784,42	7190,50	4416,09	4332,96
14690,00	5554,62	5788,25	7195,20	4419,92	4336,78
14700,00	5558,35	5792,07	7200,03	4423,74	4340,61
14710,00	5562,18	5795,90	7204,73	4427,57	4344,43
14720,00	5563,74	5797,43	7209,57	4429,10	4345,97
14730,00	5567,57	5801,26	7214,27	4432,86	4349,80
14740,00	5571,38	5805,01	7218,94	4436,69	4353,55
14750,00	5575,21	5808,84	7223,80	4440,52	4357,38
14760,00	5578,95	5812,66	7228,48	4444,33	4361,20
14770,00	5580,51	5814,21	7229,72	4445,88	4362,75
14780,00	5584,33	5818,03	7234,40	4449,70	4366,57
14790,00	5588,16	5821,79	7239,10	4453,46	4370,32
14800,00	5591,98	5825,61	7243,94	4457,28	4374,15
14810,00	5593,53	5827,16	7248,64	4458,83	4375,69
14820,00	5597,35	5830,97	7253,31	4462,65	4379,51
14830,00	5601,11	5834,80	7258,17	4466,48	4383,34
14840,00	5604,93	5838,63	7262,85	4470,30	4387,16
14850,00	5608,76	5842,39	7267,54	4474,06	4390,92
14860,00	5610,29	5844,01	7268,77	4475,59	4392,53
14870,00	5614,12	5847,75	7273,47	4479,42	4396,29
14880,00	5617,95	5851,57	7278,15	4483,25	4400,11
14890,00	5621,70	5855,40	7283,01	4487,07	4403,94
14900,00	5623,24	5856,94	7287,68	4488,62	4405,48
14910,00	5627,07	5860,77	7292,37	4492,44	4409,31
14920,00	5630,89	5864,52	7297,07	4496,19	4413,06
14930,00	5634,72	5868,35	7301,91	4500,02	4416,88
14940,00	5638,54	5872,17	7306,61	4503,85	4420,70
14950,00	5640,09	5873,72	7307,68	4505,39	4422,26

Mindestnettobeträge – 83%-Tabelle

Vollzeit-arbeits-entgelt Monat bis DM gerundet:	Mindestnettobetrag in der Steuerklasse DM				
	I/IV	II	III	V	VI
14960,00	5643,83	5877,55	7312,37	4509,22	4426,08
14970,00	5647,66	5881,37	7317,06	4513,04	4429,91
14980,00	5651,49	5885,12	7321,91	4516,79	4433,65
14990,00	5653,04	5886,75	7326,58	4518,34	4435,29
15000,00	5656,87	5890,49	7331,27	4522,16	4439,02
15010,00	5660,68	5894,31	7335,97	4525,99	4442,85
15020,00	5664,43	5898,14	7340,65	4529,82	4446,68
15030,00	5668,26	5901,96	7345,34	4533,63	4450,50
15040,00	5669,80	5903,52	7346,42	4535,19	4452,06
15050,00	5673,63	5907,35	7351,11	4538,93	4455,80
15060,00	5677,46	5911,09	7355,96	4542,76	4459,62
15070,00	5681,28	5914,91	7360,65	4546,58	4463,45
15080,00	5682,84	5916,47	7365,35	4548,14	4465,00
15090,00	5686,58	5920,29	7370,02	4551,97	4468,83
15100,00	5690,41	5924,12	7374,71	4555,80	4472,65
15110,00	5694,23	5927,86	7379,41	4559,53	4476,40
15120,00	5698,06	5931,69	7384,09	4563,36	4480,22
15130,00	5699,61	5933,24	7385,17	4564,91	4481,78
15140,00	5703,44	5937,06	7389,86	4568,74	4485,60
15150,00	5707,17	5940,89	7394,54	4572,56	4489,43
15160,00	5711,00	5944,72	7399,24	4576,39	4493,25
15170,00	5712,56	5946,25	7403,92	4577,93	4494,79
15180,00	5716,38	5950,08	7408,61	4581,68	4498,62
15190,00	5720,21	5953,84	7413,31	4585,51	4502,38
15200,00	5724,04	5957,67	7417,98	4589,34	4506,19
15210,00	5727,77	5961,48	7422,52	4593,16	4510,02
15220,00	5729,33	5963,03	7423,60	4594,70	4511,56
15230,00	5733,15	5966,85	7428,28	4598,52	4515,39
15240,00	5736,98	5970,61	7432,97	4602,28	4519,14
15250,00	5740,80	5974,43	7437,67	4606,10	4522,97
15260,00	5742,35	5975,98	7442,35	4607,65	4524,51
15270,00	5746,17	5979,80	7447,04	4611,47	4528,34
15280,00	5749,92	5983,63	7451,74	4615,30	4532,16
15290,00	5753,75	5987,45	7456,27	4619,12	4535,98

Mindestnettobeträge – 83%-Tabelle

Vollzeit-arbeits-entgelt Monat bis DM gerundet:	Mindestnettobetrag in der Steuerklasse DM				
	I/IV	II	III	V	VI
15300,00	5757,58	5991,21	7460,95	4622,88	4539,74
15310,00	5759,11	5992,82	7462,04	4624,42	4541,36
15320,00	5762,94	5996,57	7466,71	4628,25	4545,10
15330,00	5766,77	6000,39	7471,40	4632,06	4548,93
15340,00	5770,53	6004,22	7475,93	4635,89	4552,76
15350,00	5772,06	6005,77	7480,63	4637,44	4554,30
15360,00	5775,89	6009,59	7485,31	4641,27	4558,13
15370,00	5779,71	6013,34	7490,00	4645,01	4561,88
15380,00	5783,54	6017,17	7494,70	4648,84	4565,71
15390,00	5787,37	6020,99	7499,23	4652,66	4569,53
15400,00	5788,91	6022,54	7500,30	4654,21	4571,08
15410,00	5792,66	6026,36	7504,84	4658,03	4574,90
15420,00	5796,49	6030,19	7509,53	4661,86	4578,73
15430,00	5800,31	6033,93	7514,21	4665,61	4582,47
15440,00	5801,86	6035,57	7518,90	4667,16	4584,11
15450,00	5805,68	6039,31	7523,44	4670,98	4587,85
15460,00	5809,51	6043,14	7528,13	4674,81	4591,68
15470,00	5813,25	6046,97	7532,81	4678,64	4595,49
15480,00	5817,08	6050,78	7537,34	4682,46	4599,32
15490,00	5818,63	6052,34	7538,43	4684,01	4600,88
15500,00	5822,45	6056,17	7542,96	4687,76	4604,62
15510,00	5826,28	6059,90	7547,64	4691,58	4608,44
15520,00	5830,10	6063,73	7552,33	4695,40	4612,27
15530,00	5831,66	6065,29	7556,86	4696,96	4613,83
15540,00	5835,40	6069,12	7561,56	4700,79	4617,66
15550,00	5839,22	6072,94	7566,09	4704,61	4621,47
15560,00	5843,05	6076,68	7570,77	4708,35	4625,22
15570,00	5846,88	6080,51	7575,30	4712,18	4629,04
15580,00	5848,43	6082,06	7576,39	4713,74	4630,59
15590,00	5852,26	6085,88	7580,92	4717,56	4634,42
15600,00	5856,00	6089,71	7585,60	4721,38	4638,25
15610,00	5859,82	6093,54	7590,13	4725,21	4642,07
15620,00	5861,38	6095,08	7594,82	4726,75	4643,62
15630,00	5865,20	6098,91	7599,36	4730,50	4647,44

Mindestnettobeträge – 83%-Tabelle

Vollzeit-arbeitsentgelt Monat bis DM gerundet:	Mindestnettobetrag in der Steuerklasse DM				
	I/IV	II	III	V	VI
15640,00	5869,03	6102,66	7604,05	4734,33	4651,20
15650,00	5872,86	6106,48	7608,59	4738,15	4655,02
15660,00	5876,59	6110,31	7613,26	4741,98	4658,85
15670,00	5878,15	6111,85	7614,18	4743,52	4660,38
15680,00	5881,98	6115,67	7618,71	4747,34	4664,21
15690,00	5885,80	6119,43	7623,41	4751,10	4667,96
15700,00	5889,62	6123,25	7627,94	4754,93	4671,79
15710,00	5891,17	6124,79	7632,62	4756,46	4673,33
15720,00	5894,99	6128,62	7637,15	4760,29	4677,16
15730,00	5898,74	6132,45	7641,69	4764,12	4680,98
15740,00	5902,57	6136,27	7646,38	4767,94	4684,81
15750,00	5906,40	6140,02	7650,91	4771,69	4688,56
15760,00	5907,94	6141,64	7651,84	4773,24	4690,18
15770,00	5911,77	6145,39	7656,37	4777,07	4693,92
15780,00	5915,58	6149,21	7661,05	4780,89	4697,75
15790,00	5919,34	6153,04	7665,58	4784,72	4701,58
15800,00	5920,88	6154,59	7670,11	4786,26	4703,13
15810,00	5924,71	6158,42	7674,80	4790,09	4706,95
15820,00	5928,53	6162,16	7679,33	4793,83	4710,70
15830,00	5932,36	6165,99	7683,87	4797,66	4714,52
15840,00	5936,18	6169,81	7688,56	4801,48	4718,35
15850,00	5937,73	6171,36	7689,33	4803,04	4719,89
15860,00	5941,48	6175,18	7694,01	4806,86	4723,72
15870,00	5945,31	6179,01	7698,54	4810,68	4727,55
15880,00	5949,13	6182,76	7703,07	4814,43	4731,30
15890,00	5950,68	6184,40	7707,60	4815,98	4732,93
15900,00	5954,50	6188,13	7712,29	4819,80	4736,67
15910,00	5958,33	6191,96	7716,83	4823,63	4740,50
15920,00	5962,07	6195,78	7721,36	4827,45	4744,32
15930,00	5965,90	6199,61	7725,89	4831,28	4748,15
15940,00	5967,45	6201,16	7726,82	4832,84	4749,70
15950,00	5971,28	6204,99	7731,35	4836,58	4753,44
15960,00	5975,10	6208,73	7735,88	4840,40	4757,26
15970,00	5978,92	6212,55	7740,41	4844,23	4761,09

Mindestnettobeträge – 83%-Tabelle

Vollzeit-arbeits-entgelt Monat bis DM gerundet:	Mindestnettobetrag in der Steuerklasse DM				
	I/IV	II	III	V	VI
15980,00	5980,48	6214,11	7744,95	4845,78	4762,65
15990,00	5984,22	6217,94	7749,62	4849,61	4766,47
16000,00	5988,04	6221,76	7754,15	4853,43	4770,30
16010,00	5991,87	6225,50	7758,68	4857,17	4774,04
16020,00	5995,70	6229,32	7763,21	4860,99	4777,86
16030,00	5997,26	6230,88	7763,98	4862,56	4779,42
16040,00	6001,08	6234,71	7768,51	4866,38	4783,24
16050,00	6004,82	6238,53	7773,04	4870,21	4787,07
16060,00	6008,64	6242,36	7777,73	4874,03	4790,89
16070,00	6010,20	6243,90	7782,26	4875,57	4792,44
16080,00	6014,02	6247,73	7786,79	4879,33	4796,26
16090,00	6017,85	6251,48	7791,33	4883,15	4800,01
16100,00	6021,67	6255,30	7795,86	4886,97	4803,84
16110,00	6025,41	6259,13	7800,39	4890,80	4807,67
16120,00	6026,97	6260,67	7801,15	4892,34	4809,20
16130,00	6030,80	6264,49	7805,69	4896,17	4813,03
16140,00	6034,62	6268,25	7810,22	4899,92	4816,79
16150,00	6038,45	6272,08	7814,75	4903,75	4820,62
16160,00	6039,98	6273,61	7819,28	4905,29	4822,15
16170,00	6043,81	6277,44	7823,81	4909,11	4825,98
16180,00	6047,57	6281,27	7828,34	4912,94	4829,80
16190,00	6051,39	6285,09	7832,88	4916,76	4833,63
16200,00	6055,22	6288,84	7837,41	4920,52	4837,38
16210,00	6056,76	6290,46	7838,17	4922,06	4839,00
16220,00	6060,59	6294,21	7842,70	4925,88	4842,75
16230,00	6064,41	6298,04	7847,24	4929,71	4846,58
16240,00	6068,16	6301,87	7851,61	4933,54	4850,40
16250,00	6069,71	6303,41	7856,14	4935,08	4851,95
16260,00	6073,53	6307,24	7860,67	4938,91	4855,77
16270,00	6077,35	6310,98	7865,20	4942,66	4859,52
16280,00	6081,18	6314,81	7869,74	4946,48	4863,34
16290,00	6085,00	6318,63	7874,27	4950,30	4867,17
16300,00	6086,56	6320,18	7875,03	4951,85	4868,72
16310,00	6090,30	6324,01	7879,42	4955,68	4872,54

Mindestnettobeträge – 83%-Tabelle

Vollzeit- arbeits- entgelt Monat bis DM gerundet:	Mindestnettobetrag in der Steuerklasse DM				
	I/IV	II	III	V	VI
16320,00	6094,13	6327,83	7883,95	4959,51	4876,37
16330,00	6097,95	6331,58	7888,49	4963,25	4880,12
16340,00	6099,50	6333,22	7893,02	4964,80	4881,75
16350,00	6103,32	6336,95	7897,55	4968,63	4885,49
16360,00	6107,15	6340,78	7902,08	4972,45	4889,31
16370,00	6110,90	6344,60	7906,45	4976,27	4893,14
16380,00	6114,73	6348,43	7910,98	4980,10	4896,97
16390,00	6116,27	6349,99	7911,74	4981,66	4898,52
16400,00	6120,10	6353,81	7916,12	4985,40	4902,26
16410,00	6123,92	6357,55	7920,65	4989,22	4906,09
16420,00	6127,75	6361,38	7925,18	4993,05	4909,91
16430,00	6129,30	6362,93	7929,71	4994,61	4911,47
16440,00	6133,04	6366,76	7934,09	4998,43	4915,29
16450,00	6136,87	6370,58	7938,63	5002,25	4919,12
16460,00	6140,69	6374,32	7943,16	5006,00	4922,85
16470,00	6144,51	6378,14	7947,52	5009,82	4926,68
16480,00	6146,08	6379,70	7948,29	5011,37	4928,24
16490,00	6149,90	6383,53	7952,66	5015,20	4932,07
16500,00	6153,64	6387,36	7957,19	5019,03	4935,89
16510,00	6157,46	6391,18	7961,73	5022,85	4939,71
16520,00	6159,02	6392,72	7966,11	5024,39	4941,26
16530,00	6162,85	6396,54	7970,64	5028,15	4945,08
16540,00	6166,67	6400,30	7975,17	5031,97	4948,83
16550,00	6170,49	6404,12	7979,54	5035,80	4952,66
16560,00	6174,24	6407,95	7984,07	5039,62	4956,49
16570,00	6175,79	6409,49	7984,67	5041,16	4958,03
16580,00	6179,62	6413,32	7989,21	5044,99	4961,86
16590,00	6183,44	6417,07	7993,59	5048,74	4965,61
16600,00	6187,27	6420,90	7998,12	5052,57	4969,43
16610,00	6188,81	6422,44	8002,49	5054,11	4970,97
16620,00	6192,63	6426,26	8007,02	5057,94	4974,80
16630,00	6196,39	6430,08	8011,39	5061,76	4978,62
16640,00	6200,22	6433,91	8015,92	5065,58	4982,45
16650,00	6204,04	6437,67	8020,31	5069,34	4986,20

Mindestnettobeträge – 83%-Tabelle

Vollzeit-arbeitsentgelt Monat bis DM gerundet:	Mindestnettobetrag in der Steuerklasse DM				
	I/IV	II	III	V	VI
16660,00	6205,58	6439,29	8020,91	5070,88	4987,82
16670,00	6209,40	6443,03	8025,44	5074,70	4991,57
16680,00	6213,23	6446,86	8029,82	5078,53	4995,40
16690,00	6216,98	6450,69	8034,35	5082,36	4999,22
16700,00	6218,53	6452,23	8038,73	5083,91	5000,77
16710,00	6222,35	6456,06	8043,26	5087,73	5004,59
16720,00	6226,18	6459,81	8047,63	5091,48	5008,34
16730,00	6230,00	6463,63	8052,16	5095,30	5012,16
16740,00	6233,82	6467,45	8056,54	5099,13	5015,99
16750,00	6235,38	6469,00	8057,15	5100,67	5017,54
16760,00	6239,12	6472,83	8061,52	5104,50	5021,37
16770,00	6242,94	6476,66	8066,05	5108,33	5025,19
16780,00	6246,77	6480,40	8070,42	5112,07	5028,94
16790,00	6248,32	6482,03	8074,80	5113,62	5030,57
16800,00	6252,15	6485,78	8079,34	5117,45	5034,31
16810,00	6255,97	6489,60	8083,70	5121,27	5038,13
16820,00	6259,72	6493,42	8088,08	5125,10	5041,96
16530,00	6263,55	6497,25	8092,61	5128,92	5045,79
16840,00	6265,09	6498,81	8093,06	5130,48	5047,35
16850,00	6268,92	6502,64	8097,60	5134,21	5051,08
16860,00	6272,74	6506,37	8101,97	5138,04	5054,91
16870,00	6276,57	6510,20	8106,35	5141,87	5058,73
16880,00	6278,13	6511,76	8110,88	5143,43	5060,29
16890,00	6281,86	6515,57	8115,25	5147,25	5064,11
16900,00	6285,69	6519,40	8119,62	5151,08	5067,94
16910,00	6289,52	6523,14	8124,01	5154,81	5071,68
16920,00	6293,34	6526,97	8128,54	5158,64	5075,50
16930,00	6294,89	6528,52	8128,98	5160,19	5077,06
16940,00	6298,72	6532,35	8133,36	5164,02	5080,89
16950,00	6302,46	6536,18	8137,89	5167,85	5084,71
16960,00	6306,28	6540,00	8142,26	5171,67	5088,54
16970,00	6307,84	6541,54	8146,63	5173,22	5090,07
16980,00	6311,67	6545,36	8151,02	5176,97	5093,90
16990,00	6315,49	6549,12	8155,39	5180,79	5097,66

Mindestnettobeträge – 83%-Tabelle

Vollzeit-arbeits-entgelt Monat bis DM gerundet:	Mindestnettobetrag in der Steuerklasse DM			
	I/IV	II	III	V	VI
17000,00	6319,32	6552,95	8159,76	5184,62	5101,48
17010,00	6323,06	6556,77	8164,30	5188,45	5105,31
17020,00	6324,62	6558,31	8164,74	5189,98	5106,85
17030,00	6328,43	6562,14	8169,12	5193,81	5110,68
17040,00	6332,26	6565,89	8173,50	5197,57	5114,43
17050,00	6336,09	6569,72	8177,87	5201,39	5118,25
17060,00	6337,63	6571,26	8182,24	5202,93	5119,80
17070,00	6341,46	6575,09	8186,62	5206,76	5123,62
17080,00	6345,21	6578,91	8191,15	5210,58	5127,44
17090,00	6349,04	6582,73	8195,52	5214,41	5131,27
17100,00	6352,86	6586,49	8199,89	5218,16	5135,03
17110,00	6354,40	6588,11	8200,35	5219,70	5136,65
17120,00	6358,22	6591,85	8204,72	5223,53	5140,39
17130,00	6362,05	6595,68	8209,11	5227,35	5144,22
17140,00	6365,81	6599,50	8213,47	5231,17	5148,04
17150,00	6367,35	6601,06	8217,85	5232,73	5149,59
17160,00	6371,17	6604,87	8222,23	5236,55	5153,41
17170,00	6375,00	6608,63	8226,59	5240,30	5157,16
17180,00	6378,82	6612,45	8230,97	5244,12	5160,99
17190,00	6382,65	6616,28	8235,35	5247,95	5164,82
17200,00	6384,19	6617,82	8235,79	5249,49	5166,36
17210,00	6387,95	6621,65	8240,18	5253,32	5170,19
17220,00	6391,77	6625,48	8244,55	5257,15	5174,01
17230,00	6395,59	6629,22	8248,92	5260,90	5177,76
17240,00	6397,14	6630,85	8253,30	5262,44	5179,39
17250,00	6400,97	6634,60	8257,67	5266,27	5183,13
17260,00	6404,79	6638,42	8261,89	5270,09	5186,96
17270,00	6408,54	6642,25	8266,26	5273,92	5190,78
17280,00	6412,36	6646,07	8270,63	5277,75	5194,60
17290,00	6413,92	6647,63	8271,08	5279,30	5196,17
17300,00	6417,73	6651,45	8275,46	5283,04	5199,90
17310,00	6421,56	6655,19	8279,85	5286,87	5203,73
17320,00	6425,39	6659,02	8284,21	5290,69	5207,55
17330,00	6426,95	6660,58	8288,44	5292,25	5209,11

Mindestnettobeträge – 83%-Tabelle

Vollzeit-arbeits-entgelt Monat bis DM gerundet:	Mindestnettobetrag in der Steuerklasse DM				
	I/IV	II	III	V	VI
17340,00	6430,68	6664,40	8292,80	5296,07	5212,94
17350,00	6434,51	6668,23	8297,18	5299,90	5216,76
17360,00	6438,33	6671,96	8301,56	5303,63	5220,50
17370,00	6442,16	6675,79	8305,93	5307,46	5224,33
17380,00	6443,71	6677,34	8306,22	5309,02	5225,88
17390,00	6447,54	6681,17	8310,59	5312,85	5229,71
17400,00	6451,28	6684,99	8314,98	5316,66	5233,53
17410,00	6455,11	6688,82	8319,35	5320,49	5237,36
17420,00	6456,66	6690,36	8323,57	5322,03	5238,90
17430,00	6460,49	6694,19	8327,94	5325,79	5242,72
17440,00	6464,31	6697,94	8332,31	5329,61	5246,48
17450,00	6468,14	6701,77	8336,69	5333,44	5250,31
17460,00	6471,88	6705,59	8340,90	5337,27	5254,13
17470,00	6473,44	6707,13	8341,35	5338,81	5255,67
17480,00	6477,26	6710,96	8345,58	5342,63'	5259,49
17490,00	6481,09	6714,72	8349,95	5346,39	5263,25
17500,00	6484,91	6718,53	8354,32	5350,21	5267,07
17510,00	6486,45	6720,08	8358,54	5351,75	5268,62
17520,00	6490,28	6723,90	8362,91	5355,58	5272,44
17530,00	6494,03	6727,73	8367,30	5359,40	5276,27
17540,00	6497,85	6731,56	8371,50	5363,23	5280,09
17550,00	6501,68	6735,31	8375,89	5366,98	5283,85
17560,00	6503,22	6736,93	8376,19	5368,52	5285,46
17570,00	6507,05	6740,68	8380,55	5372,35	5289,21
17580,00	6510,87	6744,50	8384,78	5376,18	5293,03
17590,00	6514,63	6748,32	8389,14	5380,00	5296,86
17600,00	6516,16	6749,88	8393,52	5381,55	5298,41
17610,00	6519,99	6753,70	8397,73	5385,37	5302,24
17620,00	6523,82	6757,45	8402,11	5389,12	5305,98
17630,00	6527,64	6761,27	8406,32	5392,94	5309,81
17640,00	6531,47	6765,10	8410,70	5396,77	5313,64
17650,00	6533,01	6766,64	8411,00	5398,32	5315,18
17660,00	6536,76	6770,47	8415,21	5402,15	5319,01
17670,00	6540,59	6774,29	8419,59	5405,96	5322,83

Mindestnettobeträge – 83%-Tabelle

Vollzeit-arbeits-entgelt Monat bis DM gerundet:	Mindestnettobetrag in der Steuerklasse DM				
	I/IV	II	III	V	VI
17680,00	6544,42	6778,05	8423,80	5409,72	5326,58
17690,00	6545,96	6779,68	8428,18	5411,26	5328,22
17700,00	6549,79	6783,42	8432,39	5415,09	5331,95
17710,00	6553,61	6787,24	8436,77	5418,91	5335,78
17720,00	6557,36	6791,07	8440,99	5422,74	5339,61
17730,00	6561,18	6794,89	8445,37	5426,56	5343,43
17740,00	6562,74	6796,45	8445,66	5428,13	5344,98
17750,00	6566,56	6800,27	8449,87	5431,86	5348,73
17760,00	6570,39	6804,02	8454,10	5435,69	5352,55
17770,00	6574,21	6807,83	8458,46	5439,51	5356,37
17780,00	6575,77	6809,39	8462,70	5441,07	5357,93
17790,00	6579,50	6813,22	8467,06	5444,89	5361,76
17800,00	6583,33	6817,05	8471,29	5448,72	5365,58
17810,00	6587,15	6820,78	8475,50	5452,45	5369,32
17820,00	6590,98	6824,61	8479,88	5456,28	5373,15
17830,00	6592,54	6826,17	8480,00	5457,84	5374,71
17840,00	6596,37	6830,00	8484,38	5461,67	5378,52
17850,00	6600,10	6833,81	8488,60	5465,49	5382,35
17860,00	6603,93	6837,64	8492,83	5469,32	5386,18
17870,00	6605,48	6839,18	8497,19	5470,85	5387,72
17880,00	6609,31	6843,01	8501,42	5474,61	5391,55
17890,00	6613,13	6846,76	8505,62	5478,43	5395,30
17900,00	6616,96	6850,59	8510,01	5482,26	5399,13
17910,00	6620,69	6854,41	8514,21	5486,08	5402,95
17920,00	6622,25	6855,96	8514,36	5487,63	5404,49
17930,00	6626,08	6859,78	8518,73	5491,45	5408,31
17940,00	6629,91	6863,54	8522,95	5495,21	5412,07
17950,00	6633,73	6867,36	8527,16	5499,03	5415,90
17960,00	6635,27	6868,90	8531,38	5500,58	5417,43
17970,00	6639,10	6872,72	8535,61	5504,39	5421,26
17980,00	6642,86	6876,55	8539,98	5508,22	5425,09
17990,00	6646,67	6880,38	8544,20	5512,05	5428,91
18000,00	6650,50	6884,13	8548,41	5515,81	5432,67
18010,00	6652,04	6885,75	8548,55	5517,34	5434,28

Mindestnettobeträge – 83%-Tabelle

Vollzeit- arbeits- entgelt Monat bis DM gerundet:	Mindestnettobetrag in der Steuerklasse DM				
	I/IV	II	III	V	VI
18020,00	6655,87	6889,50	8552,92	5521,17	5438,04
18030,00	6659,70	6893,32	8557,15	5524,99	5441,86
18040,00	6663,45	6897,15	8561,36	5528,82	5445,68
18050,00	6664,99	6898,69	8565,58	5530,36	5447,23
18060,00	6668,82	6902,52	8569,80	5534,19	5451,06
18070,00	6672,64	6906,26	8574,01	5537,94	5454,80
18080,00	6676,46	6910,09	8578,22	5541,77	5458,63
18090,00	6680,29	6913,92	8582,46	5545,59	5462,45
18100,00	6681,84	6915,47	8582,75	5547,14	5464,01
18110,00	6685,58	6919,30	8586,96	5550,97	5467,82
18120,00	6689,41	6923,11	8591,17	5554,79	5471,65
18130,00	6693,24	6926,86	8595,40	5558,53	5475,40
18140,00	6694,78	6928,50	8599,61	5560,09	5477,04
18150,00	6698,61	6932,23	8603,83	5563,91	5480,77
18160,00	6702,43	6936,06	8608,05	5567,73	5484,60
18170,00	6706,18	6939,89	8612,26	5571,56	5488,42
18180,00	6710,01	6943,71	8616,48	5575,38	5492,25
18190,00	6711,55	6945,27	8616,61	5576,94	5493,80
18200,00	6715,38	6949,09	8620,84	5580,68	5497,55
18210,00	6719,21	6952,84	8625,06	5584,51	5501,37
18220,00	6723,03	6956,66	8629,27	5588,33	5505,20
18230,00	6724,59	6958,21	8633,49	5589,89	5506,75
18240,00	6728,33	6962,04	8637,71	5593,71	5510,58
18250,00	6732,15	6965,87	8641,92	5597,54	5514,40
18260,00	6735,97	6969,60	8646,14	5601,28	5518,14
18270,00	6739,80	6973,43	8650,20	5605,11	5521,97
18280,00	6741,36	6974,99	8650,33	5606,66	5523,53
18290,00	6745,19	6978,81	8654,55	5610,48	5527,35
18300,00	6748,92	6982,64	8658,78	5614,31	5531,18
18310,00	6752,75	6986,47	8662,99	5618,14	5535,00
18320,00	6754,31	6988,00	8667,21	5619,67	5536,54
18330,00	6758,13	6991,83	8671,43	5623,43	5540,37
18340,00	6761,95	6995,58	8675,49	5627,26	5544,12
18350,00	6765,78	6999,41	8679,70	5631,09	5547,94

Mindestnettobeträge – 83%-Tabelle

Vollzeit-arbeits-entgelt Monat bis DM gerundet:	Mindestnettobetrag in der Steuerklasse DM				
	I/IV	II	III	V	VI
18360,00	6769,52	7003,23	8683,92	5634,90	5551,77
18370,00	6771,07	7004,78	8684,06	5636,45	5553,31
18380,00	6774,90	7008,60	8688,27	5640,27	5557,14
18390,00	6778,73	7012,35	8692,33	5644,02	5560,89
18400,00	6782,55	7016,18	8696,57	5647,85	5564,72
18410,00	6784,10	7017,72	8700,77	5649,40	5566,25
18420,00	6787,91	7021,54	8704,99	5653,22	5570,08
18430,00	6791,67	7025,37	8709,05	5657,05	5573,91
18440,00	6795,50	7029,20	8713,27	5660,87	5577,73
18450,00	6799,33	7032,96	8717,48	5664,63	5581,48
18460,00	6800,86	7034,57	8717,47	5666,16	5583,10
18470,00	6804,69	7038,32	8721,69	5669,99	5586,85
18480,00	6808,51	7042,14	8725,90	5673,81	5590,68
18490,00	6812,27	7045,97	8730,11	5677,64	5594,51
18500,00	6813,81	7047,51	8734,18	5679,19	5596,05
18510,00	6817,64	7051,34	8738,41	5683,01	5599,88
18520,00	6821,46	7055,09	8742,61	5686,76	5603,63
18530,00	6825,29	7058,92	8746,67	5690,59	5607,45
18540,00	6829,11	7062,74	8750,89	5694,41	5611,27
18550,00	6830,66	7064,29	8750,88	5695,96	5612,83
18560,00	6834,40	7068,11	8755,09	5699,78	5616,65
18570,00	6838,23	7071,94	8759,15	5703,61	5620,48
18580,00	6842,06	7075,68	8763,36	5707,35	5624,22
18590,00	6843,61	7077,32	8767,60	5708,91	5625,86
18600,00	6847,43	7081,06	8771,66	5712,73	5629,59
18610,00	6851,25	7084,88	8775,86	5716,56	5633,42
18620,00	6855,00	7088,71	8779,92	5720,38	5637,24
18630,00	6858,83	7092,53	8784,14	5724,20	5641,07
18640,00	6860,37	7094,09	8784,13	5725,76	5642,63
18650,00	6864,20	7097,92	8788,34	5729,50	5646,37
18660,00	6868,03	7101,65	8792,40	5733,32	5650,19
18670,00	6871,85	7105,48	8796,61	5737,15	5654,02
18680,00	6873,41	7107,04	8800,68	5738,71	5655,57
18690,00	6877,15	7110,86	8804,91	5742,54	5659,40

Mindestnettobeträge – 83%-Tabelle

Vollzeit-arbeits-entgelt Monat bis DM gerundet:	Mindestnettobetrag in der Steuerklasse DM				
	I/IV	II	III	V	VI
18700,00	6880,97	7114,69	8808,96	5746,36	5663,22
18710,00	6884,80	7118,43	8813,17	5750,10	5666,97
18720,00	6888,63	7122,25	8817,23	5753,93	5670,78
18730,00	6890,18	7123,81	8817,21	5755,48	5672,34
18740,00	6894,00	7127,63	8821,27	5759,30	5676,17
18750,00	6897,74	7131,46	8825,50	5763,13	5680,00
18760,00	6901,57	7135,29	8829,56	5766,96	5683,82
18770,00	6903,13	7136,82	8833,77	5768,50	5685,36
18780,00	6906,95	7140,65	8837,83	5772,25	5689,19
18790,00	6910,78	7144,41	8842,05	5776,08	5692,95
18800,00	6914,61	7148,23	8846,11	5779,90	5696,76
18810,00	6918,34	7152,05	8850,17	5783,73	5700,59
18820,00	6919,90	7153,60	8850,16	5785,27	5702,13
18830,00	6923,72	7157,42	8854,22	5789,09	5705,96
18840,00	6927,55	7161,17	8858,42	5792,85	5709,71
18850,00	6931,37	7165,00	8862,49	5796,67	5713,54
18860,00	6932,92	7166,54	8866,55	5798,21	5715,08
18870,00	6936,74	7170,37	8870,77	5802,04	5718,91
18880,00	6940,49	7174,20	8874,82	5805,87	5722,73
18890,00	6944,32	7178,01	8878,89	5809,69	5726,55
18900,00	6948,15	7181,77	8883,12	5813,44	5730,31
18910,00	6949,68	7183,39	8882,93	5814,99	5731,93
18920,00	6953,51	7187,14	8887,14	5818,81	5735,67
18930,00	6957,33	7190,96	8891,21	5822,63	5739,50
18940,00	6961,09	7194,79	8895,27	5826,46	5743,33
18950,00	6962,63	7196,34	8899,33	5828,01	5744,87
18960,00	6966,46	7200,16	8903,54	5831,84	5748,70
18970,00	6970,28	7203,91	8907,61	5835,58	5752,45
18980,00	6974,11	7207,74	8911,67	5839,41	5756,27
18990,00	6977,93	7211,56	8915,73	5843,23	5760,10
19000,00	6979,48	7213,11	8915,72	5844,78	5761,64
19010,00	6983,23	7216,93	8919,78	5848,60	5765,47
19020,00	6987,06	7220,76	8923,84	5852,43	5769,30
19030,00	6990,87	7224,50	8927,90	5856,18	5773,04

Mindestnettobeträge – 83%-Tabelle

Vollzeit-arbeits-entgelt Monat bis DM gerundet:	Mindestnettobetrag in der Steuerklasse DM				
	I/IV	II	III	V	VI
19040,00	6992,43	7226,14	8931,96	5857,73	5774,68
19050,00	6996,25	7229,88	8936,02	5861,55	5778,42
19060,00	7000,08	7233,71	8940,23	5865,38	5782,24
19070,00	7003,82	7237,53	8944,29	5869,20	5786,06
19080,00	7007,65	7241,35	8948,35	5873,03	5789,89
19090,00	7009,20	7242,91	8948,17	5874,58	5791,45
19100,00	7013,02	7246,74	8952,23	5878,33	5795,18
19110,00	7016,84	7250,47	8956,29	5882,15	5799,01
19120,00	7020,67	7254,30	8960,36	5885,97	5802,84
19130,00	7022,23	7255,86	8964,42	5887,53	5804,40
19140,00	7025,97	7259,69	8968,47	5891,36	5808,22
19150,00	7029,79	7263,51	8972,53	5895,18	5812,04
19160,00	7033,62	7267,25	8976,76	5898,92	5815,79
19170,00	7037,45	7271,07	8980,82	5902,74	5819,61
19180,00	7039,00	7272,63	8980,63	5904,30	5821,16
19190,00	7042,82	7276,45	8984,70	5908,13	5824,99
19200,00	7046,57	7280,28	8988,76	5911,95	5828,82
19210,00	7050,39	7284,10	8992,82	5915,78	5832,64
19220,00	7051,95	7285,65	8996,88	5917,32	5834,19
19230,00	7055,77	7289,48	9000,94	5921,07	5838,00
19240,00	7059,60	7293,23	9004,84	5924,90	5841,76
19250,00	7063,42	7297,05	9008,90	5928,72	5845,59
19260,00	7067,16	7300,88	9012,96	5932,55	5849,42
19270,00	7068,72	7302,41	9012,79	5934,09	5850,95
19280,00	7072,55	L306,24	9016,85	5937,91	5854,78
19290,00	7076,37	7310,00	9020,90	5941,67	5858,53
19300,00	7080,19	7313,82	9024,97	5945,50	5862,36
19310,00	7081,73	7315,36	9029,03	5947,03	5863,90
19320,00	7085,56	7319,19	9033,09	5950,86	5867,73
19330,00	7089,31	7323,02	9037,15	5954,69	5871,55
19340,00	7093,14	7326,84	9041,07	5958,51	5875,38
19350,00	7096,96	7330,59	9045,12	5962,26	5879,13
19360,00	7098,51	7332,21	9044,95	5963,81	5880,75
19370,00	7102,33	7335,96	9049,01	5967,63	5884,49

Mindestnettobeträge – 83%-Tabelle

Vollzeit-arbeits-entgelt Monat bis DM gerundet:	Mindestnettobetrag in der Steuerklasse DM			
	I/IV	II	III	V	VI
19380,00	7106,15	7339,78	9053,07	5971,46	5888,32
19390,00	7109,91	7343,61	9056,96	5975,29	5892,15
19400,00	7111,45	7345,16	9061,03	5976,83	5893,70
19410,00	7115,27	7348,99	9065,09	5980,66	5897,52
19420,00	7119,10	7352,73	9069,14	5984,40	5901,27
19430,00	7122,93	7356,56	9073,20	5988,23	5905,09
19440,00	7126,75	7360,38	9077,11	5992,05	5908,92
19450,00	7128,30	7361,93	9076,93	5993,60	5910,46
19460,00	7132,05	7365,75	9080,99	5997,43	5914,29
19470,00	7135,88	7369,58	9084,91	6001,25	5918,12
19480,00	7139,70	7373,33	9088,96	6005,00	5921,87
19490,00	7141,25	7374,97	9093,02	6006,54	5923,50
19500,00	7145,07	7378,70	9097,09	6010,37	5927,24
19510,00	7148,90	7382,53	9100,98	6014,20	5931,06
19520,00	7152,64	7386,35	9105,04	6018,02	5934,89
19530,00	7156,47	7390,18	9109,10	6021,85	5938,72
19540,00	7158,02	7391,73	9108,77	6023,41	5940,27
19550,00	7161,85	7395,56	9112,83	6027,14	5944,01
19560,00	7165,67	7399,30	9116,74	6030,97	5947,83
19570,00	7169,49	7403,12	9120,80	6034,80	5951,66
19580,00	7171,05	7404,68	9124,70	6036,35	5953,22
19590,00	7174,79	7408,51	9128,76	6040,18	5957,04
19600,00	7178,61	7412,33	9132,82	6044,00	5960,87
19610,00	7182,44	7416,07	9136,72	6047,74	5964,60
19620,00	7186,26	7419,89	9140,78	6051,56	5968,43
19630,00	7187,82	7421,45	9140,46	6053,12	5969,99
19640,00	7191,65	7425,28	9144,52	6056,95	5973,81
19650,00	7195,39	7429,10	9148,41	6060,78	5977,64
19660,00	7199,21	7432,92	9152,48	6064,60	5981,46
19670,00	7200,76	7434,47	9156,38	6066,14	5983,01
19680,00	7204,59	7438,29	9160,44	6069,90	5986,83
19690,00	7208,42	7442,05	9164,35	6073,72	5990,58
19700,00	7212,24	7445,87	9168,41	6077,54	5994,41
19710,00	7215,98	7449,70	9172,31	6081,37	5998,24

Mindestnettobeträge – 83%-Tabelle

Vollzeit-arbeits-entgelt Monat bis DM gerundet:	Mindestnettobetrag in der Steuerklasse DM				
	I/IV	II	III	V	VI
19720,00	7217,54	7451,24	9171,97	6082,91	5999,77
19730,00	7221,37	7455,06	9176,03	6086,74	6003,60
19740,00	7225,19	7458,82	9179,94	6090,49	6007,36
19750,00	7229,02	7462,65	9184,01	6094,32	6011,18
19760,00	7230,55	7464,18	9187,90	6095,86	6012,72
19770,00	7234,38	7468,01	9191,96	6099,68	6016,55
19780,00	7238,14	7471,83	9195,86	6103,50	6020,37
19790,00	7241,96	7475,66	9199,78	6107,33	6024,20
19800,00	7245,78	7479,41	9203,84	6111,09	6027,95
19810,00	7247,33	7481,03	9203,50	6112,63	6029,57
19820,00	7251,15	7484,78	9207,40	6116,45	6033,32
19830,00	7254,98	7488,61	9211,31	6120,28	6037,15
19840,00	7258,73	7492,43	9215,37	6124,11	6040,96
19850,00	7260,28	7493,98	9219,27	6125,65	6042,52
19860,00	7264,10	7497,81	9223,17	6129,48	6046,34
19870,00	7267,92	7501,55	9227,23	6133,23	6050,09
19880,00	7271,75	7505,37	9231,14	6137,05	6053,91
19890,00	7275,57	7509,20	9235,04	6140,87	6057,74
19900,00	7277,12	7510,75	9234,70	6142,42	6059,29
19910,00	7280,87	7514,58	9238,61	6146,25	6063,11
19920,00	7284,69	7518,40	9242,67	6150,08	6066,93
19930,00	7288,52	7522,15	9246,57	6153,82	6070,69
19940,00	7290,06	7523,78	9250,47	6155,37	6072,32
19950,00	7293,89	7527,52	9254,38	6159,20	6076,06
19960,00	7297,72	7531,35	9258,45	6163,02	6079,88
19970,00	7301,47	7535,17	9262,34	6166,84	6083,71
19980,00	7305,29	7539,00	9266,24	6170,67	6087,54
19990,00	7306,84	7540,56	9265,92	6172,23	6089,09
20000,00	7310,66	7544,38	9269,81	6175,96	6092,83
20010,00	7314,49	7548,12	9273,71	6179,79	6096,66
20020,00	7318,32	7551,95	9277,63	6183,62	6100,48
20030,00	7319,87	7553,50	9281,52	6185,18	6102,04
20040,00	7323,61	7557,32	9285,58	6188,99	6105,86
20050,00	7327,44	7561,15	9289,49	6192,82	6109,69

Mindestnettobeträge – 83%-Tabelle

Vollzeit-arbeits-entgelt Monat bis DM gerundet:	Mindestnettobetrag in der Steuerklasse DM				
	I/IV	II	III	V	VI
20060,00	7331,26	7564,89	9293,40	6196,56	6113,42
20070,00	7335,08	7568,71	9297,29	6200,39	6117,25
20080,00	7336,64	7570,27	9296,81	6201,94	6118,81
20090,00	7340,47	7574,10	9300,71	6205,77	6122,64
20100,00	7344,21	7577,92	9304,77	6209,60	6126,46
20110,00	7348,03	7581,75	9308,67	6213,42	6130,28
20120,00	7349,59	7583,29	9312,58	6214,96	6131,82
20130,00	7353,42	7587,11	9316,48	6218,72	6135,65
20140,00	7357,24	7590,86	9320,39	6222,54	6139,40
20150,00	7361,06	7594,69	9324,29	6226,37	6143,23
20160,00	7364,81	7598,52	9328,20	6230,19	6147,05
20170,00	7366,36	7600,06	9327,71	6231,73	6148,60
20180,00	7370,18	7603,89	9331,61	6235,56	6152,42
20190,00	7374,01	7607,64	9335,51	6239,31	6156,18
20200,00	7377,84	7611,47	9339,42	6243,14	6160,00
20210,00	7379,38	7613,01	9343,32	6244,68	6161,54
20220,00	7383,20	7616,83	9347,22	6248,51	6165,36
20230,00	7386,96	7620,65	9351,13	6252,33	6169,19
20240,00	7390,78	7624,48	9355,03	6256,15	6173,02
20250,00	7394,61	7628,24	9358,93	6259,91	6176,77
20260,00	7396,15	7629,86	9358,44	6261,45	6178,39
20270,00	7399,97	7633,60	9362,34	6265,27	6182,14
20280,00	7403,80	7637,43	9366,25	6269,10	6185,97
20290,00	7407,55	7641,25	9370,15	6272,92	6189,79
20300,00	7409,09	7642,80	9374,05	6274,48	6191,34
20310,00	7412,92	7646,62	9377,96	6278,29	6195,16
20320,00	7416,75	7650,38	9381,86	6282,05	6198,91
20330,00	7420,57	7654,20	9385,62	6285,87	6202,73
20340,00	7424,39	7658,02	9389,51	6289,70	6206,56
20350,00	7425,94	7659,57	9389,03	6291,24	6208,11
20360,00	7429,69	7663,40	9392,92	6295,07	6211,94
20370,00	7433,51	7667,22	9396,83	6298,89	6215,76
20380,00	7437,34	7670,97	9400,74	6302,64	6219,51
20390,00	7438,89	7672,60	9404,47	6304,19	6221,14

Mindestnettobeträge – 83%-Tabelle

Vollzeit-arbeits-entgelt Monat bis DM gerundet:	Mindestnettobetrag in der Steuerklasse DM			
	I/IV	II	III	V	VI
20400,00	7442,72	7676,35	9408,39	6308,02	6224,88
20410,00	7446,54	7680,16	9412,28	6311,84	6228,70
20420,00	7450,29	7683,99	9416,18	6315,67	6232,53
20430,00	7454,11	7687,82	9420,10	6319,49	6236,35
20440,00	7455,66	7689,38	9419,45	6321,05	6237,91
20450,00	7459,48	7693,20	9423,35	6324,78	6241,65
20460,00	7463,31	7696,94	9427,25	6328,61	6245,48
20470,00	7467,14	7700,76	9431,00	6332,44	6249,30
20480,00	7468,70	7702,33	9434,90	6334,00	6250,85
20490,00	7472,43	7706,14	9438,81	6337,82	6254,68
20500,00	7476,26	7709,97	9442,71	6341,65	6258,51
20510,00	7480,08	7713,71	9446,46	6345,38	6262,25
20520,00	7483,91	7717,54	9450,36	6349,21	6266,07
20530,00	7485,46	7719,09	9449,71	6350,76	6267,63
20540,00	7489,29	7722,92	9453,61	6354,59	6271,46
20550,00	7493,02	7726,74	9457,53	6358,41	6275,28
20560,00	7496,85	7730,57	9461,26	6362,24	6279,11
20570,00	7498,41	7732,11	9465,18	6363,78	6280,64
20580,00	7502,24	7735,93	9469,07	6367,54	6284,47
20590,00	7506,06	7739,69	9472,82	6371,36	6288,23
20600,00	7509,89	7743,52	9476,72	6375,19	6292,05
20610,00	7513,62	7747,34	9480,63	6379,01	6295,87
20620,00	7515,19	7748,88	9479,98	6380,55	6297,42
20630,00	7519,00	7752,71	9483,72	6384,38	6301,24
20640,00	7522,83	7756,46	9487,62	6388,14	6305,00
20650,00	7526,66	7760,28	9491,54	6391,95	6308,82
20660,00	7528,20	7761,83	9495,27	6393,50	6310,37
20670,00	7532,03	7765,65	9499,19	6397,32	6314,19
20680,00	7535,78	7769,48	9502,93	6401,15	6318,01
20690,00	7539,60	7773,30	9506,84	6404,98	6321,84
20700,00	7543,43	7777,06	9510,58	6408,73	6325,60
20710,00	7544,97	7778,68	9509,92	6410,27	6327,21
20720,00	7548,79	7782,42	9513,84	6414,10	6330,96
20730,00	7552,62	7786,25	9517,58	6417,92	6334,78

Mindestnettobeträge – 83%-Tabelle

Vollzeit-arbeits-entgelt Monat bis DM gerundet:	Mindestnettobetrag in der Steuerklasse DM			
	I/IV	II	III	V	VI
20740,00	7556,38	7790,07	9521,49	6421,74	6338,61
20750,00	7557,91	7791,63	9525,23	6423,30	6340,15
20760,00	7561,74	7795,44	9529,14	6427,12	6343,98
20770,00	7565,57	7799,19	9532,88	6430,86	6347,73
20780,00	7569,39	7803,02	9536,79	6434,69	6351,56
20790,00	7573,22	7806,85	9540,53	6438,52	6355,38
20800,00	7574,76	7808,39	9539,88	6440,06	6356,93
20810,00	7578,51	7812,22	9543,63	6443,89	6360,75
20820,00	7582,34	7816,04	9547,53	6447,71	6364,58
20830,00	7586,16	7819,79	9551,27	6451,47	6368,32
20840,00	7587,71	7821,42	9555,18	6453,01	6369,96
20850,00	7591,54	7825,17	9558,93	6456,84	6373,70
20860,00	7595,36	7828,99	9562,83	6460,66	6377,53
20870,00	7599,11	7832,82	9566,58	6464,49	6381,35
20880,00	7602,93	7836,64	9570,33	6468,31	6385,17
20890,00	7604,48	7838,20	9569,68	6469,87	6386,73
20900,00	7608,30	7842,02	9573,58	6473,61	6390,47
20910,00	7612,13	7845,76	9577,34	6477,44	6394,30
20920,00	7615,96	7849,58	9581,07	6481,25	6398,12
20930,00	7617,52	7851,14	9584,99	6482,81	6399,68
20940,00	7621,25	7854,97	9588,72	6486,64	6403,51
20950,00	7625,08	7858,80	9592,47	6490,47	6407,33
20960,00	7628,90	7862,53	9596,38	6494,20	6411,07
20970,00	7632,73	7866,36	9600,12	6498,03	6414,90
20980,00	7634,28	7867,91	9599,47	6499,59	6416,45
20990,00	7638,11	7871,74	9603,22	6503,42	6420,27
21000,00	7641,85	7875,56	9607,13	6507,23	6424,10
21010,00	7645,68	7879,39	9610,88	6511,06	6427,93
21020,00	7647,23	7880,93	9614,61	6512,60	6429,47
21030,00	7651,06	7884,76	9618,53	6516,35	6433,29
21040,00	7654,88	7888,51	9622,26	6520,18	6437,05
21050,00	7658,71	7892,34	9626,18	6524,01	6440,87
21060,00	7662,44	7896,16	9629,92	6527,83	6444,70
21070,00	7664,00	7897,70	9629,27	6529,38	6446,24

Mindestnettobeträge – 83%-Tabelle

Vollzeit-arbeits-entgelt Monat bis DM gerundet:	Mindestnettobetrag in der Steuerklasse DM				
	I/IV	II	III	V	VI
21080,00	7667,83	7901,53	9633,01	6533,20	6450,06
21090,00	7671,66	7905,29	9636,77	6536,96	6453,81
21100,00	7675,47	7909,10	9640,67	6540,78	6457,64
21110,00	7677,02	7910,65	9644,42	6542,32	6459,18
21120,00	7680,84	7914,47	9648,32	6546,14	6463,01
21130,00	7684,60	7918,30	9652,07	6549,97	6466,84
21140,00	7688,42	7922,13	9655,81	6553,80	6470,66
21150,00	7692,25	7925,88	9659,72	6557,55	6474,42
21160,00	7693,79	7927,50	9659,08	6559,09	6476,03
21170,00	7697,62	7931,25	9662,81	6562,92	6479,78
21180,00	7701,44	7935,07	9666,55	6566,74	6483,60
21190,00	7705,20	7938,89	9670,46	6570,57	6487,43
21200,00	7706,73	7940,44	9674,21	6572,11	6488,98
21210,00	7710,56	7944,27	9677,97	6575,94	6492,81
21220,00	7714,39	7948,01	9681,86	6579,68	6496,55
21230,00	7718,21	7951,84	9685,61	6583,51	6500,38
21240,00	7722,04	7955,67	9689,51	6587,34	6504,20
21250,00	7723,58	7957,21	9688,70	6588,89	6505,75
21260,00	7727,33	7961,04	9692,62	6592,71	6509,57
21270,00	7731,16	7964,86	9696,35	6596,53	6513,40
21280,00	7734,99	7968,61	9700,10	6600,28	6517,15
21290,00	7736,53	7970,25	9704,00	6601,83	6518,79
21300,00	7740,36	7973,98	9707,75	6605,65	6522,52
21310,00	7744,18	7977,81	9711,66	6609,48	6526,35
21320,00	7747,93	7981,64	9715,40	6613,31	6530,17
21330,00	7751,75	7985,46	9719,16	6617,13	6534,00
21340,00	7753,30	7987,02	9718,50	6618,69	6535,55
21350,00	7757,13	7990,84	9722,40	6622,43	6539,30
21360,00	7760,96	7994,58	9726,16	6626,26	6543,11
21370,00	7764,77	7998,40	9729,89	6630,08	6546,94
21380,00	7766,33	7999,96	9733,81	6631,63	6548,50
21390,00	7770,07	8003,79	9737,54	6635,46	6552,33
21400,00	7773,90	8007,62	9741,30	6639,29	6556,15
21410,00	7777,72	8011,35	9745,20	6643,02	6559,89

Mindestnettobeträge – 83%-Tabelle

Vollzeit-arbeits-entgelt Monat bis DM gerundet:	Mindestnettobetrag in der Steuerklasse DM				
	I/IV	II	III	V	VI
21420,00	7781,55	8015,18	9748,94	6646,85	6563,71
21430,00	7783,11	8016,74	9748,29	6648,41	6565,28
21440,00	7786,94	8020,56	9752,05	6652,23	6569,09
21450,00	7790,67	8024,38	9755,94	6656,06	6572,92
21460,00	7794,50	8028,21	9759,70	6659,89	6576,75
21470,00	7796,05	8029,75	9763,44	6661,42	6578,29
21480,00	7799,88	8033,58	9767,35	6665,18	6582,12
21490,00	7803,70	8037,33	9771,08	6669,00	6585,87
21500,00	7807,53	8041,16	9775,00	6672,83	6589,69
21510,00	7811,26	8044,98	9778,74	6676,65	6593,52
21520,00	7812,82	8046,53	9778,09	6678,20	6595,06
21530,00	7816,65	8050,34	9781,83	6682,02	6598,88
21540,00	7820,48	8054,10	9785,59	6685,77	6602,64
21550,00	7824,30	8057,93	9789,48	6689,60	6606,47
21560,00	7825,84	8059,47	9793,24	6691,14	6608,00
21570,00	7829,66	8063,29	9797,14	6694,96	6611,83
21580,00	7833,42	8067,12	9800,89	6698,79	6615,66
21590,00	7837,24	8070,94	9804,63	6702,62	6619,48
21600,00	7841,07	8074,70	9808,54	6706,38	6623,23
21610,00	7842,61	8076,32	9807,89	6707,91	6624,85
21620,00	7846,44	8080,07	9811,63	6711,74	6628,60
21630,00	7850,26	8083,89	9815,38	6715,56	6632,43
21640,00	7854,02	8087,72	9819,28	6719,39	6636,25
21650,00	7855,56	8089,26	9823,03	6720,93	6637,80
21660,00	7859,39	8093,09	9826,79	6724,76	6641,63
21670,00	7863,20	8096,83	9830,68	6728,51	6645,37
21680,00	7867,03	8100,66	9834,44	6732,34	6649,20
21690,00	7870,86	8104,49	9838,33	6736,16	6653,02
21700,00	7872,41	8106,04	9837,53	6737,71	6654,57
21710,00	7876,15	8109,86	9841,43	6741,53	6658,39
21720,00	7879,98	8113,68	9845,17	6745,36	6662,22
21730,00	7883,80	8117,43	9848,92	6749,10	6665,97
21740,00	7885,35	8119,07	9852,82	6750,66	6667,61
21750,00	7889,17	8122,80	9856,57	6754,48	6671,34

Mindestnettobeträge – 83%-Tabelle

Vollzeit-arbeits-entgelt Monat bis DM gerundet:	Mindestnettobetrag in der Steuerklasse DM				
	I/IV	II	III	V	VI
21760,00	7893,00	8126,63	9860,47	6758,30	6675,17
21770,00	7896,75	8130,46	9864,22	6762,13	6678,99
21780,00	7900,58	8134,28	9867,98	6765,95	6682,82
21790,00	7902,12	8135,84	9867,33	6767,51	6684,37
21800,00	7905,95	8139,66	9871,22	6771,25	6688,12
21810,00	7909,78	8143,40	9874,97	6775,07	6691,94
21820,00	7913,60	8147,23	9878,72	6778,90	6695,77
21830,00	7915,15	8148,78	9882,63	6780,46	6697,32
21840,00	7918,90	8152,61	9886,36	6784,28	6701,15
21850,00	7922,72	8156,43	9890,11	6788,11	6704,97
21860,00	7926,54	8160,17	9894,02	6791,85	6708,71
21870,00	7930,37	8164,00	9897,77	6795,67	6712,53
21880,00	7931,93	8165,56	9897,11	6797,23	6714,09
21890,00	7935,75	8169,38	9900,87	6801,05	6717,92
21900,00	7939,49	8173,21	9904,76	6804,88	6721,75
21910,00	7943,32	8177,04	9908,52	6808,71	6725,56
21920,00	7944,88	8178,57	9912,26	6810,24	6727,11
21930,00	7948,70	8182,40	9916,17	6814,00	6730,93
21940,00	7952,52	8186,15	9919,91	6817,83	6734,69
21950,00	7956,35	8189,98	9923,82	6821,65	6738,51
21960,00	7960,09	8193,80	9927,56	6825,47	6742,34
21970,00	7961,64	8195,35	9926,91	6827,02	6743,88
21980,00	7965,47	8199,17	9930,66	6830,84	6747,71
21990,00	7969,29	8202,92	9934,41	6834,59	6751,46
22000,00	7973,12	8206,75	9938,30	6838,42	6755,29
22010,00	7974,66	8208,29	9942,06	6839,96	6756,82
22020,00	7978,48	8212,11	9945,96	6843,79	6760,65
22030,00	7982,24	8215,94	9949,72	6847,62	6764,48
22040,00	7986,07	8219,76	9953,45	6851,43	6768,30
22050,00	7989,90	8223,52	9957,36	6855,19	6772,05
22060,00	7991,43	8225,14	9956,71	6856,73	6773,67
22070,00	7995,26	8228,89	9960,45	6860,56	6777,42
22080,00	7999,08	8232,71	9964,20	6864,38	6781,25
22090,00	8002,84	8236,54	9968,10	6868,21	6785,08

Mindestnettobeträge – 83%-Tabelle

Vollzeit-arbeits-entgelt Monat bis DM gerundet:	Mindestnettobetrag in der Steuerklasse DM				
	I/IV	II	III	V	VI
22100,00	8004,38	8238,08	9971,85	6869,76	6786,62
22110,00	8008,21	8241,91	9975,60	6873,58	6790,45
22120,00	8012,03	8245,66	9979,50	6877,33	6794,20
22130,00	8015,86	8,24949	9983,26	6881,16	6798,02
22140,00	8019,68	8253,30	9987,15	6884,98	6801,84
22150,00	8021,23	8254,86	9986,34	6886,53	6803,39
22160,00	8024,97	8258,68	9990,25	6890,35	6807,22
22170,00	8028,80	8262,51	9994,00	6894,18	6811,05
22180,00	8032,62	8266,25	9997,74	6897,92	6814,79
22190,00	8034,18	8267,89	10001,64	6899,47	6816,42
22200,00	8038,00	8271,63	10005,39	6903,30	6820,16
22210,00	8041,82	8275,45	10009,29	6907,13	6823,99
22220,00	8045,57	8279,27	10013,05	6910,95	6827,81
22230,00	8049,40	8283,10	10016,80	6914,77	6831,64
22240,00	8050,94	8284,66	10016,15	6916,33	6833,20
22250,00	8054,77	8288,49	10020,04	6920,07	6836,93
22260,00	8058,59	8292,22	10023,80	6923,89	6840,76
22270,00	8062,42	8296,05	10027,54	6927,72	6844,59
22280,00	8063,98	8297,61	10031,45	6929,28	6846,14
22290,00	8067,72	8301,43	10035,19	6933,11	6849,97
22300,00	8071,54	8305,25	10038,93	6936,93	6853,79
22310,00	8075,37	8309,00	10042,83	6940,67	6857,53
22320,00	8079,20	8312,82	10046,59	6944,49	6861,35
22330,00	8080,75	8314,38	10045,94	6946,05	6862,91
22340,00	8084,57	8318,20	10049,69	6949,87	6866,74
22350,00	8088,31	8322,03	10053,58	6953,70	6870,57
22360,00	8092,13	8325,85	10057,34	6957,52	6874,39
22370,00	8093,70	8327,39	10061,08	6959,07	6875,93
22380,00	8097,52	8331,22	10065,00	6962,82	6879,75
22390,00	8101,35	8334,98	10068,73	6966,65	6883,51
22400,00	8105,17	8338,80	10072,64	6970,47	6887,33
22410,00	8108,91	8342,62	10076,38	6974,30	6891,16
22420,00	8110,47	8344,16	10075,73	6975,83	6892,70
22430,00	8114,29	8347,99	10079,48	6979,66	6896,53

Mindestnettobeträge – 83%-Tabelle

Vollzeit-arbeits-entgelt Monat bis DM gerundet:	Mindestnettobetrag in der Steuerklasse DM				
	I/IV	II	III	V	VI
22440,00	8118,11	8351,74	10083,23	6983,42	6900,28
22450,00	8121,94	8355,57	10087,13	6987,24	6904,11
22460,00	8123,48	8357,11	10090,88	6988,78	6905,65
22470,00	8127,31	8360,94	10094,78	6992,61	6909,48
22480,00	8131,06	8364,76	10098,54	6996,44	6913,29
22490,00	8134,89	8368,58	10102,27	7000,26	6917,12
22500,00	8138,71	8372,34	10106,19	7004,01	6920,88
22510,00	8140,25	8373,96	10105,53	7005,56	6922,50
22520,00	8144,08	8377,70	10109,28	7009,38	6926,24
22530,00	8147,90	8381,53	10113,02	7013,20	6930,07
22540,00	8151,66	8385,36	10116,92	7017,03	6933,89
22550,00	8153,20	8386,91	10120,67	7018,58	6935,44
22560,00	8157,02	8390,73	10124,42	7022,41	6939,26
22570,00	8160,85	8394,48	10128,32	7026,15	6943,02
22580,00	8164,68	8398,31	10132,08	7029,98	6946,84
22590,00	8168,50	8402,13	10135,97	7033,80	6950,67
22600,00	8170,05	8403,68	10135,16	7035,35	6952,21
22610,00	8173,80	8407,50	10139,08	7039,17	6956,04
22620,00	8177,62	8411,33	10142,82	7043,00	6959,87
22630,00	8181,44	8415,07	10146,56	7046,75	6963,61
22640,00	8182,99	8416,71	10150,47	7048,29	6965,24
22650,00	8186,82	8420,45	10154,21	7052,12	6968,99
22660,00	8190,65	8424,28	10158,11	7055,95	6972,81
22670,00	8194,39	8428,10	10161,86	7059,77	6976,63
22680,00	8198,22	8431,92	10165,62	7063,60	6980,46
22690,00	8199,77	8433,48	10164,97	7065,15	6982,02
22700,00	8203,59	8437,31	10168,86	7068,89	6985,75
22710,00	8207,41	8441,04	10172,62	7072,72	6989,58
22720,00	8211,24	8444,87	10176,36	7076,54	6993,41
22730,00	8212,80	8446,43	10180,27	7078,10	6994,97
22740,00	8216,54	8450,25	10184,01	7081,93	6998,79
22750,00	8220,36	8454,08	10187,75	7085,75	7002,61
22760,00	8224,19	8457,82	10191,66	7089,49	7006,35
22770,00	8228,01	8461,64	10195,40	7093,31	7010,18

Mindestnettobeträge – 83%-Tabelle

Vollzeit-arbeits-entgelt Monat bis DM gerundet:	Mindestnettobetrag in der Steuerklasse DM				
	I/IV	II	III	V	VI
22780,00	8229,57	8463,19	10194,76	7094,87	7011,73
22790,00	8233,39	8467,02	10198,51	7098,70	7015,56
22800,00	8237,14	8470,85	10202,41	7102,52	7019,38
22810,00	8240,96	8474,67	10206,16	7106,34	7023,21
22820,00	8242,51	8476,22	10209,90	7107,89	7024,75
22830,00	8246,34	8480,04	10213,81	7111,64	7028,57
22840,00	8250,17	8483,80	10217,55	7115,47	7032,33
22850,00	8253,99	8487,62	10221,47	7119,29	7036,16
22860,00	8257,73	8491,45	10225,20	7123,12	7039,99
22870,00	8259,29	8492,98	10224,55	7124,66	7041,52
22880,00	8263,11	8496,81	10228,30	7128,48	7045,35
22890,00	8266,94	8500,57	10232,06	7132,24	7049,10
22900,00	8270,76	8504,39	10235,95	7136,07	7052,93
22910,00	8272,30	8505,93	10239,70	7137,60	7054,47
22920,00	8276,13	8509,76	10243,60	7141,43	7058,30
22930,00	8279,88	8513,58	10247,35	7145,25	7062,12
22940,00	8283,71	8517,41	10251,09	7149,08	7065,95
22950,00	8287,53	8521,16	10255,01	7152,83	7069,70
22960,00	8289,08	8522,78	10254,36	7154,38	7071,32
22970,00	8292,90	8526,53	10258,09	7158,20	7075,06
22980,00	8296,72	8530,35	10261,84	7162,03	7078,89
22990,00	8300,48	8534,18	10265,75	7165,85	7082,71
23000,00	8302,02	8535,73	10269,49	7167,40	7084,27
23010,00	8305,84	8539,55	10273,25	7171,22	7088,09
23020,00	8309,67	8543,30	10277,14	7174,97	7091,84
23030,00	8313,50	8547,12	10280,89	7178,79	7095,66
23040,00	8317,32	8550,95	10284,80	7182,62	7099,49
23050,00	8318,87	8552,49	10283,98	7184,17	7101,03
23060,00	8322,62	8556,32	10287,90	7188,00	7104,86
23070,00	8326,44	8560,15	10291,63	7191,82	7108,68
23080,00	8330,27	8563,90	10295,39	7195,57	7112,44
23090,00	8331,81	8565,53	10299,29	7197,11	7114,07
23100,00	8335,64	8569,27	10303,03	7200,94	7117,81
23110,00	8339,47	8573,09	10306,94	7204,77	7121,63

Mindestnettobeträge – 83%-Tabelle

Vollzeit-arbeits-entgelt Monat bis DM gerundet:	Mindestnettobetrag in der Steuerklasse DM				
	I/IV	II	III	V	VI
23120,00	8343,21	8576,92	10310,68	7208,59	7125,46
23130,00	8347,04	8580,75	10314,44	7212,42	7129,29
23140,00	8348,59	8582,30	10313,79	7213,98	7130,84
23150,00	8352,41	8586,13	10317,69	7217,71	7134,58
23160,00	8356,24	8589,87	10321,44	7221,54	7138,40
23170,00	8360,06	8593,69	10325,18	7225,37	7142,22
23180,00	8361,62	8595,25	10329,09	7226,92	7143,79
23190,00	8365,35	8599,07	10332,83	7230,74	7147,61
23200,00	8369,18	8602,90	10336,58	7234,57	7151,44
23210,00	8373,01	8606,64	10340,48	7238,31	7155,17
23220,00	8376,83	8610,46	10344,22	7242,13	7159,00
23230,00	8378,39	8612,02	10343,58	7243,69	7160,56
23240,00	8382,22	8615,85	10347,34	7247,52	7164,38
23250,00	8385,95	8619,67	10351,23	7251,34	7168,20
23260,00	8389,78	8623,49	10354,98	7255,17	7172,03
23270,00	8391,33	8625,04	10358,72	7256,71	7173,57
23280,00	8395,16	8628,86	10362,63	7260,47	7177,40
23290,00	8398,99	8632,61	10366,37	7264,28	7181,15
23300,00	8402,81	8636,44	10370,29	7268,11	7184,98
23310,00	8406,55	8640,27	10374,02	7271,94	7188,80
23320,00	8408,11	8641,81	10373,37	7273,48	7190,34
23330,00	8411,93	8645,63	10377,12	7277,31	7194,17
23340,00	8415,76	8649,39	10380,88	7281,06	7197,93
23350,00	8419,59	8653,21	10384,77	7284,89	7201,75
23360,00	8421,12	8654,75	10388,53	7286,43	7203,29
23370,00	8424,95	8658,58	10392,42	7290,25	7207,11
23380,00	8428,71	8662,40	10396,17	7294,07	7210,94
23390,00	8432,53	8666,23	10399,92	7297,90	7214,77
23400,00	8436,35	8669,98	10403,83	7301,66	7218,52
23410,00	8437,90	8671,60	10403,18	7303,19	7220,14
23420,00	8441,72	8675,35	10406,91	7307,02	7223,89
23430,00	8445,55	8679,18	10410,67	7310,85	7227,71
23440,00	8449,30	8683,00	10414,57	7314,67	7231,53
23450,00	8450,84	8684,55	10418,31	7316,22	7233,08

Mindestnettobeträge – 83%-Tabelle

Vollzeit-arbeits-entgelt Monat bis DM gerundet:	Mindestnettobetrag in der Steuerklasse DM				
	I/IV	II	III	V	VI
23460,00	8454,67	8688,37	10422,07	7320,04	7236,91
23470,00	8458,49	8692,12	10425,96	7323,80	7240,65
23480,00	8462,31	8695,94	10429,72	7327,62	7244,48
23490,00	8466,14	8699,77	10433,61	7331,44	7248,31
23500,00	8467,69	8701,32	10432,81	7332,99	7249,86
23510,00	8471,44	8705,15	10436,72	7336,82	7253,68
23520,00	8475,26	8708,97	10440,45	7340,64	7257,50
23530,00	8479,09	8712,72	10444,21	7344,39	7261,26
23540,00	8480,63	8714,35	10448,11	7345,94	7262,89
23550,00	8484,46	8718,09	10451,86	7349,77	7266,63
23560,00	8488,29	8721,91	10455,76	7353,58	7270,45
23570,00	8492,04	8725,74	10459,50	7357,41	7274,28
23580,00	8495,86	8729,57	10463,26	7361,24	7278,10
23590,00	8497,41	8731,13	10462,61	7362,80	7279,66
23600,00	8501,23	8734,94	10466,51	7366,53	7283,40
23610,00	8505,06	8738,69	10470,26	7370,36	7287,23
23620,00	8508,89	8742,51	10474,00	7374,18	7291,05
23630,00	8510,44	8744,07	10477,91	7375,75	7292,60
23640,00	8514,18	8747,89	10481,65	7379,56	7296,43
23650,00	8518,01	8751,72	10485,40	7383,39	7300,26
23660,00	8521,83	8755,45	10489,30	7387,13	7303,99
23670,00	8525,65	8759,28	10493,05	7390,96	7307,82
23680,00	8527,21	8760,84	10492,40	7392,51	7309,38
23690,00	8531,04	8764,67	10496,16	7396,34	7313,20
23700,00	8534,77	8768,49	10500,05	7400,16	7317,03
23710,00	8538,60	8772,32	10503,81	7403,99	7320,85
23720,00	8540,16	8773,86	10507,54	7405,53	7322,39
23730,00	8543,99	8777,68	10511,45	7409,29	7326,22
23740,00	8547,80	8781,43	10515,20	7413,11	7329,97
23750,00	8551,63	8785,26	10519,10	7416,94	7333,80
23760,00	8555,37	8789,09	10522,84	7420,76	7337,62
23770,00	8556,93	8790,63	10522,19	7422,30	7339,17
23780,00	8560,75	8794,46	10525,94	7426,13	7342,99
23790,00	8564,58	8798,21	10529,70	7429,88	7346,75

Mindestnettobeträge – 83%-Tabelle

Vollzeit-arbeits-entgelt Monat bis DM gerundet:	Mindestnettobetrag in der Steuerklasse DM				
	I/IV	II	III	V	VI
23800,00	8568,41	8802,03	10533,59	7433,70	7350,57
23810,00	8569,95	8803,58	10537,35	7435,25	7352,11
23820,00	8573,77	8807,40	10541,24	7439,07	7355,93
23830,00	8577,53	8811,22	10545,00	7442,90	7359,76
23840,00	8581,35	8815,05	10548,74	7446,72	7363,59
23850,00	8585,18	8818,81	10552,64	7450,48	7367,34
23860,00	8586,72	8820,43	10552,00	7452,01	7368,96
23870,00	8590,54	8824,17	10555,73	7455,84	7372,71
23880,00	8594,37	8828,00	10559,48	7459,67	7376,53
23890,00	8598,12	8831,82	10563,39	7463,49	7380,36
23900,00	8599,66	8833,37	10567,14	7465,04	7381,90
23910,00	8603,49	8837,19	10570,89	7468,86	7385,73
23920,00	8607,32	8840,94	10574,78	7472,61	7389,48
23930,00	8611,14	8844,77	10578,54	7476,44	7393,30
23940,00	8614,96	8848,59	10582,43	7480,27	7397,13
23950,00	8616,51	8850,14	10581,63	7481,81	7398,68
23960,00	8620,26	8853,97	10585,54	7485,64	7402,50
23970,00	8624,08	8857,79	10589,28	7489,46	7406,33
23980,00	8627,91	8861,54	10593,02	7493,21	7410,07
23990,00	8629,46	8863,17	10596,93	7494,76	7411,71
24000,00	8633,29	8866,91	10600,68	7498,59	7415,44
24010,00	8637,10	8870,73	10604,58	7502,41	7419,27
24020,00	8640,86	8874,56	10608,33	7506,24	7423,10
24030,00	8644,68	8878,39	10612,08	7510,06	7426,92
24040,00	8646,23	8879,95	10611,43	7511,62	7428,48
24050,00	8650,05	8883,77	10615,33	7515,35	7432,22
24060,00	8653,88	8887,51	10619,09	7519,18	7436,04
24070,00	8657,71	8891,33	10622,82	7523,00	7439,87
24080,00	8659,27	8892,89	10626,73	7524,56	7441,42
24090,00	8663,00	8896,71	10630,47	7528,39	7445,25
24100,00	8666,83	8900,54	10634,22	7532,22	7449,08
24110,00	8670,65	8904,28	10638,12	7535,95	7452,82
24120,00	8674,48	8908,11	10641,87	7539,78	7456,64
24130,00	8676,03	8909,66	10641,22	7541,33	7458,20

Mindestnettobeträge – 83%-Tabelle

Vollzeit-arbeits-entgelt Monat bis DM gerundet:	\multicolumn{5}{c}{Mindestnettobetrag in der Steuerklasse DM}				
	I/IV	II	III	V	VI
24140,00	8679,86	8913,49	10644,97	7545,16	7462,02
24150,00	8683,59	8917,31	10648,87	7548,98	7465,85
24160,00	8687,42	8921,14	10652,63	7552,81	7469,68
24170,00	8688,98	8922,67	10656,36	7554,35	7471,21
24180,00	8692,81	8926,50	10660,28	7558,10	7475,04
24190,00	8696,63	8930,26	10664,01	7561,93	7478,80
24200,00	8700,46	8934,09	10667,92	7565,76	7482,62
24210,00	8704,19	8937,90	10671,67	7569,58	7486,44
24220,00	8705,75	8939,45	10671,01	7571,12	7487,99
24230,00	8709,57	8943,27	10674,76	7574,95	7491,81
24240,00	8713,40	8947,03	10678,51	7578,71	7495,56
24250,00	8717,22	8950,85	10682,42	7582,52	7499,39
24260,00	8718,77	8952,40	10686,17	7584,07	7500,93
24270,00	8722,59	8956,22	10690,06	7587,89	7504,76
24280,00	8726,35	8960,05	10693,82	7591,72	7508,58
24290,00	8730,17	8963,87	10697,55	7595,55	7512,40
24300,00	8734,00	8967,63	10701,47	7599,30	7516,16
24310,00	8735,53	8969,25	10700,82	7600,84	7517,78
24320,00	8739,36	8972,99	10704,56	7604,67	7521,53
24330,00	8743,19	8976,82	10708,30	7608,49	7525,35
24340,00	8746,95	8980,64	10712,20	7612,31	7529,18
24350,00	8748,48	8982,19	10715,96	7613,86	7530,72
24360,00	8752,31	8986,01	10719,71	7617,69	7534,55
24370,00	8756,13	8989,76	10723,61	7621,43	7538,30
24380,00	8759,96	8993,59	10727,36	7625,26	7542,13
24390,00	8763,79	8997,42	10731,25	7629,09	7545,95
24400,00	8765,33	8998,96	10730,45	7630,63	7547,50
24410,00	8769,08	9002,79	10734,37	7634,46	7551,32
24420,00	8772,91	9006,61	10738,10	7638,28	7555,15
24430,00	8776,73	9010,36	10741,84	7642,03	7558,89
24440,00	8778,28	9011,99	10745,75	7643,58	7560,53
24450,00	8782,11	9015,73	10749,50	7647,40	7564,27
24460,00	8785,93	9019,56	10753,40	7651,23	7568,10
24470,00	8789,68	9023,39	10757,15	7655,06	7571,92

Mindestnettobeträge – 83%-Tabelle

Vollzeit-arbeits-entgelt Monat bis DM gerundet:	Mindestnettobetrag in der Steuerklasse DM				
	I/IV	II	III	V	VI
24480,00	8793,50	9027,20	10760,90	7658,88	7575,74
24490,00	8795,05	9028,76	10760,25	7660,44	7577,30
24500,00	8798,87	9032,59	10764,15	7664,18	7581,04
24510,00	8802,70	9036,33	10767,91	7668,00	7584,86
24520,00	8806,52	9040,15	10771,64	7671,82	7588,69
24530,00	8808,08	9041,71	10775,56	7673,38	7590,25
24540,00	8811,82	9045,54	10779,29	7677,21	7594,08
24550,00	8815,65	9049,37	10783,04	7681,04	7597,89
24560,00	8819,47	9053,10	10786,95	7684,77	7601,64
24570,00	8823,30	9056,93	10790,69	7688,60	7605,46
24580,00	8824,85	9058,48	10790,04	7690,16	7607,02
24590,00	8828,68	9062,31	10793,79	7693,98	7610,84
24600,00	8832,42	9066,13	10797,69	7697,80	7614,67
24610,00	8836,25	9069,96	10801,45	7701,63	7618,50
24620,00	8837,80	9071,50	10805,18	7703,17	7620,04
24630,00	8841,62	9075,33	10809,10	7706,92	7623,86
24640,00	8845,45	9079,08	10812,83	7710,75	7627,62
24650,00	8849,28	9082,91	10816,75	7714,58	7631,44
24660,00	8853,01	9086,73	10820,49	7718,40	7635,27
24670,00	8854,57	9088,27	10819,84	7719,95	7636,81
24680,00	8858,40	9092,09	10823,58	7723,76	7640,63
24690,00	8862,23	9095,85	10827,34	7727,52	7644,38
24700,00	8866,04	9099,67	10831,23	7731,35	7648,21
24710,00	8867,59	9101,22	10834,99	7732,89	7649,75
24720,00	8871,41	9105,04	10838,89	7736,71	7653,58
24730,00	8875,17	9108,87	10842,64	7740,54	7657,41
24740,00	8878,99	9112,69	10846,37	7744,36	7661,23
24750,00	8882,82	9116,45	10850,29	7748,12	7664,98
24760,00	8884,36	9118,06	10849,64	7749,66	7666,60
24770,00	8888,19	9121,82	10853,38	7753,49	7670,35
24780,00	8892,01	9125,63	10857,12	7757,31	7674,17
24790,00	8895,77	9129,46	10861,03	7761,14	7678,00
24800,00	8897,30	9131,01	10864,77	7762,68	7679,55
24810,00	8901,13	9134,84	10868,53	7766,51	7683,38

Mindestnettobeträge – 83%-Tabelle

Vollzeit-arbeits-entgelt Monat bis DM gerundet:	Mindestnettobetrag in der Steuerklasse DM				
	I/IV	II	III	V	VI
24820,00	8904,95	9138,58	10872,43	7770,25	7687,12
24830,00	8908,78	9142,41	10876,18	7774,08	7690,95
24840,00	8912,61	9146,23	10880,08	7777,91	7694,77
24850,00	8914,15	9147,78	10879,27	7779,46	7696,32
24860,00	8917,90	9151,60	10883,18	7783,28	7700,14
24870,00	8921,73	9155,43	10886,92	7787,10	7703,97
24880,00	8925,55	9159,18	10890,67	7790,85	7707,72
24890,00	8927,10	9160,82	10894,57	7792,40	7709,36
24900,00	8930,92	9164,55	10898,32	7796,22	7713,09
24910,00	8934,75	9168,38	10902,22	7800,05	7716,92
24920,00	8938,49	9172,21	10905,97	7803,88	7720,74
24930,00	8942,32	9176,03	10909,73	7807,70	7724,57
24940,00	8943,87	9177,58	10909,07	7809,26	7726,12
24950,00	8947,70	9181,41	10912,97	7813,00	7729,86
24960,00	8951,53	9185,15	10916,72	7816,82	7733,68
24970,00	8955,34	9188,97	10920,46	7820,65	7737,51
24980,00	8956,90	9190,53	10924,38	7822,20	7739,07
24990,00	8960,64	9194,36	10928,11	7826,03	7742,90
25000,00	8964,46	9198,18	10931,86	7829,85	7746,72

Teil 3
Erläuterungen zum TV ATZ

§ 1 Geltungsbereich

Dieser Tarifvertrag gilt für die Arbeitnehmer (Angestellte, Arbeiter und Arbeiterinnen), die unter den Geltungsbereich des

a) Bundes-Angestelltentarifvertrages (BAT),

b) Tarifvertrages zur Anpassung des Tarifrechts – Manteltarifliche Vorschriften – (BAT-O),

c) Tarifvertrages zur Anpassung des Tarifrechts – Manteltarifliche Vorschriften – (BAT-Ostdeutsche Sparkassen),

d) Manteltarifvertrages für Arbeiterinnen und Arbeiter des Bundes und der Länder (MTArb),

e) Bundesmanteltarifvertrages für Arbeiter gemeindlicher Verwaltungen und Betriebe – BMT-G II –,

f) Tarifvertrages zur Anpassung des Tarifrechts für Arbeiter an den MTArb (MTArb-O),

g) Tarifvertrages zur Anpassung des Tarifrechts – Manteltarifliche Vorschriften für Arbeiter gemeindlicher Verwaltungen und Betriebe – (BMT-G-O),

h) Tarifvertrages über die Anwendung von Tarifverträgen auf Arbeiter (TV Arbeiter-Ostdeutsche Sparkassen)

fallen.

Der Tarifvertrag findet Anwendung auf Angestellte, Arbeiter und Arbeiterinnen, die in den Geltungsbereich des Bundesangestelltentarifvertrages, des BMT-G sowie des MTArb und unter die weiteren aufgeführten Tarifverträge fallen. Soweit AT-Angestellte Altersteilzeit nach dem Tarifvertrag beanspruchen wollen, muß dies einzelvertraglich vereinbart werden.

§ 2 Voraussetzungen der Altersteilzeit

(1) Der Arbeitgeber kann mit vollbeschäftigten Arbeitnehmern, die das 55. Lebensjahr und eine Beschäftigungszeit (z.B. § 19 BAT/BAT-O) von fünf Jahren vollendet haben und in den letzten fünf Jahren an mindestens 1080 Kalendertagen mit der regelmäßigen wöchentlichen Arbeitszeit beschäftigt waren, die Änderung des

Erläuterungen TV ATZ

Arbeitsverhältnisses in ein Altersteilzeitarbeitsverhältnis auf der Grundlage des Altersteilzeitgesetzes vereinbaren. Geringfügige Unterschreitungen der tariflichen regelmäßigen wöchentlichen Arbeitszeit sind unbeachtlich. Als vollbeschäftigt gelten auch Arbeitnehmer, deren regelmäßige wöchentliche Arbeitszeit durch eine besondere tarifvertragliche Regelung herabgesetzt worden ist.

(2) Arbeitnehmer, die das 60. Lebensjahr vollendet haben und die übrigen Voraussetzungen des Absatzes 1 erfüllen, haben Anspruch auf Vereinbarung eines Altersteilzeitarbeitsverhältnisses. Der Arbeitnehmer hat den Arbeitgeber drei Monate vor dem Beginn der Altersteilzeit über die Geltendmachung des Anspruchs zu informieren; von dem Fristerfordernis kann einvernehmlich abgewichen werden.

(3) Der Arbeitgeber kann die Vereinbarung eines Altersteilzeitarbeitsverhältnisses ablehnen, soweit dringende dienstliche bzw. betriebliche Gründe entgegenstehen.

(4) Das Altersteilzeitarbeitsverhältnis soll mindestens für die Dauer von zwei Jahren vereinbart werden. Es muß vor dem 1. August 2004 beginnen.

Zu Abs. 1:

Voraussetzung für die Anwendung des TV ATZ ist, daß der Arbeitnehmer bei dem Arbeitgeber eine Beschäftigungszeit (§ 19 BAT, § 6 MTArb, § 6 BMT-G) von mindestens fünf Jahren zurückgelegt hat.

Der Tarifvertrag trennt den die Altersteilzeit in Anspruch nehmenden Personenkreis in zwei Teilkreise. Grundsätzlich haben alle Arbeitnehmer über 55 Jahre, die vollbeschäftigt sind und in den letzten fünf Jahren an mindestens 1080 Kalendertagen mit der tariflichen regelmäßigen wöchentlichen Arbeitszeit beschäftigt waren, die Möglichkeit, ein Altersteilzeitarbeitsverhältnis zu vereinbaren. Es ist hierbei unschädlich, wenn die wöchentliche tarifliche Arbeitszeit geringfügig, d.h. nicht mehr als 2,5 Stunden unterschritten wird.

Ein Arbeitnehmer, der eine individuelle Arbeitszeit von 36 Stunden wöchentlich arbeitet, kann somit Altersteilzeit in Anspruch nehmen. Es ist nicht Voraussetzung, daß er zum Beginn der Altersteilzeit eine Vollbeschäftigung ausübt, also 38,5 Stunden arbeitet. Allerdings darf die wöchentliche tarifliche Arbeitszeit von 38,5 Stunden abzüglich des Toleranzraumes von 2,5 Stunden nicht unterschritten werden. Es ist also nicht möglich, daß Teilzeitbeschäftigte, die zwar innerhalb der letzten fünf Jahre an 1080 Kalendertagen vollbeschäftigt waren, aber zur Beginn der Altersteilzeit eine Arbeitszeit von z.B. 28 oder 32 Stunden wöchentlich vereinbart haben, Altersteilzeit in Anspruch nehmen.

Der Tarifvertrag sieht ausdrücklich vor, daß der Arbeitgeber nur mit einem **vollzeitbeschäftigten** Arbeitnehmer Altersteilzeit vereinbaren kann.

Erläuterungen TV ATZ

Teilzeitbeschäftigte mit einer wöchentlichen Arbeitszeit von weniger als 36 Stunden sind derzeit von der Möglichkeit Altersteilzeit zu machen ausgeschlossen.

Soweit anderslautende Auskünfte der Arbeitsämter vorliegen, betreffen diese nur den Geltungsbereich des Altersteilzeitgesetzes, aber auch hier muß die wöchentliche Arbeitszeit um mindestens 15 Stunden verringert werden und der Arbeitnehmer muß dann in der Regel noch mit mindestens der hälftigen tariflichen wöchentlichen Arbeitszeit beschäftigt werden (mindestens aber mit 15 Stunden wöchentlich).

Zu Abs. 2 und 3:

Der Tarifvertrag unterscheidet zwischen den 55jährigen und den über 60jährigen. Über **55jährige** haben im Gegensatz zu 60jährigen **keinen Anspruch** auf Abschluß eines Altersteilzeitarbeitsverhältnisses. Über 60jährige haben einen Anspruch nach dem Tarifvertrag. Allerdings ist in § 2 Abs. 3 TV ATZ unmißverständlich geregelt, daß der Arbeitgeber den Antrag auf ein Altersteilzeitarbeitsverhältnis in beiden Fällen ablehnen kann, wenn **dringende dienstliche oder betriebliche Belange** dem entgegenstehen.

Was als dringende betriebliche oder dienstliche Gründe im Sinne von § 2 Abs. 3 TV ATZ anzusehen sind, ist im Tarifvertrag nicht ausdrücklich geregelt. Man muß daher auf die vorhandene Rechtsprechung zur Vorruhestandsregelung zurückgreifen. Die dortigen Verweigerungsgründe, wann dienstliche oder betriebliche Belange vorliegen, die den Abschluß eines Vorruhestandsverhältnisses hindern, können entsprechend auf § 2 Abs. 3 des Tarifvertrages Altersteilzeitgesetz übertragen werden.

Grundsätzlich ist zu sagen, daß eine finanzielle Belastung dem Arbeitgeber zuzumuten ist. Nur in Ausnahmefällen kann die wirtschaftliche Belastung unzumutbar sein. Dies ist nach der Rechtsprechung des Bundesarbeitsgerichts dann der Fall, wenn das Unternehmen angesichts seiner gegenwärtigen und voraussehbaren künftigen wirtschaftlichen Situation nicht in der Lage ist, das Vorruhestandsgeld zu zahlen, ohne seine Existenz zu gefährden.

Ebenfalls hat das Bundesarbeitsgericht u.a. dringende betriebliche Gründe auch darin gesehen, wenn der ordnungsgemäße Betriebsablauf durch die Vorruhestandsgewährung (gleichzusetzen mit der Vereinbarung eines Altersteilzeitarbeitsverhältnisses) während des Kalenderjahres gestört würde. Entsprechende Tatsachen müssen seitens des Arbeitgebers vorgetragen werden.

(vgl. BAG-Urteile Az.: 3AZR 302/87 v. 8.3.1988 u. Az.: 3AZR 468/87 v. 28.2.1989)

Erläuterungen TV ATZ

Da die Entscheidung eine Ermessensentscheidung ist, ist dies von den Arbeitsgerichten dahingehend überprüfbar, ob der Arbeitgeber sein Ermessen im Rahmen des § 315 BGB ordnungsgemäß ausgeübt hat. Im Falle einer nicht ordnungsgemäßen Ermessensausübung kann das Gericht feststellen, daß der Arbeitgeber verpflichtet ist, das Altersteilzeitarbeitsverhältnis abzuschließen.

In diesem Zusammenhang wird auf die bekannten Entscheidungen zur Frage der Billigung des Übergangs zu einem anderen Arbeitgeber des öffentlichen Dienstes bei der Zahlung der Zuwendung hingewiesen. Auch hier hat der Arbeitgeber eine Ermessensentscheidung und bekanntermaßen haben die Arbeitsgerichte den Ermessensspielraum des Arbeitgebers sehr restriktiv ausgelegt. Es müssen also gewichtige Gründe vorliegen, damit ein Altersteilzeitarbeitsverhältnis abgelehnt werden kann.

Allerdings kann man davon ausgehen, daß die Voraussetzungen hierfür bei dem Personenkreis der über 55jährigen nicht so gravierend sein müssen wie bei den über 60jährigen. Es ist also generell im Einzelfall zu prüfen, ob dienstliche oder betriebliche Belange der Vereinbarung eines Altersteilzeitarbeitsverhältnisses entgegen stehen. Der Abschluß eines Altersteilzeitarbeitsverhältnisses bei einem über 60jährigen kann trotz des gegebenen tariflichen Anspruchs abgelehnt werden, wenn dringende betriebliche Gründe entgegen stehen. Die im Tarifvertrag festgelegte Ankündigungsfrist von drei Monaten bedeutet nicht, daß dem Arbeitgeber die Ermessensentscheidung genommen ist. Die festgelegte Frist soll dem Arbeitgeber ermöglichen, die organisatorische Planung und den Betriebsablauf im Hinblick auf das zu erwartende Altersteilzeitarbeitsverhältnis zu regeln.

Zu Abs. 4:

Dauer des Altersteilzeitarbeitsverhältnisses

mindestens 24 Kalendermonate

- 2 Jahre Rentenanspruch nach § 38 SGB VI

Andere Vereinbarung möglich, wenn sonstiger Rentenanspruch

- Altersrente für langjährig Versicherte,
- Altersrente für Frauen,
- Rente für Schwerbehinderte.

Erläuterungen TV ATZ

Nach dem Wortlaut des Tarifvertrages soll das Altersteilzeitarbeitsverhältnis mindestens für die Dauer von zwei Jahren vereinbart werden. Diese Soll-Vorschrift des Zwei-Jahres-Zeitraumes ist die notwendige Folge der Änderung des SGB VI. In § 38 SGB VI ist ein neuer Rentenanspruch und zwar Rente nach Altersteilzeit aufgenommen werden. Voraussetzung für diese Rente nach Altersteilzeit ist eine mindestens 24monatige ausgeübte Altersteilzeit.

Unabhängig hiervon bestehen möglicherweise andere Rentenansprüche, beispielsweise eine Altersrente für Frauen, eine Altersrente für Schwerbehinderte oder eine Altersrente für langjährig Versicherte. Diese Renten stehen unabhängig neben der Rente wegen Altersteilzeit. Nur wenn der Arbeitnehmer eine Rente wegen Altersteilzeit nach Beendigung der Altersteilzeit beanspruchen will, muß er eine mindestens 24monatige Altersteilzeitarbeit mit den entsprechenden Aufstockungsbeiträgen bei der Rentenversicherung nachweisen. Hat der Arbeitnehmer aus anderen oben aufgezeigten Gründen einen Rentenanspruch, z.B. Altersrente für Frauen, ist es möglich, das Altersteilzeitarbeitsverhältnis auch für einen kürzeren Zeitraum als zwei Jahre abzuschließen.

§ 3 Reduzierung und Verteilung der Arbeitszeit

(1) Die durchschnittliche wöchentliche Arbeitszeit während des Altersteilzeitarbeitsverhältnisses beträgt die Hälfte der regelmäßigen tariflichen Arbeitszeit.

(2) Die während der Gesamtdauer des Altersteilzeitarbeitsverhältnisses zu leistende Arbeit kann so verteilt werden, daß sie

a) in der ersten Hälfte des Altersteilzeitarbeitsverhältnisses geleistet und der Arbeitnehmer anschließend von der Arbeit unter Fortzahlung der Bezüge nach Maßgabe der §§ 4 und 5 freigestellt wird (Blockmodell) oder

b) durchgehend geleistet wird (Teilzeitmodell).

(3) Der Arbeitnehmer kann vom Arbeitgeber verlangen, daß sein Wunsch nach einer bestimmten Verteilung der Arbeitszeit mit dem Ziel einer einvernehmlichen Regelung erörtert wird.

Protokollerklärung zu Absatz 1:

1. Für die unter die Pauschallohn-Tarifverträge des Bundes und der Länder fallenden Kraftfahrer gilt für die Anwendung dieses Tarifvertrages die den Pauschalgruppen zugrunde liegende Arbeitszeit als regelmäßige Arbeitszeit.

2. Für Arbeitnehmer mit verlängerter regelmäßiger Arbeitszeit nach Nr. 5 Abs. 5 SR 2 e I BAT/BAT-O und Nr. 7 Abs. 3 SR 2 a des Abschnitts A der Anlage 2 MTArb/Nr. 8 Abs. 4 SR 2 a des Abschnitts A der Anlage 2 MTArb-O und entsprechenden Sonderregelungen gilt für die Anwendung dieses Tarifver-

Erläuterungen TV ATZ

trages die dienstplanmäßig zu leistende Arbeitszeit als regelmäßige Arbeitszeit.

Protokollerklärung zu Absatz 2:

Für Arbeitnehmer mit verlängerter regelmäßiger Arbeitszeit und für Kraftfahrer im Sinne der Pauschallohn-Tarifverträge des Bundes und der Länder ist Altersteilzeitarbeit nur im Blockmodell möglich.

Form des Altersteilzeitarbeitsverhältnisses

Der Tarifvertrag sieht grundsätzlich zwei Möglichkeiten vor, ein Altersteilzeitarbeitsverhältnis zu realisieren: einmal als **Blockmodell** oder als **Teilzeitmodell**.

Im Blockmodell wird in der ersten Hälfte der Altersteilzeit voll gearbeitet, während in der zweiten Phase der Arbeitnehmer freigestellt wird.

Beim Teilzeitmodell wird durchgehend gearbeitet, aber nur mit der Hälfte der regelmäßigen tariflichen Arbeitszeit. Darauf hinzuweisen ist, daß die Freizeitphase nicht vor der Arbeitsphase geleistet wird, sondern der Tarifvertrag sieht vor, erst Arbeitsphase dann Freizeitphase.

Andere Verteilung möglich
z.B. tage-, wochen- oder monatsweise

Im übrigen haben die Tarifvertragsparteien auch die Möglichkeit eröffnet, daß der Arbeitnehmer, falls er eine andere Wunschvorstellung der Verteilung seiner Arbeitszeit während seiner Altersteilzeit hat, ein entsprechendes Gespräch mit seinem Arbeitgeber führen kann. Eine andere Verteilung der Arbeitszeit ist möglich. Es wäre also möglich, daß ein Arbeitnehmer im Wechsel monatsweise arbeitet, monatsweise frei hat oder wochenweise arbeitet und wochenweise frei hat, oder sogar tageweise arbeitet und tageweise frei hat. Voraussetzung ist nur, daß insgesamt während des Altersteilzeitarbeitsverhältnisses die regelmäßige wöchentliche Arbeitszeit auf die Hälfte reduziert wird.

Der Tarifvertrag ermöglicht die Vereinbarung eines Altersteilzeitarbeitsverhältnisses bis zu zehn Jahren. Allerdings, und dies hat sich in der Praxis gezeigt, liegen die gängigen Altersteilzeitmodelle zwischen zwei und fünf Jahren. Überwiegend wird das Blockzeitmodell gewählt, was im Hinblick auf die durchzuführende Organisation am sinnvollsten erscheint.

Erläuterungen TV ATZ

§ 4 Höhe der Bezüge

(1) Der Arbeitnehmer erhält als Bezüge die sich für entsprechende Teilzeitkräfte mit der Hälfte der durchschnittlichen regelmäßigen wöchentlichen Arbeitszeit bei Anwendung der tariflichen Vorschriften (z.b. § 34 BAT/BAT-O) ergebenden Beträge mit der Maßgabe, daß die Bezügebestandteile, die üblicherweise in die Berechnung des Aufschlags zur Urlaubsvergütung/Zuschlags zum Urlaubslohn einfließen, sowie Wechselschicht- und Schichtzulagen entsprechend dem Umfang der tatsächlich geleisteten Tätigkeit berücksichtigt werden.

(2) Als Bezüge im Sinne des Absatzes 1 gelten auch Einmalzahlungen (z.B Zuwendung, Urlaubsgeld, Jubiläumszuwendung) und vermögenswirksame Leistungen.

Protokollerklärung zu Absatz 1:

Die im Blockmodell über die regelmäßige wöchentliche Arbeitszeit hinaus geleisteten Arbeitsstunden gelten bei Vorliegen der übrigen tariflichen Voraussetzungen als Überstunden.

Vergütung, Entlohnung während des Altersteilzeitarbeitsverhältnisses

Der Arbeitnehmer soll nach dem Willen der Tarifvertragsparteien grundsätzlich 83% nach der **Mindestnettobetragsverordnung** erhalten. Diese Mindestnettobetragsverordnung ist eine pauschalierte Nettolohntabelle, berücksichtigt also **nicht** das **individuelle Netto,** sondern geht von Bruttobeträgen, den entsprechenden Steuerklassen aus und berücksichtigt pauschale Abzüge für die Sozialversicherung. Es ist also nicht möglich, auf der Grundlage des individuellen Nettos eines Arbeitnehmers seine individuellen 83% hochzurechnen. Diese 83% Gesamt-Altersteilzeitvergütung setzen sich aus drei Bestandteilen zusammen.

Bezüge während der Altersteilzeit

Gesamtvergütung Z = a + (b + c)

a: Vergütung nach § 4 TV ATZ

b: 20%iger Aufstockungsbetrag nach § 5 Abs. 1 TV ATZ

c: Aufstockungsbetrag auf 83% nach § 5 Abs. 2 TV ATZ

a = Vergütung § 4 TV ATZ
 – Grundvergütung
 – Ortszuschlag
 – allgemeine Zulage

Erläuterungen TV ATZ

- Zeitzuschläge
- evtl. Erschwerniszulage
- Wechselschicht-/Schichtzulage
- Rufbereitschaft/Bereitschaftsdienst
- Überstundenpauschvergütung

Zunächst erhält der Arbeitnehmer die Bezüge, die sich aus § 4 TV ATZ ergeben, nämlich die Bezüge, die sich für die entsprechenden Teilzeitkräfte mit der Hälfte der durchschnittlichen regelmäßigen Arbeitszeit nach Maßgabe des § 34 BAT (§ 30 MTArb, § 25 BMT-G) ergeben.

Bezügebestandteile, die normalerweise in die Berechnung des Aufschlages zur Urlaubsvergütung oder Zuschlag zum Urlaubslohn einfließen sowie Wechselschicht- und Schichtzulagen werden entsprechend dem Umfang der tatsächlich geleisteten Tätigkeit berücksichtigt. Zu den Bezügen gehören also die Grundvergütung bzw. der Monatstabellenlohn, Ortszuschlag, evtl. Sozialzuschlag, die tariflichen Zulagen sowie im Krankenhausbereich die allgemeine Pflegezulage. Diese **Bezügebestandteile** werden während der Gesamtdauer des Altersteilzeitarbeitsverhältnisses **nur zur Hälfte** gezahlt. Abweichend von dem Grundsatz der Halbierung der Bezüge sind diejenigen Vergütungsbezügebestandteile ausgenommen, die üblicherweise in die Berechnung des Aufschlags zur Urlaubsvergütung oder Zuschlag zum Urlaubslohn einfließen. Diese werden entsprechend dem Umfang der tatsächlich geleisteten Tätigkeit berücksichtigt. Wenn beispielsweise Erschwerniszuschläge zustehen oder Mehrarbeit/Überstunden oder Feiertagsarbeit geleistet werden, so werden die dem Arbeitnehmer hierfür zustehenden Entgelte nicht einfach zur Hälfte gezahlt sondern entsprechend dem Umfang der tatsächlich geleisteten Tätigkeit. Bei **Wechselschicht- und Schichtzulagen** ist zu beachten, daß nach der Rechtsprechung des Bundesarbeitsgerichts diese Zulagen **in voller Höhe** zustehen, wenn die tariflichen **Anspruchsvoraussetzungen** auch in der Teilzeitbeschäftigung **erfüllt werden**. Leistet ein Arbeitnehmer diese Tätigkeit im Blockmodell, so stehen ihm während der Arbeitsphase diese Zulagen in voller Höhe zu, während in der Freistellungsphase die Wechselschicht- oder Schichtzulage bei der Berechnung nach § 4 TV ATZ nicht mehr zu berücksichtigen ist, weil der Umfang der tatsächlich geleisteten Tätigkeit in dieser Phase null ist.

In Absatz 2 zu § 4 TV ATZ ist nochmals klargestellt, daß auch Einmalzahlungen, wie z.B. Zuwendung, Urlaubsgeld oder die Jubiläumszuwendung Altersteilzeitbezüge im Sinne des § 4 TV ATZ darstellen.

Es ist beabsichtigt, den Tarifvertrag über eine Zuwendung an Angestellte vom 12. Oktober 1973 dahingehend zu ändern, daß derjenige Arbeitnehmer, der aufgrund eines Altersteilzeitarbeitsverhältnisses vor dem 30. November des

Jahres ausscheidet, ebenfalls Anspruch auf Zuwendung hat genauso wie ein Arbeitnehmer, der die Altersgrenze erreicht oder wegen verminderter Erwerbsunfähigkeit ausscheidet.

§ 5 Aufstockungsleistungen

(1) Die dem Arbeitnehmer nach § 4 zustehenden Bezüge werden um 20 v.H. dieser Bezüge aufgestockt (Aufstockungsbetrag). Bei der Berechnung des Aufstockungsbetrages bleiben steuerfreie Bezügebestandteile, Vergütungen für Mehrarbeits- und Überstunden, Bereitschaftsdienste und Rufbereitschaften sowie für Arbeitsbereitschaften (§ 18 Abs. 1 Unterabs. 2 MTArb/MTArb-O bzw. § 67 Nr. 10 BMT-G/BMT-G-O) unberücksichtigt; diese werden, soweit sie nicht unter Absatz 2 Unterabs. 2 und 3 fallen, neben dem Aufstockungsbetrag gezahlt.

Seitens der Arbeitgeber beabsichtigte tarifliche Änderung:

(1) Die dem Arbeitnehmer nach § 4 zustehenden Bezüge **zuzüglich des darauf entfallenden sozialversicherungspflichtigen Teils der vom Arbeitgeber zu tragenden Umlage zur Zusatzversorgungseinrichtung** werden um 20 v.H. dieser Bezüge aufgestockt (Aufstockungsbetrag). ...

(2) Der Aufstockungsbetrag muß so hoch sein, daß der Arbeitnehmer 83 v.H. des Nettobetrages des bei regelmäßiger Arbeitszeit zustehenden Vollzeitarbeitsentgelts erhält (Mindestnettobetrag). Als Vollzeitarbeitsentgelt ist anzusetzen das gesamte, dem Grunde nach beitragspflichtige Arbeitsentgelt, das der Arbeitnehmer ohne Reduzierung der Arbeitszeit im Rahmen der tariflichen regelmäßigen wöchentlichen Arbeitszeit erzielt hätte.

Seitens der Arbeitgeber beabsichtigte tarifliche Änderung:

(2) ...

Als Vollzeitarbeitsentgelt ist anzusetzen das gesamte, dem Grunde nach beitragspflichtige Arbeitsentgelt, das der Arbeitnehmer ohne Reduzierung der Arbeitszeit im Rahmen der tariflichen regelmäßigen wöchentlichen Arbeitszeit erzielt hätte; **der sozialversicherungspflichtige Teil der vom Arbeitgeber zu tragenden Umlage zur Zusatzversorgungseinrichtung bleibt unberücksichtigt.**

Dem Vollzeitarbeitsentgelt zuzurechnen sind Vergütungen für Bereitschaftsdienst und Rufbereitschaft – letztere jedoch ohne Vergütungen für angefallene Arbeit

Erläuterungen TV ATZ

einschließlich einer etwaigen Wegezeit –, die ohne Reduzierung der Arbeitszeit zugestanden hätten; in diesen Fällen sind die tatsächlich zustehenden Vergütungen abweichend von Absatz 1 Satz 2 letzter Halbsatz in die Berechnung des aufzustockenden Nettobetrages einzubeziehen. Die Regelungen zu Bereitschaftsdienst und Rufbereitschaft in Satz 1 dieses Unterabsatzes gelten bei Arbeitern für die Arbeitsbereitschaft nach § 18 Abs. 1 Unterabs. 2 MTArb/MTArb-O bzw. § 67 Nr. 10 BMT-G/BMT-G-O entsprechend.

Haben dem Arbeitnehmer, der die Altersteilzeitarbeit im Blockmodell leistet, seit mindestens zwei Jahren vor Beginn des Altersteilzeitarbeitsverhältnisses ununterbrochen Pauschalen für Überstunden (z.b. nach § 35 Abs. 4 BAT/BAT-O) zugestanden, werden diese der Bemessungsgrundlage nach Unterabsatz 1 Satz 2 in der Höhe zugerechnet, die ohne die Reduzierung der Arbeitszeit maßgebend gewesen wäre; in diesem Fall sind in der Arbeitsphase die tatsächlich zustehenden Pauschalen abweichend von Absatz 1 Satz 2 letzter Halbsatz in die Berechnung des aufzustockenden Nettobetrages einzubeziehen.

Bei Kraftfahrern, die unter die Pauschallohn-Tarifverträge des Bundes und der Länder fallen, ist das Vollzeitarbeitsentgelt im Sinne des Unterabsatzes 1 Satz 2 in der Freistellungsphase der Lohn aus der Pauschalgruppe anzusetzen, die mindestens während der Hälfte der Dauer der Arbeitsphase maßgebend war.

Für Arbeitnehmer mit verlängerter regelmäßiger Arbeitszeit nach Nr. 5 Abs. 5 SR 2e I BAT/BAT-O und Nr. 7 Abs. 3 SR 2a des Abschnitts A der Anlage 2 MTArb/Nr. 8 Abs. 4 SR 2a des Abschnitts A der Anlage 2 MTArb-O und entsprechenden Sonderregelungen ist als Vollzeitarbeitsentgelt im Sinne des Unterabsatzes 1 Satz 2 in der Freistellungsphase die Vergütung bzw.. der Lohn aus derjenigen Stundenzahl anzusetzen, die während der Arbeitsphase, längstens während der letzten 48 Kalendermonate, als dienstplanmäßige Arbeitszeit durchschnittlich geleistet wurde.

(3) Für die Berechnung des Mindestnettobetrages nach Absatz 2 ist die Rechtsverordnung nach § 15 des Altersteilzeitgesetzes zugrunde zu legen. Sofern das bei regelmäßiger Arbeitszeit zustehende Vollzeitarbeitsentgelt des Arbeitnehmers die Beitragsbemessungsgrenze in der gesetzlichen Rentenversicherung übersteigen würde, sind für die Berechnung des Mindestnettobetrages diejenigen gesetzlichen Abzüge anzusetzen, die bei Arbeitnehmern gewöhnlich anfallen (§ 3 Abs. 1 Nr. 1 Buchst. a des Altersteilzeitgesetzes).

(4) Neben den vom Arbeitgeber zu tragenden Sozialversicherungsbeiträgen für die nach § 4 zustehenden Bezüge entrichtet der Arbeitgeber gemäß § 3 Abs. 1 Nr. 1 Buchst. b des Altersteilzeitgesetzes zusätzliche Beiträge zur gesetzlichen Rentenversicherung für den Unterschiedsbetrag zwischen den nach § 4 zustehenden Bezügen einerseits und 90 v.H. des Vollzeitarbeitsentgelts (Absatz 2 Unterabs. 1 Satz 2), höchstens aber der Beitragsbemessungsgrenze, andererseits.

Erläuterungen TV ATZ

Seitens der Arbeitgeber beabsichtigte tarifliche Änderung:

(4) ... für den Unterschiedsbetrag zwischen den nach § 4 zustehenden Bezügen einerseits und 90 v.H. des Vollzeitarbeitsentgelts **im Sinne des Absatzes 2 Unterabs. 1 Satz 2 zuzüglich des sozialversicherungspflichtigen Teils der vom Arbeitgeber zu tragenden Umlage zur Zusatzversorgungseinrichtung,** höchstens aber der Beitragsbemessungsgrenze, andererseits.

(5) Ist der Angestellte von der Versicherungspflicht in der gesetzlichen Rentenversicherung befreit, erhöht sich der Zuschuß des Arbeitgebers zu einer anderen Zukunftssicherung um den Betrag, den der Arbeitgeber nach Absatz 4 bei Versicherungspflicht in der gesetzlichen Rentenversicherung zu entrichten hätte.

(6) Die Regelungen der Absätze 1 bis 5 gelten auch in den Fällen, in denen eine aufgrund dieses Tarifvertrages geschlossene Vereinbarung eine Verteilung der Arbeitsleistung (§ 3 Abs. 2) vorsieht, die sich auf einen Zeitraum von mehr als fünf Jahren erstreckt.

(7) Arbeitnehmer, die nach Inanspruchnahme der Altersteilzeit eine Rentenkürzung wegen einer vorzeitigen Inanspruchnahme der Rente zu erwarten haben, erhalten für je 0,3 v.H. Rentenminderung eine Abfindung in Höhe von 5 v.H. der Vergütung (§ 26 BAT/BAT-O/BAT-Ostdeutsche Sparkassen) und der in Monatsbeträgen festgelegten Zulagen bzw. des Monatsregellohnes (§ 21 Abs. 4 MTArb/MTArb-O) ggf. zuzüglich des Sozialzuschlags bzw. des Monatsgrundlohnes (§ 67 Nr. 26 b BMT-G/BMT-G-O) und der ständigen Lohnzuschläge, die bzw. der dem Arbeitnehmer im letzten Monat vor dem Ende des Altersteilzeitarbeitsverhältnisses zugestanden hätte, wenn er mit der regelmäßigen wöchentlichen Arbeitszeit beschäftigt gewesen wäre. Die Abfindung wird zum Ende des Altersteilzeitarbeitsverhältnisses gezahlt.

Protokollerklärung zu Absatz 2:

Beim Blockmodell können in der Freistellungsphase die in die Bemessungsgrundlage nach Absatz 2 eingehenden, nicht regelmäßig zustehenden Bezügebestandteile (z.B. Erschwerniszuschläge) mit dem für die Arbeitsphase errechneten Durchschnittsbetrag angesetzt werden; dabei werden Krankheits- und Urlaubszeiten nicht berücksichtigt. Allgemeine Bezügeerhöhungen sind zu berücksichtigen, soweit die zugrunde liegenden Bezügebestandteile ebenfalls an allgemeinen Bezügeerhöhungen teilnehmen.

Die Aufstockungsleistungen setzen sich aus zwei Beträgen zusammen, nämlich aus dem Aufstockungsbetrag b nach § 5 Abs. 1 TV ATZ und dem Aufstockungsbetrag c nach § 5 Abs. 2 TV ATZ.

Erläuterungen TV ATZ

1. Aufstockungsbetrag (§ 5 Abs. 1) b:

./. steuerfreie Bezügebestandteile
Mehrarbeit/Überstunden
Bereitschaftsdienste
Arbeitsbereitschaften
hiervon 20%.

Der sich aus § 4 ergebende Betrag wird **um 20%** dieser Bruttobezüge des Arbeitnehmers **aufgestockt.** Unberücksichtigt bleiben bei der Berechnung der 20% steuerfreie Bezügebestandteile, Vergütung für Mehrarbeit oder Überstunden, Bereitschaftsdienste und Rufbereitschaft. Diese steuerfreien Bezügebestandteile sowie Vergütung für Mehrarbeit und Überstunden sowie Bereitschaftsdienste und Rufbereitschaften müssen unberücksichtigt bleiben, weil diese Bezüge ja tatsächlich geleistete Arbeit betreffen, die in der Arbeitsphase anfallen und außerhalb des gesetzlich als auch tariflich geregelten Aufstockungsbetrages liegen. Es kann also der Fall eintreten, daß das Teilzeitbruttoarbeitsentgelt, das dem Arbeitnehmer tatsächlich während der Arbeitsphase in der Altersteilzeit zusteht, ein anderes ist, als das Teilzeitbruttoarbeitsentgelt, nach dem der 20%ige Aufstockungsbetrag errechnet wird.

2. Aufstockungsbetrag c (§ 5 Abs. 2):

Differenzbetrag von Nettobetrag aus a + b zu z = 83% Mindestnettobetragsverordnung...

Da der Arbeitnehmer mindestens **83%** nach der **Mindestnettobetragsverordnung** erhalten soll, und die Summe der Nettovergütung aus a plus dem Aufstockungsbetrag b dies nicht erreicht, muß meist dieser Betrag nochmals aufgestockt werden. Man geht, um die 83% nach der Mindestnettobetragsverordnung zu ermitteln, von dem zustehenden Vollzeitbruttoarbeitsentgelt aus, nämlich dem Entgelt, das dem Arbeitnehmer zustehen würde, wenn er seine Arbeitszeit nicht reduziert hätte. Hierbei ist der Bruttovergütung zuzurechnen die Vergütung für Bereitschaftsdienst und Rufbereitschaft und auch Überstundenpauschalen, wenn diese mindestens zwei Jahre vor Beginn der Altersteilzeit gewährt worden sind. Der sich aus Buchst. a) ergebende Nettobetrag + der 20%ige Aufstockungsbetrag aus dem Altersteilzeitbrutto b) + dem weiteren Aufstockungsbetrag c) zu 83% ist also das, was dem Arbeitnehmer während der Dauer der Altersteilzeitarbeit zusteht. Diesen Betrag erhält der Arbeitnehmer mindestens, sowohl in der Arbeitsphase als auch in der Freistellungsphase.

Bei der Berechnung des individuellen Nettobetrages der sich aus § 4 Tarifvertrag Altersteilzeitgesetz ergibt, sind die **individuellen Steuermerkmale der**

Erläuterungen TV ATZ

Lohnsteuerkarte zugrunde zu legen. Auch evtl. vorhandene Freibeträge auf der Lohnsteuerkarte sind zu berücksichtigen, so daß sich im Einzelfall ein unterschiedlicher Aufstockungsbetrag ergeben kann. Da die Tarifvertragsparteien festgelegt haben, daß dem Arbeitnehmer 83% nach der Mindestnettobetragsverordnung zustehen soll, was er ohne Reduzierung der Arbeitszeit erzielt hätte, wird auch über das Altersteilzeitgesetz hinaus das Arbeitsentgelt berücksichtigt, das die monatliche Beitragsbemessungsgrenze der gesetzlichen Rentenversicherung von derzeit 8400 DM überschreitet.

Bei dem zu ermittelnden fiktiven Bruttobetrag zur Ermittlung des Mindestnettobetrages sind steuerfreie Bezügebestandteile auszuklammern, wenn sie kein beitragspflichtiges Entgelt, wie oben dargestellt, enthalten.

Der Aufstockungsbetrag, der sich aus den oben genannten Summen nach Buchst. b) und Buchst. c) ergibt, ist steuer- und sozialversicherungsfrei. Diese Steuer- und Sozialversicherungsfreiheit besteht auch unabhängig davon, ob die Bundesanstalt für Arbeit diesen Betrag erstattet oder nicht.

Die Aufstockungsbeiträge sind auf der Lohnsteuerkarte als sonstige Bezüge einzutragen und werden von der Finanzverwaltung bei der Einkommensteuererklärung entsprechend berücksichtigt. Hierbei kann es u.U. zu Steuernachforderungen kommen, wenn der Arbeitnehmer durch einen entsprechend hohen Aufstockungsbetrag in eine andere Progressionsstufe der Steuer kommt.

Während der Altersteilzeit trägt der Arbeitgeber die entsprechenden Sozialversicherungsbeiträge, d.h. die normalen Arbeitgeberanteile für die hälftige Beschäftigung und zahlt, dies ist Voraussetzung nach dem Altersteilzeitgesetz, die Rentenbeiträge bis zu 90% des fiktiven Bruttoarbeitsentgeltes.

Die ZVK- bzw. VBL-Umlage wird nur von dem hälftigen Bruttoarbeitsentgelt entrichtet, nicht von dem Aufstockungsbetrag.

Die geplante ergänzende tarifliche Änderung hat zur Folge, daß zumindest im Rahmen des § 5 Abs. 4 TV ATZ die Leistungen zur Altersversorgung ebenfalls berücksichtigt werden. Grund hierfür ist, daß die Sozialversicherungsträger und die Bundesanstalt für Arbeit den Standpunkt vertreten, daß bei der Berechnung auch der Betrag, der nach der Arbeitsentgeltverordnung für Leistungen zur Altersversorgung gezahlt wird, berücksichtigt wird. Zwar dürfte aufgrund der tarifvertraglichen Regelungen keine Berücksichtigung der für die Altersversorgung der Arbeitnehmer gemäß der Arbeitsentgeltverordnung gezahlten Beiträge erfolgen, andererseits würde die seitens der Arbeitgber vertretene Auffassung dazu führen, daß die Arbeitgeber nicht den vom Tarifvertrag ATZ geforderten zusätzlichen Rentenbetrag in der gesetzlichen Höhe erbringen würden.

Erläuterungen TV ATZ

Um nachteilige Konsequenzen für den Arbeitnehmer zu verhindern, ist daher geplant, auch diese Leistungen entsprechend zu berücksichtigen.

Berechnungsbeispiel (Blockmodell)   Normalfall

persönliche Daten:
Steuerklasse IV (verheiratet, keine Kinder, ev. Verg.Gr. Vc Stufe 9 VKA)

		Arbeitsphase				Freistellungsphase
			Aufstockungsbetrag			
		a +	b +	c		
Vollzeitentgelt (§ 26 BAT)	Vor Beginn ATZ	Bezüge Altersteilzeit (§ 34 BAT), § 5 Abs. 1				
Grundvergütung	3412,38 DM	1706,19 DM	1706,19 DM			unverändert
Ortszuschlag	999,83 DM	499,92 DM	499,92 DM			
allgem. Zulage	186,82 DM	93,41 DM	93,41 DM			
Verm. Leistungen	13,00 DM	6,50 DM	6,50 DM			
Summe Brutto:	4612,03 DM	2306,02 DM	2306,02 DM			
Summe sozialvers.pfl. Brutto + ZVK-Uml.		2337,51 DM	davon 20% § 5 Abs. 1			
individuelle Abzüge:						
Lohnsteuer			187,16 DM			
Solidaritätszuschlag			6,83 DM			
Kirchensteuer 9%			16,84 DM			
AN RV 10,15%			237,26 DM			
AN AL 3,25%			75,97 DM			
AN KV 6,95%			162,46 DM			
AN PV 0,85%			19,87 DM			
		1599,63 DM	461,20 DM	108,84 DM		
a + b		2060,83 DM				
Netto nach Mindestbeitragstabelle (RdSchr. 50/98) 83%		2169,67 DM				2169,67 DM
Netto ingesamt		2169,67 DM				

(ohne Gewähr)

Erläuterungen TV ATZ

Beachte:
Nach dem ermittelten Vollzeitbrutto ergibt sich ein Mindestnettoentgelt von 2169,67 DM (83%).
Dies setzt sich aus dem individuellen Netto, dem 20%igen Aufstockungsbetrag b) und dem Zusatzaufstockungsbetrag c) zusammen.

In der Freistellungsphase bleibt alles unverändert.

Erläuterungen TV ATZ

Berechnungsbeispiel (Blockmodell)   Steuerfreibetrag

persönliche Daten:
Steuerklasse IV (verheiratet, keine Kinder, ev. Verg.Gr. Vc Stufe 9 VKA)

		Arbeitsphase			Freistellungs-phase
			Aufstockungsbetrag		
		a	+ b	+ c	
Vollzeitentgelt (§ 26 BAT)	Vor Beginn ATZ	Bezüge Altersteilzeit (§ 34 BAT), § 5 Abs. 1			
Grundvergütung	3412,38 DM	1706,19 DM	1706,19 DM		unverändert
Ortszuschlag	999,83 DM	499,92 DM	499,92 DM		
allgem. Zulage	186,82 DM	93,41 DM	93,41 DM		
Verm. Leistungen	13,00 DM	6,50 DM	6,50 DM		
Summe Brutto:	4612,03 DM	2306,02 DM	2306,02 DM		
Summe sozialvers.pfl. Brutto + ZVK-Uml.		2337,51 DM	davon 20% § 5 Abs. 1		
individuelle Abzüge:					
Lohnsteuer Steuerfrb. 30.000 DM		—,— DM			
Solidaritätszuschlag		—,— DM			
Kirchensteuer 9%		—,— DM			
AN RV 10,15%		237,26 DM			
AN AL 3,25%		75,97 DM			
AN KV 6,95%		162,46 DM			
AN PV 0,85%		19,87 DM			
		1810,46 DM	461,20 DM		
a + b		2271,66 DM			
Netto nach Mindest-beitragstabelle (RdSchr. 50/98) 83%		2169,67 DM			
Netto ingesamt		2271,66 DM			2271,66 DM unverändert, wenn Freibetrag bleibt

(ohne Gewähr)

Beachte:

Es liegt ein Steuerfreibetrag vor.
Dieser wird bei der Ermittlung des individuellen Nettos berücksichtigt, so daß sich dieses im Gegensatz zum »Normalfall« erhöht. Der 20%ige Aufstockungsbetrag errechnet sich aus dem Teilzeitbrutto. Durch das höhere individuelle Netto ist es möglich, daß das tatsächliche Netto höher ist, als das Mindestnettoentgelt, das sich nach dem Vollzeitbrutto aus der Mindestnettobetragstabelle (83%) ergibt.

Es wird keine fiktive Nettolohnberechnung ohne Berücksichtigung des Steuerfreibetrages vorgenommen.

In der Freistellungsphase bleibt alles unverändert, sofern der Steuerfreibetrag sich nicht ändert. Andernfalls müßte neu berechnet werden.

Erläuterungen TV ATZ

Berechnungsbeispiel (Blockmodell)   Überstundenpauschale

persönliche Daten:
Steuerklasse IV (verheiratet, keine Kinder, ev. Verg.Gr. Vc Stufe 9 VKA)

		Arbeitsphase				Freistellungs-phase
			Aufstockungsbetrag			
		a	+	b	+ c	
Vollzeitentgelt (§ 26 BAT)	Vor Beginn ATZ	Bezüge Altersteilzeit (§ 34 BAT), § 5 Abs. 1				
Grundvergütung	3412,38 DM	1706,19 DM		1706,19 DM		a =
Ortszuschlag	999,83 DM	499,92 DM		499,92 DM		a./. 200,– DM
allgem. Zulage	186,82 DM	93,41 DM		93,41 DM		Überstunden-
Verm. Leistungen	13,00 DM	6,50 DM		6,50 DM		pauschale
Überstunden-pauschale		200,00 DM		200,00 DM		
Summe Brutto:	4812,03 DM	2506,02 DM		2306,02 DM		2306,02 DM + 20%
						1599,63 DM netto
Summe sozialvers.pfl. Brutto + ZVK-Uml.		2337,51 DM		davon 20% § 5 Abs. 1		
individuelle Abzüge:						
Lohnsteuer		240,66 DM				2239,44 DM ./.1599,33 DM
Solidaritätszuschlag		13,23 DM				./. 461,20 DM
Kirchensteuer 9%		21,65 DM				
AN RV 10,15%		258,06 DM				
AN AL 3,25%		82,63 DM				
AN KV 6,95%		176,70 DM				
AN KV 0,85%		21,61 DM				
		1691,48 DM		461,20 DM	+ 86,76 DM	
a + b		2152,68 DM				
Netto nach Mindest-beitragstabelle (RdSchr. 50/98) 83%		2239,44 DM				
Netto ingesamt		2239,44 DM				2239,44 DM

(ohne Gewähr)

Erläuterungen TV ATZ

Beachte:

Die Überstundenpauschale wird in der Arbeitsphase voll und nicht nur anteilig gezahlt. Die Überstundenpauschale wird, für die Ermittlung des Vollzeitbruttos, diesem zugeschlagen, so daß sich aus der Mindestnettobetragstabelle ein höherer Betrag ergibt. Ebenfalls wird sie bei der Berechnung des individuellen Nettos berücksichtigt. Der 20%ige Aufstockungsbetrag b) errechnet sich aus dem Teilzeitbrutto ohne Überstundenpauschale. Das Netto insgesamt ergibt sich aus dem individuellen Netto, dem 20%igen Aufstockungsbetrag und dem Zusatzaufstockungsbetrag.

In der Freistellungsphase ist der Zusatzaufstockungsbetrag c) höher, da bei der Berechnung des individuellen Nettos die Überstundenpauschale unberücksichtigt bleibt.

Erläuterungen TV ATZ

Berechnungsbeispiel (Blockmodell) Zuwendung

persönliche Daten:
Steuerklasse IV (verheiratet, keine Kinder, ev. Verg.Gr. Vc Stufe 9 VKA)

		Arbeitsphase			Freistellungsphase
			Aufstockungsbetrag		
		a	+ b	+ c	
Vollzeitentgelt (§ 26 BAT)	Vor Beginn ATZ	Bezüge Altersteilzeit (§ 34 BAT), § 5 Abs. 1			
Grundvergütung	3412,38 DM	1706,19 DM	1706,19 DM		
Ortszuschlag	999,83 DM	499,92 DM	499,92 DM		
allgem. Zulage	186,82 DM	93,41 DM	93,41 DM		
Verm. Leistungen	13,00 DM	6,50 DM	6,50 DM		
einmalige Zuwendung (ATZ ab 01.10.)	4261,05 DM	4261,05 DM			
Summe Brutto:	8873,08 DM	6567,07 DM	6567,07 DM		
Summe sozialvers.pfl. Brutto + ZVK-Uml.		6825,31 DM	davon 20% § 5 Abs. 1		
individuelle Abzüge:					
Lohnsteuer		1593,41 DM			
Solidaritätszuschlag		87,63 DM			
Kirchensteuer 9%		143,40 DM			
AN RV 10,15%		692,77 DM			
AN AL 3,25%		221,82 DM			
AN KV 6,95%		474,36 DM			
AN KV 0,85%		58,02 DM			
		3295,66 DM	1313,41 DM		
a + b		4609,07 DM			
Netto nach Mindestbeitragstabelle (RdSchr. 50/98) 83%		3595,00 DM			
Netto ingesamt		4609,07 DM			

(ohne Gewähr)

Erläuterungen TV ATZ

Beachte:

Nach dem TV-Zuwendung ist die Bemessungsgrundlage der Monat September. Da die Altersteilzeitarbeit erst am 1. Oktober begonnen hat, steht dem Arbeitnehmer die Zuwendung ungekürzt zu.

Erläuterungen TV ATZ

Berechnungsbeispiel (Blockmodell)   Überstunden/Mehrarbeit

persönliche Daten:
Steuerklasse IV (verheiratet, keine Kinder, ev. Verg.Gr. Vc Stufe 9 VKA)

		Arbeitsphase			Freistellungsphase
			Aufstockungsbetrag		
		a +	b +	c	
Vollzeitentgelt (§ 26 BAT)	Vor Beginn ATZ	Bezüge Altersteilzeit (§ 34 BAT), § 5 Abs. 1			
Grundvergütung	3412,38 DM	1706,19 DM	1706,19 DM		
Ortszuschlag	999,83 DM	499,92 DM	499,92 DM		
allgem. Zulage	186,82 DM	93,41 DM	93,41 DM		
Verm. Leistungen	13,00 DM	6,50 DM	6,50 DM		
Überstunden Mehrarbeit		200,00 DM			
Zeitzuschläge steuerfrei		100,00 DM			
Summe Brutto:	4612,03 DM	2506,02 DM	2306,02 DM		
Summe sozialvers.pfl. Brutto + ZVK-Uml.		2542,51 DM	davon 20% § 5 Abs. 1		
				fiktives Netto 1599,63 DM	
individuelle Abzüge:					
Lohnsteuer		240,66 DM			
Solidaritätszuschlag		13,23 DM			
Kirchensteuer 9%		21,65 DM			
AN RV 10,15%		258,06 DM			
AN AL 3,25%		82,63 DM			
AN KV 6,95%		176,70 DM			
AN KV 0,85%		21,61 DM			
		1691,48 DM	461,20 DM	108,84 DM	
a + b		2152,68 DM			
Netto nach Mindestbeitragstabelle (RdSchr. 50/98) 83%		2169,67 DM			
steuerfreie und sozialversicherungsfreie Bezüge		100,00 DM			
Netto ingesamt		2361,52 DM			2169,67 DM

(ohne Gewähr)

Erläuterungen TV ATZ

Beachte:

Die Überstunden/Mehrarbeit werden spitz abgerechnet und kommen nur in der Arbeitsphase (tatsächlich angefallen) bei der Berechnung des individuellen Netto zum Tragen. Für den Blick in die Mindestnettobetragstabelle ist das Vollzeitbrutto ohne »Zusätze« relevant. Der 20%ige Aufstockungsbetrag errechnet sich von dem Teilzeitbrutto ebenfalls ohne »Zusätze«.

Für die Berechnung des Zusatzaufstockungsbetrages c) muß eine fiktive Nettoberechnung ohne »Zusätze« erstellt werden. Das insgesamte Netto setzt sich aus dem individuellen Netto a), dem 20%igen Aufstockungsbetrag b), dem Zusatzaufstockungsbetrag bis 83% c) und den steuerfreien Bezügen zusammen.

In der Freistellungsphase fallen Überstunden/Mehrarbeit und Zeitzuschläge weg, da sie nicht mehr tatsächlich geleistet werden.

§ 6 Nebentätigkeit

Der Arbeitnehmer darf während des Altersteilzeitarbeitsverhältnisses keine Beschäftigungen oder selbständigen Tätigkeiten ausüben, die die Geringfügigkeitsgrenze des § 8 SGB IV überschreiten, es sei denn, diese Beschäftigungen oder selbständigen Tätigkeiten sind bereits innerhalb der letzten fünf Jahre vor Beginn des Altersteilzeitarbeitsverhältnisses ständig ausgeübt worden. Bestehende tarifliche Regelungen über Nebentätigkeiten bleiben unberührt.

Nebentätigkeit

- kein Überschreiten der Geringfügigkeitsgrenze gleichgültig ob selbständig oder angestellt.

Aber gilt nicht, wenn in den letzten 5 Jahren diese Beschäftigung ständig ausgeübt worden ist.

Eine **Nebentätigkeit** ist nur erlaubt, wenn sie die **Geringfügigkeitsgrenze** des § 8 SGB IV **nicht überschreitet**. Dies gilt sowohl für eine angestellte, unselbständige als auch für eine selbständige Tätigkeit, es sei denn, daß der Arbeitnehmer diese Tätigkeit bereits in den letzten fünf Jahren vor Beginn der Altersteilzeit ausgeübt hat. Ein Verstoß gegen die Nebentätigkeitsbestimmung führt zu einem Ruhen der Aufstockungsleistungen. Bei einer Förderung durch die Bundesanstalt für Arbeit ruhen ebenfalls die Förderleistungen.

Erläuterungen TV ATZ

§ 7 Urlaub

Für den Arbeitnehmer, der im Rahmen der Altersteilzeit im Blockmodell (§ 3 Abs. 2) beschäftigt wird, besteht kein Urlaubsanspruch für die Zeit der Freistellung von der Arbeit. Im Kalenderjahr des Übergangs von der Beschäftigung zur Freistellung hat der Arbeitnehmer für jeden vollen Beschäftigungsmonat Anspruch auf ein Zwölftel des Jahresurlaubs.

Teilzeitmodell	
tariflicher Urlaubsanspruch	
Blockmodell	
Arbeisphase	Freistellungsphase
→ tariflicher Urlaubsanspruch	→ kein Urlaubsanspruch
Urlaubsanspruch 30 Tage, 6 Monate gearbeitet, 15 Tage Urlaubsanspruch	

Auch der Arbeitnehmer, der Altersteilzeit in Anspruch nimmt, hat Anspruch auf seinen tariflich zustehenden Urlaub. Wählt er das Blockmodell, hat er in der Arbeitsphase den entsprechenden tariflichen Anspruch. In der Freizeitphase hat er keinen zusätzlichen Urlaubsanspruch. Ein Arbeitnehmer, der das Teilzeitmodell gewählt hat, hat entsprechend seinen tariflichen Urlaubsanspruch. Findet im Kalenderjahr ein Wechsel von der Arbeitsphase zur Freistellungsphase statt, so wird der Urlaub entsprechend den gearbeiteten Monaten gezwölftelt.

§ 8 Nichtbestehen bzw. Ruhen der Aufstockungsleistungen

Der Anspruch auf die Aufstockungsleistungen (§ 5) besteht nicht, solange die Voraussetzungen des § 10 Abs. 2 des Altersteilzeitgesetzes vorliegen. Er ruht während der Zeit, in der der Arbeitnehmer eine unzulässige Beschäftigung oder selbständige Tätigkeit im Sinne des § 6 ausübt oder über die Altersteilzeitarbeit hinaus Mehrarbeit und Überstunden leistet, die den Umfang der Geringfügigkeitsgrenze des § 8 SGB IV überschreiten. Hat der Anspruch auf die Aufstockungsleistungen mindestens 150 Tage geruht, erlischt er; mehrere Ruhenszeiträume werden zusammengerechnet.

Erläuterungen TV ATZ

Seitens der Arbeitgeber beabsichtigte tarifliche Änderung:

»§ 8 Nichtbestehen bzw. Ruhen der Aufstockungsleistungen

(1) In den Fällen krankheitsbedingter Arbeitsunfähigkeit besteht der Anspruch auf die Aufstockungsleistungen (§ 5) längstens für die Dauer der Entgeltfortzahlung (z.B. § 37 Abs. 2 BAT/BAT-O), der Anspruch auf die Aufstockungsleistungen nach § 5 Abs. 1 und 2 darüber hinaus längstens bis zum Ablauf der Fristen für die Zahlung von Krankenbezügen (Entgeltfortzahlung und Krankengeldzuschuß). Für die Zeit nach Ablauf der Entgeltfortzahlung wird der Aufstockungsbetrag in Höhe des kalendertäglichen Durchschnitts des nach § 5 Abs. 1 und 2 in den letzten drei abgerechneten Kalendermonaten maßgebenden Aufstockungsbetrages gezahlt.

Im Falle des Bezugs von Krankengeld, Versorgungskrankengeld, Verletztengeld oder Übergangsgeld (§§ 44 ff. SGB V, §§ 16 ff. BVG, §§ 45 ff. SGB VII) tritt der Arbeitnehmer für den nach Unterabsatz 1 maßgebenden Zeitraum seine gegen die Bundesanstalt für Arbeit bestehenden Ansprüche auf Altersteilzeitleistungen (§ 10 Abs. 2 des Altersteilzeitgesetzes) an den Arbeitgeber ab.

(2) Ist der Arbeitnehmer, der die Altersteilzeitarbeit im Blockmodell ableistet, während der Arbeitsphase über den Zeitraum der Entgeltfortzahlung (z.B. § 37 Abs. 2 BAT/BAT-O) hinaus arbeitsunfähig erkrankt, verlängert sich die Arbeitsphase um die Hälfte des den Entgeltfortzahlungszeitraum übersteigenden Zeitraums der Arbeitsunfähigkeit; in dem gleichen Umfang verkürzt sich die Freistellungsphase.

(3) Der Anspruch auf die Aufstockungsleistungen ruht während der Zeit, in der der Arbeitnehmer eine unzulässige Beschäftigung oder selbständige Tätigkeit im Sinne des § 6 ausübt oder über die Altersteilzeitarbeit hinaus Mehrarbeit und Überstunden leistet, die den Umfang der Geringfügigkeitsgrenze des § 8 SGB IV überschreiten. Hat der Anspruch auf die Aufstockungsleistungen mindestens 150 Tage geruht, erlischt er; mehrere Ruhenszeiträume werden zusammengerechnet.«

Krankheit

Während der Dauer der Krankenbezugsfristen werden die Krankenbezüge, d.h. Urlaubsvergütung/Urlaubslohn gezahlt.

Langandauernde Krankheit während der Arbeitsphase im Blockmodell bzw. im Teilzeitmodell

Erläuterungen TV ATZ

- Ablauf der Krankenbezugsfrist nach § 71 BAT, § 42 MTArb, § 34 BMT-G
- Anspruch auf Krankengeld
nur in Höhe des sozialversicherungspflichtigen Brutto aus der Summe a)
- keine Aufstockung
Nachteile bei der Rente wegen Altersteilzeit

§ 8 TV ATZ bestimmt, daß, wenn die Voraussetzungen des § 10 Abs. 2 ATZ-G vorliegen, der Arbeitgeber keine Aufstockungsbeträge mehr zahlt und auch die Rentenaufstockungsbeiträge nicht mehr an die Rentenversicherungsträger entrichtet werden.

Nach § 10 Abs. 2 ATZ-G erhält ein Arbeitnehmer, der Krankengeld bezieht, die Aufstockungsbeträge nach dem Altersteilzeitgesetz (20%) von der Arbeitsverwaltung. Die Arbeitsverwaltung übernimmt in diesem Fall auch die entsprechenden Rentenaufstockungsbeiträge. Dies ist jedoch nur dann der Fall, wenn die Altersteilzeit durch die Bundesanstalt für Arbeit gefördert wird.

Nach dem TV ATZ ruhen auch bei einem nicht geförderten Arbeitnehmer die Zahlung des Aufstockungsbetrages und der Rentenaufstockungsbeiträge. Wenn ein Arbeitnehmer **Krankengeld** erhält, **ohne** daß ein **Anspruch auf Förderleistung** gegenüber dem Arbeitsamt besteht, **ruht** die Zahlung des **Aufstockungsbetrags** als auch des Rentenbeitrages. Nach Ablauf der Krankenbezugsfristen hat der Arbeitnehmer nur noch Anspruch auf das Krankengeld seiner Krankenkasse. Die Höhe des Krankengeldes richtet sich nur nach dem tatsächlich erarbeiteten Bruttoarbeitsentgelt (d.h. 50%), ggf. erhöht um den Krankengeldzuschuß des Arbeitgebers. Da während der Dauer des Krankengeldbezuges keine Aufstockungsbeiträge in die Rentenversicherung gezahlt werden, **zählen diese Monate nicht als Monate Altersteilzeit in der Rentenversicherung.** Es kann somit der Fall eintreten, daß, wenn der Arbeitnehmer nur die gesetzlich vorgesehene Mindestzeit für die Inanspruchnahme einer Rente wegen Altersteilzeit von 24 Monaten ableistet, in diesem Zeitraum längerfristig krank wird und somit Monate für die Rente Altersteilzeit fehlen, er nach dem Vertragsende wegen fehlender Monate zu den gesetzlich vorgeschriebenen 24 Monaten keine Rente wegen Altersteilzeit beanspruchen kann. Das Bestehen eines Altersteilzeitarbeitsverhältnisses genügt nicht für den Rentenanspruch. Es ist erforderlich, daß die Aufstockungsbeiträge gezahlt werden.

Allerdings steht die freiwillige Weiterzahlung der Aufstockungsleistungen und der zusätzlichen Rentenversicherungsbeiträge durch den Arbeitgeber während der Arbeitsunfähigkeit der Zahlung durch die Bundesanstalt für Arbeit gleich.

Durch die beabsichtigte Neufassung des § 8 soll verhindert werden, daß der Arbeitnehmer im Falle einer längeren Erkrankung in ein finanzielles Loch fällt. Daher ist geplant, daß Aufstockungsleistungen nach § 5 Abs. 1 und Abs. 2 TV ATZ auch für die Zeiten vom Arbeitgeber erbracht werden, für die ein Anspruch des Arbeitnehmers auf Krankengeldzuschuß besteht. Durch die beabsichtigte Regelung der automatischen Nacharbeitsklausel soll verhindert werden, daß wie oben dargelegt, kein Wertguthaben im Sozialversicherungssinne während einer lang andauernden Krankheit aufgebaut worden ist. Mit der beabsichtigten geänderten Formulierung soll nun sichergestellt werden, daß das fehlende Wertguthaben des Arbeitnehmers mit Nacharbeit aufbaubar ist.

§ 9 Ende des Arbeitsverhältnisses

(1) Das Arbeitsverhältnis endet zu dem in der Altersteilzeitvereinbarung festgelegten Zeitpunkt.

(2) Das Arbeitsverhältnis endet unbeschadet der sonstigen tariflichen Beendigungstatbestände (z.b. §§ 53 bis 60 BAT/BAT-O)

a) mit Ablauf des Kalendermonats vor dem Kalendermonat, für den der Arbeitnehmer eine Rente wegen Alters, oder, wenn er von der Versicherungspflicht in der gesetzlichen Rentenversicherung befreit ist, eine vergleichbare Leistung einer Versicherungs- oder Versorgungseinrichtung oder eines Versicherungsunternehmens beanspruchen kann; dies gilt nicht für Renten, die vor dem für den Versicherten maßgebenden Rentenalter in Anspruch genommen werden können oder

b) mit Beginn des Kalendermonats, für den der Arbeitnehmer eine Rente wegen Alters, eine Knappschaftsausgleichsleistung, eine ähnliche Leistung öffentlich-rechtlicher Art oder, wenn er von der Versicherungspflicht in der gesetzlichen Rentenversicherung befreit ist, eine vergleichbare Leistung einer Versicherungs- oder Versorgungseinrichtung oder eines Versicherungsunternehmens bezieht.

(3) Endet bei einem Arbeitnehmer, der im Rahmen der Altersteilzeit nach dem Blockmodell (§ 3 Abs. 2) beschäftigt wird, das Arbeitsverhältnis vorzeitig, hat er Anspruch auf eine etwaige Differenz zwischen den nach den §§ 4 und 5 erhaltenen Bezügen und Aufstockungsleistungen und den Bezügen für den Zeitraum seiner tatsächlichen Beschäftigung, die er ohne Eintritt in die Altersteilzeit erzielt hätte. Bei Tod des Arbeitnehmers steht dieser Anspruch seinen Erben zu.

Erläuterungen TV ATZ

Seitens der Arbeitgeber beabsichtigte tarifliche Änderung:
»Protokollerklärung zu Absatz 2 Buchst. a:

Das Arbeitsverhältnis einer Arbeitnehmerin endet nicht, solange die Inanspruchnahme einer Leistung im Sinne des Absatzes 2 Buchst. a zum Ruhen der Versorgungsrente nach § 41 Abs. 7 VersTV-G, § 65 Abs. 7 VBL-Satzung führen würde.«

Ende des Altersteilzeitarbeitsverhältnisses

- Vertraglich vereinbarter Beendigungszeitpunkt
- Möglichkeit des Bezuges einer Rente wegen Alters
  - Altersrente für langjährig Versicherte
  - Altersrente für Schwerbehinderte, Berufsunfähige oder Erwerbsunfähige
  - Altersrente wegen Altersteilzeit oder Arbeitslosigkeit
  - Altersrente für Frauen
- Tatsächlicher Rentenbezug

Nach dem Tarifvertrag endet das Arbeitsverhältnis nach dem in der Altersteilzeitvereinbarung festgelegten Zeitpunkt.

Unabhängig hiervon endet das Arbeitsverhältnis nach § 9 Abs. 2 Buchst. a TV ATZ mit Ablauf des Kalendermonats, für den der Arbeitnehmer eine Rente wegen Alters oder eine vergleichbare Leistung beanspruchen kann bzw. nach § 9 Abs. 2 Buchst. b TV ATZ mit Beginn des Kalendermonats, für den der Arbeitnehmer eine Rente wegen Alters oder eine ähnliche Leistung tatsächlich bezieht.

Folgende Renten sind denkbar:

- die Regelaltersrente nach § 35 SGB V,
- die Altersrente für langjährig Versicherte,
- die Altersrente für Schwerbehinderte, Berufsunfähige oder Erwerbsunfähige,
- die Altersrente wegen Arbeitslosigkeit oder nach Altersteilzeitarbeit sowie
- die Altersrente für Frauen.

Dieser Zeitpunkt des Rentenbeginns ist im Einzelfall der frühestmögliche Zeitpunkt und damit **automatische Beendigung des Altersteilzeitarbeitsverhält-**

nisses, zu dem eine gesetzliche **Altersrente ohne Abschläge** in Anspruch genommen werden kann und somit der Monat, zu dem das Arbeitsverhältnis in Form des Altersteilzeitarbeitsverhältnisses automatisch endet. Keine Rolle spielt die Frage, ob die Zusatzversorgungsrente schon in vollem Umfang gezahlt wird.

Möglich ist auch, vertraglich einen früheren Zeitpunkt zu vereinbaren, sofern vom Arbeitnehmer ein früheres Ausscheiden unter Inkaufnahme von Rentenabschlägen bei der Zahlung einer Abfindung nach § 5 Abs. 7 TV ATZ in Kauf genommen wird.

Bei einem Arbeitnehmer, der während der Altersteilzeit schwerbehindert wird und möglicherweise vor Ablauf des vertraglich vereinbarten Zeitpunktes bereits die Altersrente für Schwerbehinderte umgehend in Anspruch nehmen kann, endet das Altersteilzeitarbeitsverhältnis zu diesem Zeitpunkt des **möglichen Rentenbeginns** unabhängig von dem vertraglich vereinbarten Zeitpunkt.

Vorzeitige Beendigung des Altersteilzeitarbeitsverhältnisses

Für den Fall, daß das Altersteilzeitarbeitsverhältnis aus irgendwelchen Gründen vorzeitig beendet ist, z.b. Tod des Arbeitnehmers, haben die Tarifvertragsparteien eine Regelung dahingehend getroffen, daß im Falle der vorzeitigen Beendigung des Altersteilzeitarbeitsverhältnisses die dem Arbeitnehmer aufgrund im Falle des Blockzeitmodells geleistete Vergütung für die tatsächlich geleistete Arbeit erhalten bleibt. In diesem Fall wird eine Nachberechnung dergestalt vorgenommen, daß für die in der Arbeitsphase geleisteten Stunden Arbeitszeit entsprechend das Vollzeitarbeitsbrutto berechnet wird, hiervon die erhaltene Altersteilzeitvergütung abgezogen und der Restbetrag dem Arbeitnehmer bzw. seinen Erben ausgezahlt wird. Dieser Betrag ist lohnsteuer- und sozialversicherungspflichtig, denn es handelt sich um Arbeitsentgelt im Sinne der Steuer- und Sozialversicherungsgesetze.

§ 10 Mitwirkungspflicht

(1) Der Arbeitnehmer hat Änderungen der ihn betreffenden Verhältnisse, die für den Anspruch auf Aufstockungsleistungen erheblich sind, dem Arbeitgeber unverzüglich mitzuteilen.

(2) Der Arbeitnehmer hat dem Arbeitgeber zu Unrecht gezahlte Leistungen, die die im Altersteilzeitgesetz vorgesehenen Leistungen übersteigen, zu erstatten, wenn er die unrechtmäßige Zahlung dadurch bewirkt hat, daß er Mitwirkungspflichten nach Absatz 1 verletzt hat.

Erläuterungen TV ATZ

Diese Regelung entspricht der entsprechenden Regelung im Altersteilzeitgesetz.

§ 11 Inkrafttreten, Geltungsdauer
Dieser Tarifvertrag tritt mit Wirkung vom 1. Mai 1998 in Kraft. Vor dem 26. Juni 1997 abgeschlossene Vereinbarungen über den Eintritt in ein Altersteilzeitarbeitsverhältnis bleiben unberührt.

Für die nach dem 26. Juni 1997 abgeschlossenen Altersteilzeitarbeitsvereinbarungen gelten ab 1.5.1998 die tarifvertraglichen Vorschriften.

Teil 4
Förderung durch das Arbeitsamt

Bekanntermaßen wird die Altersteilzeitarbeit durch das Arbeitsamt gefördert. Die näheren Einzelheiten sind bei den jeweiligen Arbeitsverwaltungen zu erfragen. Nachfolgend eine kurze Zusammenfassung der Fördervoraussetzungen:

a) Aufstockung des Arbeitsentgelts

> Der Arbeitgeber muß das Arbeitsentgelt der Altersteilzeitarbeit um 20% des Bruttoteilzeitentgelts, mindestens jedoch auf 70% (gesetzliche Regelung) des pauschalierten Nettovollzeitarbeitsentgelt (sog. Mindestnettobetrag) aufstocken.
>
> Seitens der Arbeitsverwaltung wird nur im Rahmen des Altersteilzeitgesetzes gefördert, d.h. Aufstockungsbeträge zu 70% des pauschalierten Nettovollzeitarbeitsentgelts nach der Mindestnettobetragsverordnung.

b) Aufstockungsbeiträge zur Rentenversicherung

> Der Arbeitgeber muß für den Altersteilzeiter zusätzliche Beiträge für den Unterschiedsbetrag zwischen dem tatsächlich erzielten Bruttoteilzeitarbeitsentgelt und 90% des Bruttovollzeitarbeitsentgelts entrichten. Das Bruttovollzeitarbeitsentgelt ist durch die Beitragsbemessungsgrenze (8400 DM alte Bundesländer) begrenzt.
>
> Die Arbeitsverwaltung erstattet den entsprechenden Unterschiedsbetrag zur Rentenversicherung.

c) Voraussetzung

> Voraussetzung für die Förderung ist, daß für den Altersteilzeiter ein Arbeitsloser, arbeitslos Gemeldeter oder ein Auszubildender nach Abschluß der Ausbildung (Ausgebildeter) in ein sozialversicherungspflichtiges Arbeitsverhältnis eingestellt/übernommen werden muß.
>
> Für die Wiederbesetzung innerhalb von Kleinbetrieben, die i.d.R. nicht mehr als 20 Arbeitnehmer beschäftigen, reicht eine Beschäftigung eines Auszubildenden pro Altersteilzeitfall aus.
>
> Bei der Wiederbesetzung ist insbesondere sowohl auf die **sachliche Kausalität** als auch auf die **zeitliche Kausalität** zu achten. Die sachliche Kausalität bedeutet, daß der Arbeitslose, arbeitslos Gemeldete oder der Ausgebildete,

Förderung durch Arbeitsamt

den **Arbeitsplatz** des **Altersteilzeiters** oder den durch Umsetzung frei gewordenen Arbeitsplatz, der die direkte Kausalkette bilden muß, besetzt. Ist diese sachliche Kausalität nicht gegeben, gibt es keine Förderung durch die Arbeitsverwaltung. In den wesentlichen Funktionen muß also der freie Arbeitsplatz erhalten bleiben.

In der Praxis hat dies schon zu Schwierigkeiten geführt. Die zeitliche Kausalität betrifft den zeitlichen Rahmen, in dem eine Wiederbesetzung stattfinden muß. Es ist also nicht möglich, den Arbeitsplatz des Altersteilzeiters wegfallen zu lassen, und dafür an anderer Stelle einen neuen Arbeitsplatz zu schaffen. Eine solche Maßnahme wird seitens der Arbeitsverwaltung nicht gefördert.

Zu beachten ist auch, daß der eingestellte/übernommene Arbeitnehmer versicherungspflichtig i.S. der §§ 24 ff. SGB III beschäftigt werden muß (mindestens 15 Stunden wöchentlich).

Die Wiederbesetzung kann entweder 6 Monate zur Einarbeitung oder in begründeten Ausnahmefällen 12 Monate vorher oder grundsätzlich bis zu 3 Monaten nachher erfolgen.

Außerdem ist zu beachten, daß der Vorabentscheid der Arbeitsverwaltung über einen Altersteilzeiter, der im Blockzeitmodell arbeiten will, nur besagt, daß der Altersteilzeiter die Voraussetzungen des Altersteilzeitgesetzes, also in den letzten fünf Jahren vollbeschäftigt und Reduzierung auf die Hälfte der wöchentlichen tariflichen Arbeitszeit, erfüllt. Nichts darüber sagt dieser Vorbescheid aus, ob zu Beginn der Freistellungsphase eine Förderung des Arbeitsamtes gegeben ist. Zu diesem Zeitpunkt steht in der Regel der Wiederbesetzer nicht fest, noch kann vorausgesagt werden, ob der Wiederbesetzer tatsächlich bis zum Abschluß des Altersteilzeitarbeitsverhältnisses beschäftigt wird.

Die Dauer der Förderung von der Arbeitsverwaltung beschränkt sich auf längstens 5 Jahre.

Der Anspruch auf Förderung fällt weg, wenn nicht innerhalb von 3 Monaten der freigemachte Arbeitsplatz nach dem Ausscheiden des Wiederbesetzers erneut besetzt wird und wenn der Wiederbesetzer innerbetrieblich umgesetzt und der Arbeitsplatz nicht erneut wiederbesetzt wird.

Im Blockzeitmodell setzt die Förderung des Arbeitsamtes erst in der Freistellungsphase ein, allerdings dann in doppelter Höhe der Aufstockungsbeträge. Die Arbeitsverwaltung übernimmt auch keine Haftung dafür, daß ein entsprechender Wiederbesetzer, d.h. also ein Arbeitsloser oder ein arbeitslos Gemeldeter zur Verfügung steht. Es kann also durchaus passieren, daß der Arbeitgeber zwar grundsätzlich die Voraussetzungen der Förderung durch die

Förderung durch Arbeitsamt

Arbeitsverwaltung erfüllt, aber mangels Vorhandensein eines entsprechenden Besetzers keine Förderung erhält.

Der Anspruch auf Leistungen ruht, wenn der Altersteilzeiter einer die Geringfügigkeitsgrenze überschreitende Beschäftigung nachgeht oder wenn Mehrarbeit geleistet wird, die den Umfang der Geringfügigkeitsgrenze überschreitet.

In Zweifelsfragen sollte daher das Arbeitsamt eingeschaltet werden.

Die in den beiden nachfolgenden Berechnungsbeispielen skizzierten unter Punkt 12 festgelegten Aufstockungsbeträge werden dem Arbeitgeber bei Vorliegen der sonstigen Voraussetzungen erstattet.

Beispiel 1

Berechnung der Aufstockungsbeträge für die Altersteilzeitarbeit nach dem Altersteilzeitgesetz.

1	Brutto-Teilzeitarbeitsentgelt	2.000,00	
2	Netto-Teilzeitarbeitsentgelt	1.591,00	
3	Aufstockungsbetrag (20% von Nr. 1)	400,–	
4	Zwischensumme (Nr. 2 + Nr. 3)	1.991,00	
5	Brutto-Vollzeitarbeitsentgelt	4.000,00	
6	Mindestnettobetrag zu Nr. 5 nach Tabelle	2.017,48	Steuerklasse III
7	Weiterer Aufstockungsbetrag (Nr. 6./.Nr. 4)	26,48	
8	Aufstockungsbetrag insgesamt Nr. 3 + Nr. 7)	426,48	

Förderung durch Arbeitsamt

Berechnung der zusätzlichen Beiträge zur gesetzlichen Rentenversicherung

9	90% des **Brutto**-Vollzeitarbeitsentgelts (90% von Nr. 5)	3.600,00	
10	Differenzbetrag (Nr. 9 ./. Nr. 1) **ggf.** beitragspl. Entgelt bei Einmalzahlung	1.600,00	
11	Rentenversicherungsbeitrag %-Satz von Nr. 10) 20,3%	324,80	
12	**Aufstockung insgesamt** (Nr. 8 + Nr. 11)	751,28	

Beispiel 2

Berechnung der Aufstockungsbeträge für die Altersteilzeitarbeit nach dem Altersteilzeitgesetz.

1	Brutto-Teilzeitarbeitsentgelt	6.000,00	
2	Netto-Teilzeitarbeitsentgelt	3.200,00	
3	Aufstockungsbetrag (20% von Nr. 1)	1.200,00	
4	Zwischensumme (Nr. 2 + Nr. 3)	4.400,00	
5	Brutto-Vollzeitarbeitsentgelt	12.000,00	
6	Mindestnettobetrag zu Nr. 5 nach Tabelle	3.488,16	Steuerklasse III
7	Weiterer Aufstockungsbetrag (Nr. 6 ./. Nr. 4)	./.	
8	Aufstockungsbetrag insgesamt (Nr. 3 + Nr. 7)	1.200,00	

Förderung durch Arbeitsamt

Berechnung der zusätzlichen Beiträge zur gesetzlichen Rentenversicherung

9	90% des **Brutto**-Vollzeitarbeitsentgelts (90% von Nr. 5)	7.560,00	**90% von 8.400,00 Beitragsbemessungsgrenze**
10	Differenzbetrag (Nr. 9 ./. Nr. 1) **ggf.** beitragspfl. Entgelt bei Einmalzahlung	1.560,00	
11	Rentenversicherungsbeitrag (%-Satz von Nr. 10) 20,3%	316,68	
12	**Aufstockung insgesamt** (Nr. 8 + Nr. 11)	1.516,68	

Förderung durch Arbeitsamt

Bundesanstalt für Arbeit
- Altersteilzeitarbeit -

An das
Arbeitsamt
Postfach

(PLZ) Bestimmungsort

☒ Zutreffendes ankreuzen

Antrag

auf Anerkennung der Voraussetzungen für die Gewährung von Leistungen nach § 4 des Altersteilzeitgesetzes (1996)

Wiederbesetzung mit einem arbeitslos gemeldeten Arbeitnehmer

Wird vom Arbeitsamt ausgefüllt

Stamm-Nr./Kundennummer:
AtG

Statistik

Wkl.-Nr.:

Bitte reichen Sie diesen Antrag mit den erforderlichen Unterlagen in Ihrem eigenen Interesse möglichst vor Beginn der Altersteilzeitarbeit beim Arbeitsamt ein. Das Arbeitsamt benötigt die Angaben für die Beurteilung Ihres Anspruchs auf Leistungen nach § 4 des Altersteilzeitgesetzes; Ihre Mitwirkungspflicht ergibt sich aus § 60 Erstes Buch Sozialgesetzbuch.
Paragraphen ohne nähere Bezeichnung beziehen sich auf das Altersteilzeitgesetz.

A. Antragsteller

Name und Anschrift des Arbeitgebers | Tel.-Nr.

Bezeichnung und Anschrift des Betriebes, in dem der Arbeitnehmer in Altersteilzeitarbeit beschäftigt ist

Die Leistungen der Altersteilzeitarbeit (Aufstockungsbetrag, Beiträge zur Rentenversicherung) werden gezahlt aufgrund

☐ tarifvertraglicher Regelung (Datum und Bezeichnung des Tarifvertrages-TV): _____

☐ einer Betriebsvereinbarung

☐ einer Regelung der Kirchen und der öffentlich-rechtlichen Religionsgesellschaften

☐ einer Einzelvereinbarung mit dem Arbeitnehmer; Datum der Vereinbarung: _____

Prüfen Sie bitte, ob Sie alle im Antrag für Sie zutreffenden Felder ausgefüllt bzw. angekreuzt ☒ und die erforderlichen Unterlagen beigefügt haben. Ein unvollständig ausgefüllter Anerkennungsantrag verzögert die Bearbeitung.

Erklärung:
Ich/Wir bestätige(n), daß die Angaben im Antrag nach bestem Wissen, sorgfältiger Prüfung und unter Beachtung der im Merkblatt enthaltenen Hinweise gemacht wurden. Der in Altersteilzeitarbeit beschäftigte Arbeitnehmer wurde auf seine Mitwirkungspflichten nach § 11 hingewiesen.

Ort, Datum | Unterschrift des Arbeitgebers

Förderung durch Arbeitsamt

B. Angaben zur Wiederbesetzung mit einem beim Arbeitsamt arbeitslos gemeldeten Arbeitnehmer

Arbeitsamt: _____ BKZ/Stammnummer: _____

1. Die Wiederbesetzung erfolgt(e)
   1.1 ☐ auf dem unmittelbar freigemachten/freiwerdenden Teilarbeitsplatz
   1.2 ☐ auf einem/dem durch Umsetzung freigewordenen/freiwerdenden Teilarbeitsplatz

   Umsetzungskette: Name, Vorname   bisherige Funktion   umgesetzt am

   _____
   _____
   (ggf. Zusatzblatt verwenden)

2. Die Wiederbesetzung erfolgt(e) am: _____
   (Tag, Monat, Jahr)

3. Die Wiederbesetzung erfolgt(e) mit: _____
   (Name, Vorname)   (Geburtsdatum)

   _____
   Genaue Anschrift (Straße, Wohnort)

4. Die Wiederbesetzung erfolgt(e)

   4.1 ☐ aus Anlaß des Übergangs in die Altersteilzeitarbeit des unter C
         aufgeführten Arbeitnehmers   ☐ ja   ☐ nein

   4.2 ☐ mit dem Tag nach Erbringung der Arbeitsleistung, weil der in ☐ ja   ☐ nein
         Altersteilzeitarbeit beschäftigte Arbeitnehmer die Arbeitsleistung
         vorgeleistet hat (z.B. innerhalb eines 5-Jahres-Zeitraumes)

   4.3 ☐ zeitgleich mit dem Übergang in die Altersteilzeitarbeit   ☐ ja   ☐ nein

   Wenn ja: Angaben zu 5 entfallen.

5. Die Wiederbesetzung erfolgt(e)

   5.1 ☐ vor dem Übergang in die Altersteilzeitarbeit

       5.1.1 zum Zwecke der betrieblichen Einarbeitung   ☐ ja   ☐ nein
       Wenn ja:

             5.1.1.1 Einarbeitung vertraglich vereinbart   ☐ ja   ☐ nein
                     - schriftlich (bitte beifügen) ☐
                     - mündlich ☐
                     - auf andere Weise ☐

             5.1.1.2 Dauer der Einarbeitung mehr als 6 Monate   ☐ ja   ☐ nein
                     Wenn ja, Gründe: _____
                     (ggf. Zusatzblatt verwenden)

       5.1.2 aus anderen Gründen   ☐ ja   ☐ nein
             Wenn ja, Gründe: _____

   5.2 ☐ nach dem Übergang in die Altersteilzeitarbeit
         - nach mehr als 3 Monaten   ☐ ja   ☐ nein
         Wenn ja, Gründe: _____

Förderung durch Arbeitsamt

6. Der Arbeitnehmer wird (versicherungspflichtig) beschäftigt als

6.1 ☐ Vollzeitkraft mit einer regelmäßigen betrieblichen wöchentlichen Arbeitszeit von _____ Std.

6.1.1 Wird durch den Arbeitnehmer ein weiterer Teilarbeitsplatz wiederbesetzt? ☐ ja ☐ nein

Wenn ja, bitte Stamm-Nr AtG angeben: _____

6.2 ☐ Teilzeitkraft mit einer regelmäßigen betrieblichen wöchentlichen Arbeitszeit von _____ Std.

6.3 Kurzbeschreibung der Tätigkeit: _____

6.4 Tätigkeitsschlüssel: ☐☐☐☐

C. Angaben zu dem in Altersteilzeitarbeit beschäftigten Arbeitnehmer

Name	Vorname	Geb.-Datum

Anschrift (PLZ, Wohnort, Straße)

Kurzbeschreibung der Tätigkeit (Altersteilzeitarbeit)

| Tätigkeits-
schlüssel | ☐☐☐☐ | Versicherungs-
nummer | ☐☐☐☐☐☐☐☐☐☐☐☐ |

7. Pflichtversichert in der ☐ Arbeiter-, Angestellten- ☐ Knappschaftlichen RV

8. Beiträge zur Rentenversicherung werden entrichtet an:

9. Voraussichtliche Dauer der Altersteilzeitbeschäftigung: _____ vom _____ bis

Wird die Altersteilzeitarbeit bei einem Familienangehörigen (Ehegatte, Vater, Mutter, Großvater, Großmutter, Kind, Enkel) geleistet? ☐ ja ☐ nein

wenn ja, bei wem? _____

10. Der in Altersteilzeitarbeit beschäftigte Arbeitnehmer erfüllt dem Grunde nach die Voraussetzungen für eine der nachfolgend genannten Altersrenten oder für eine vergleichbare Leistung:

10.1 ☐ Anspruch ab _____ auf eine Altersrente

für langjährig Versicherte (§ 36 SGB VI), für Schwerbehinderte, Berufs- oder Erwerbsunfähige (§ 37 SGB VI), wegen Arbeitslosigkeit oder nach Altersteilzeitarbeit (§ 38 SGB VI), für Frauen (§ 39 SGB VI), für langjährig unter Tage beschäftigte Bergleute (§ 40 SGB VI)

Hinweis: Nicht anzugeben ist die Altersrente, die wegen vorzeitiger Inanspruchnahme gemindert wäre.

10.2 ☐ Anspruch ab _____ auf eine der Altersrente vergleichbare Leistung einer Versicherungs-, Versorgungseinrichtung oder eines Versicherungsunternehmens

Art der Leistung: _____

10.3 Bezieht der in Altersteilzeit beschäftigte Arbeitnehmer eine der unter 10.1 und 10.2 aufgeführten Leistungen, Knappschaftsausgleichsleistung oder eine der Altersrente vergleichbare Leistung öffentlich-rechtlicher Art (z.B. ausländische Rente)? ☐ ja ☐ nein

Wenn ja: Art der Leistung/Beginn des Leistungsbezuges _____

Hinweis: Anzugeben ist hier auch die Altersrente, die wegen vorzeitiger Inanspruchnahme gemindert ist oder als Teilrente bezogen wird.

Förderung durch Arbeitsamt

11. Hat der in Altersteilzeitarbeit beschäftigte Arbeitnehmer eine der unter Nr. 10 genannten Renten oder eine vergleichbare Leistung beantragt? ☐ ja ☐ nein

wenn ja: Art der beantragten Rente/Leistung

Antragstellung bei

Antragstellung mit Wirkung ab

Hinweis: Der Anspruch auf Leistungen nach § 4 erlischt auch, wenn der in Altersteilzeitarbeit beschäftigte Arbeitnehmer eine der unter Nr. 10 genannten Renten oder eine vergleichbare Leistung tatsächlich bezieht. Das gilt auch für eine Rente, die wegen vorzeitiger Inanspruchnahme gemindert ist. Die (künftige) Beantragung sowie der Bezug einer leistungsausschließenden Rente/vergleichbaren Leistung ist daher dem Arbeitsamt unverzüglich mitzuteilen.

12. Innerhalb der letzten 5 Jahre vor Beginn der Altersteilzeitarbeit bestand eine die Versicherungspflicht begründende Beschäftigung:
vom _____ bis _____ vom _____ bis _____
vom _____ bis _____ vom _____ bis _____
vom _____ bis _____ vom _____ bis _____

13. Entsprach die vereinbarte Arbeitszeit der vorgenannten versicherungspflichtigen Beschäftigungszeiten mindestens der tariflichen regelmäßigen wöchentlichen Arbeitszeit? ☐ ja ☐ nein
wenn nein: Angabe der vereinbarten und der tariflichen regelmäßigen wöchentlichen Arbeitszeit

_____ Std. _____ Std.
(vereinbarte Arbeitszeit) (tarifliche Arbeitszeit)

Hinweis: Falls keine tarifliche regelmäßige wöchentliche Arbeitszeit besteht, ist auf die tarifliche regelmäßige wöchentliche Arbeitszeit für gleiche oder ähnliche Beschäftigungen abzustellen.

Maßgeblicher Tarifvertrag: _____

14. Die im Rahmen der Altersteilzeitarbeit vereinbarte Arbeitszeit (= Hälfte der tariflichen regelmäßigen wöchentlichen Arbeitszeit) beträgt ab: _____ / _____
(Datum) (Std.)

Wird der Arbeitnehmer mehr als geringfügig i.S. des § 8 SGB IV beschäftiigt? ☐ ja ☐ nein

15. Sieht die Vereinbarung über die Altersteilzeitarbeit unterschiedliche wöchentliche Arbeitszeiten oder eine unterschiedliche Verteilung der Arbeitszeit vor? ☐ ja ☐ nein
wenn ja: Bitte Verteilzeitraum und Verteilung der Arbeitszeit angeben (ggf. Zusatzblatt)

Welche durchschnittliche Arbeitszeit ergibt sich im Verteilzeitraum? _____ Stunden
Wird das Arbeitsentgelt für die Altersteilzeitarbeit und der Aufstockungsbetrag fortlaufend gezahlt? ☐ ja ☐ nein

a) Das Arbeitsentgelt für die Altersteilzeitarbeit wird um mindestens 20 v.H. (brutto) aufgestockt, jedoch auf
mindestens 70 v.H. des (pauschalierten) Netto-Vollzeitarbeitsentgelts ☐ ja ☐ nein
Werden weitere Aufstockungsleistungen für die Altersteilzeitarbeit erbracht ☐ ja ☐ nein
wenn ja, in welcher Höhe _____

b) Beiträge zur Rentenversicherung werden entrichtet: ☐ für den Differenzbetrag zwischen 90 v.H. des Vollzeitarbeitsentgelts und dem Arbeitsentgelt für die Altersteilzeitarbeit ☐ es entstehen Aufwendungen zur Altersversorgung, die den unter b) genannten Beiträgen vergleichbar sind. Aufendungen werden entrichtet an: _____

16. Werden bei Arbeitsunfähigkeit nach dem Ende der Entgeltfortzahlung die Leistungen nach § 3 Abs. 1 Nr. 1 a auch für die weitere Dauer der Arbeitsunfähigkeit geleistet? ☐ ja ☐ nein

Förderung durch Arbeitsamt

Bundesanstalt für Arbeit
- Altersteilzeitarbeit -

☒ Zutreffendes ankreuzen

Antrag

auf Anerkennung der Voraussetzungen für die Gewährung von Leistungen nach § 4 des Altersteilzeitgesetzes (1996)

Wiederbesetzung mit einem Ausgebildeten

An das
Arbeitsamt
Postfach

(PLZ) Bestimmungsort

Wird vom Arbeitsamt ausgefüllt

Stamm-Nr./Kundennummer:
AtG

Statistik

Wkl.-Nr.:

Bitte reichen Sie diesen Antrag mit den erforderlichen Unterlagen in Ihrem eigenen Interesse möglichst vor Beginn der Altersteilzeitarbeit beim Arbeitsamt ein. Das Arbeitsamt benötigt die Angaben für die Beurteilung Ihres Anspruchs auf Leistungen nach § 4 des Altersteilzeitgesetzes; Ihre Mitwirkungspflicht ergibt sich aus § 60 Erstes Buch Sozialgesetzbuch.
Paragraphen ohne nähere Bezeichnung beziehen sich auf das Altersteilzeitgesetz.

A. Antragsteller

Name und Anschrift des Arbeitgebers | Tel.-Nr.

Bezeichnung und Anschrift des Betriebes, in dem der Arbeitnehmer in Altersteilzeitarbeit beschäftigt ist

Die Leistungen der Altersteilzeitarbeit (Aufstockungsbetrag, Beiträge zur Rentenversicherung) werden gezahlt aufgrund

☐ tarifvertraglicher Regelung (Datum und Bezeichnung des Tarifvertrages-TV): _____

_____

☐ einer Betriebsvereinbarung

☐ einer Regelung der Kirchen und der öffentlich-rechtlichen Religionsgesellschaften

☐ einer Einzelvereinbarung mit dem Arbeitnehmer; Datum der Vereinbarung: _____

Prüfen Sie bitte, ob Sie alle im Antrag für Sie zutreffenden Felder ausgefüllt bzw. angekreuzt ☒ und die erforderlichen Unterlagen beigefügt haben. Ein unvollständig ausgefüllter Anerkennungsantrag verzögert die Bearbeitung.

Erklärung:
Ich/Wir bestätige(n), daß die Angaben im Antrag nach bestem Wissen, sorgfältiger Prüfung und unter Beachtung der im Merkblatt enthaltenen Hinweise gemacht wurden. Der in Altersteilzeitarbeit beschäftigte Arbeitnehmer wurde auf seine Mitwirkungspflichten nach § 11 hingewiesen.

Ort, Datum | Unterschrift des Arbeitgebers

Förderung durch Arbeitsamt

B. Angaben zur Wiederbesetzung mit einem Ausgebildeten

Zeitpunkt der Beendigung der Ausbildung: _____

1. Die Wiederbesetzung erfolgt(e)
   - 1.1 ☐ auf dem unmittelbar freigemachten/freiwerdenden Teilarbeitsplatz
   - 1.2 ☐ auf einem/den durch Umsetzung freigewordenen/freiwerdenden Teilarbeitsplatz

   Umsetzungskette: Name, Vorname   bisherige Funktion   umgesetzt am

   _____

   _____

   (ggf. Zusatzblatt verwenden)

2. Die Wiederbesetzung erfolgt(e) am: _____
   (Tag, Monat, Jahr)

3. Die Wiederbesetzung erfolgt(e) mit: _____
   (Name, Vorname)   (Geburtsdatum)

   _____
   Genaue Anschrift (Straße, Wohnort)

   Ausbildung von _____ bis _____

   erreichter Berufsabschluß: _____

4. Die Wiederbesetzung erfolgt(e)
   - 4.1 ☐ aus Anlaß des Übergangs in die Altersteilzeitarbeit des unter C aufgeführten Arbeitnehmers   ☐ ja   ☐ nein
   - 4.2 ☐ mit dem Tag nach Erbringung der Arbeitsleistung, weil der in   ☐ ja   ☐ nein

     Altersteilzeitarbeit beschäftigte Arbeitnehmer die Arbeitsleistung

     vorgeleistet hat (z.B. innerhalb eines 5-Jahres-Zeitraumes)
   - 4.3 ☐ zeitgleich mit dem Übergang in die Altersteilzeitarbeit   ☐ ja   ☐ nein

     Wenn ja: Angaben zu 5 entfallen.

5. Die Wiederbesetzung erfolgt(e)
   - 5.1 ☐ vor dem Übergang in die Altersteilzeitarbeit
     - 5.1.1 die Ausbildung endet(e) innerhalb von sechs Monaten ☐ ja ☐ nein
       vor dem Übergang in die Altersteilzeit
     - 5.1.2 die Ausbildung endet(e) früher als sechs Monate ☐ ja ☐ nein
       vor dem Übergang in die Altersteilzeit

       Wenn ja, Gründe: _____
   - 5.2 ☐ nach dem Übergang in die Altersteilzeitarbeit
     - 5.2.1 die Ausbildung endet(e) innerhalb von sechs Monaten ☐ ja ☐ nein
       nach dem Übergang in die Altersteilzeit
     - 5.2.2 die Ausbildung endete mehr als sechs Monate nach ☐ ja ☐ nein
       dem Übergang in die Altersteilzeit

       Wenn ja, Gründe: _____

Förderung durch Arbeitsamt

6. Der Arbeitnehmer wird (versicherungspflichtig) beschäftigt als

6.1 ☐ Vollzeitkraft mit einer regelmäßigen betrieblichen wöchentlichen Arbeitszeit von _____ Std.

6.1.1 Wird durch den Arbeitnehmer ein weiterer Teilarbeitsplatz wiederbesetzt? ☐ ja ☐ nein

Wenn ja, bitte Stamm-Nr AtG angeben: _____

6.2 ☐ Teilzeitkraft mit einer regelmäßigen betrieblichen wöchentlichen Arbeitszeit von _____ Std.

6.3 Kurzbeschreibung der Tätigkeit: _____

6.4 Tätigkeitsschlüssel: ☐☐☐☐☐

C. Angaben zu dem in Altersteilzeitarbeit beschäftigten Arbeitnehmer

Name	Vorname	Geb.-Datum

Anschrift (PLZ, Wohnort, Straße)

Kurzbeschreibung der Tätigkeit (Altersteilzeitarbeit)

Tätigkeits-schlüssel ☐☐☐☐☐	Versicherungs-nummer ☐☐☐☐☐☐☐☐☐☐☐☐

7. Pflichtversichert in der ☐ Arbeiter-, Angestellten- ☐ Knappschaftlichen RV

8. Beiträge zur Rentenversicherung werden entrichtet an: _____

9. Voraussichtliche Dauer der Altersteilzeitbeschäftigung: _____ vom _____ bis

Wird die Altersteilzeitarbeit bei einem Familienangehörigen (Ehegatte, Vater, Mutter, Großvater, Großmutter, Kind, Enkel) geleistet? ☐ ja ☐ nein

wenn ja, bei wem? _____

10. Der in Altersteilzeitarbeit beschäftigte Arbeitnehmer erfüllt dem Grunde nach die Voraussetzungen für eine der nachfolgend genannten Altersrenten oder für eine vergleichbare Leitung:

10.1 ☐ Anspruch ab _____ auf eine Altersrente

für langjährig Versicherte (§ 36 SGB VI), für Schwerbehinderte, Berufs- oder Erwerbsunfähige (§ 37 SGB VI), wegen Arbeitslosigkeit oder nach Altersteilzeitarbeit (§ 38 SGB VI), für Frauen (§ 39 SGB VI), für langjährig unter Tage beschäftigte Bergleute (§ 40 SGB VI)

Hinweis: Nicht anzugeben ist die Altersrente, die wegen vorzeitiger Inanspruchnahme gemindert wäre.

10.2 ☐ Anspruch ab _____ auf eine der Altersrente vergleichbare Leistung einer Versicherungs-,Versorgungseinrichtung oder eines Versicherungsunternehmens

Art der Leistung: _____

10.3 Bezieht der in Altersteilzeit beschäftigte Arbeitnehmer eine der unter 10.1 und 10.2 aufgeführten Leistungen, Knappschaftsausgleichsleistung oder eine der Altersrente vergleichbare Leistung öffentlich -rechtlicher Art (z.B. ausländische Rente)? ☐ ja ☐ nein

Wenn ja: Art der Leistung/Beginn des Leistungsbezuges _____

Hinweis: Anzugeben ist hier auch die Altersrente, die wegen vorzeitiger Inanspruchnahme gemindert ist oder als Teilrente bezogen wird.

Förderung durch Arbeitsamt

11. Hat der in Altersteilzeitarbeit beschäftigte Arbeitnehmer eine der unter Nr. 10 genannten Renten oder eine vergleichbare Leistung beantragt? ☐ ja ☐ nein

wenn ja: Art der beantragten Rente/Leistung

Antragstellung bei

Antragstellung mit Wirkung ab

Hinweis: Der Anspruch auf Leistungen nach § 4 erlischt auch, wenn der in Altersteilzeitarbeit beschäftigte Arbeitnehmer eine der unter Nr. 10 genannten Renten oder eine vergleichbare Leistung tatsächlich bezieht. Das gilt auch für eine Rente, die wegen vorzeitiger Inanspruchnahme gemindert ist. Die (künftige) Beantragung sowie der Bezug einer leistungsausschließenden Rente/vergleichbaren Leistung ist daher dem Arbeitsamt unverzüglich mitzuteilen.

12. Innerhalb der letzten 5 Jahre vor Beginn der Altersteilzeitarbeit bestand eine die Versicherungspflicht begründende Beschäftigung: vom ___ bis ___ vom ___ bis ___ vom ___ bis ___ vom ___ bis ___ vom ___ bis ___ vom ___ bis ___

13. Entsprach die vereinbarte Arbeitszeit der vorgenannten versicherungspflichtigen Beschäftigungszeiten mindestens der tariflichen regelmäßigen wöchentlichen Arbeitszeit? ☐ ja ☐ nein
wenn nein: Angabe der vereinbarten und der tariflichen regelmäßigen wöchentlichen Arbeitszeit
_____ Std. _____ Std.
(vereinbarte Arbeitszeit) (tarifliche Arbeitszeit)

Hinweis: Falls keine tarifliche regelmäßige wöchentliche Arbeitszeit besteht, ist auf die tarifliche regelmäßige wöchentliche Arbeitszeit für gleiche oder ähnliche Beschäftigungen abzustellen.

Maßgeblicher Tarifvertrag: _____

14. Die im Rahmen der Altersteilzeitarbeit vereinbarte Arbeitszeit (= Hälfte der tariflichen regelmäßigen wöchentlichen Arbeitszeit) beträgt ab: _____ / _____
(Datum) (Std.)
Wird der Arbeitnehmer mehr als geringfügig i.S. des § 8 SGB IV beschäftigt? ☐ ja ☐ nein

15. Sieht die Vereinbarung über die Altersteilzeitarbeit unterschiedliche wöchentliche Arbeitszeiten oder eine unterschiedliche Verteilung der Arbeitszeit vor? ☐ ja ☐ nein
wenn ja: Bitte Verteilzeitraum und Verteilung der Arbeitszeit angeben (ggf. Zusatzblatt)

Welche durchschnittliche Arbeitszeit ergibt sich im Verteilzeitraum? _____ Stunden
Wird das Arbeitsentgelt für die Altersteilzeitarbeit und der Aufstockungsbetrag fortlaufend gezahlt? ☐ ja ☐ nein

a) Das Arbeitsentgelt für die Altersteilzeitarbeit wird um mindestens 20 v.H. (brutto) aufgestockt, jedoch auf mindestens 70 v.H. des (pauschalierten) Netto-Vollzeitarbeitsentgelts ☐ ja ☐ nein
Werden weitere Aufstockungsleistungen für die Altersteilzeitarbeit erbracht ☐ ja ☐ nein
wenn ja, in welcher Höhe _____

b) Beiträge zur Rentenversicherung werden entrichtet: ☐ für den Differenzbetrag zwischen 90 v.H. des Vollzeitarbeitsentgelts und dem Arbeitsentgelt für die Altersteilzeitarbeit ☐ es entstehen Aufwendungen zur Altersversorgung, die den unter b) genannten Beiträgen vergleichbar sind. Aufendungen werden entrichtet an: _____

16. Werden bei Arbeitsunfähigkeit nach dem Ende der Entgeltfortzahlung die Leistungen nach § 3 Abs. 1 Nr. 1 a auch für die weitere Dauer der Arbeitsunfähigkeit geleistet? ☐ ja ☐ nein

Förderung durch Arbeitsamt

Bundesanstalt für Arbeit
- Altersteilzeitarbeit -

☒ Zutreffendes ankreuzen

Antrag

auf Anerkennung der Voraussetzungen für die Gewährung von Leistungen nach § 4 des Altersteilzeitgesetzes (1996)

Wiederbesetzung mit einem Auszubildenden

An das
Arbeitsamt
Postfach

(PLZ)   Bestimmungsort

Wird vom Arbeitsamt ausgefüllt

Stamm-Nr./Kundennummer:
AtG

Statistik

Wkl.-Nr.:

Bitte reichen Sie diesen Antrag mit den erforderlichen Unterlagen in Ihrem eigenen Interesse möglichst vor Beginn der Altersteilzeitarbeit beim Arbeitsamt ein. Das Arbeitsamt benötigt die Angaben für die Beurteilung Ihres Anspruchs auf Leistungen nach § 4 des Altersteilzeitgesetzes; Ihre Mitwirkungspflicht ergibt sich aus § 60 Erstes Buch Sozialgesetzbuch.
Paragraphen ohne nähere Bezeichnung beziehen sich auf das Altersteilzeitgesetz.

A. Antragsteller

Name und Anschrift des Arbeitgebers	Tel.-Nr.

Bezeichnung und Anschrift des Betriebes, in dem der Arbeitnehmer in Altersteilzeitarbeit beschäftigt ist

Die Leistungen der Altersteilzeitarbeit (Aufstockungsbetrag, Beiträge zur Rentenversicherung) werden gezahlt aufgrund

☐ tarifvertraglicher Regelung (Datum und Bezeichnung des Tarifvertrages-TV): _____

_____

☐ einer Betriebsvereinbarung

☐ einer Regelung der Kirchen und der öffentlich-rechtlichen Religionsgesellschaften

☐ einer Einzelvereinbarung mit dem Arbeitnehmer; Datum der Vereinbarung: _____

Prüfen Sie bitte, ob Sie alle im Antrag für Sie zutreffenden Felder ausgefüllt bzw. angekreuzt ☒ und die erforderlichen Unterlagen beigefügt haben. Ein unvollständig ausgefüllter Anerkennungsantrag verzögert die Bearbeitung.

Erklärung:
Ich/Wir bestätige(n), daß die Angaben im Antrag nach bestem Wissen, sorgfältiger Prüfung und unter Beachtung der im Merkblatt enthaltenen Hinweise gemacht wurden. Der in Altersteilzeitarbeit beschäftigte Arbeitnehmer wurde auf seine Mitwirkungspflichten nach § 11 hingewiesen.

Ort, Datum	Unterschrift des Arbeitgebers

Förderung durch Arbeitsamt

B. Angaben zur Wiederbesetzung mit einem Auszubildenden

Zeitpunkt der Beginns der Ausbildung: _____

1. Der Betrieb beschäftigt in der Regel nicht mehr als 20 Arbeitnehmer (siehe **Anlage**).

2. Die Wiederbesetzung erfolgt(e) am: _____
   (Tag, Monat, Jahr)

3. Die Wiederbesetzung erfolgt(e) mit: _____
   (Name, Vorname)   (Geburtsdatum)

   _____
   Genaue Anschrift (Straße, Wohnort)

   Ausbildung von _____ bis _____

4. Die Wiederbesetzung erfolgt(e)

   4.1 ☐ aus Anlaß des Übergangs in die Altersteilzeitarbeit des unter C
       aufgeführten Arbeitnehmers ☐ ja ☐ nein

   4.2 ☐ zeitgleich mit dem Übergang in die Altersteilzeitarbeit ☐ ja ☐ nein

   Wenn ja: Angaben zu 5 entfallen.

5. Die Wiederbesetzung erfolgt(e)

   5.1 ☐ vor dem Übergang in die Altersteilzeitarbeit

       5.1.1 die Ausbildung beginnt (begann) innerhalb von sechs Monaten ☐ ja ☐ nein
   vor dem Übergang in die Altersteilzeit

       5.1.2 die Ausbildung beginnt (begann) früher als sechs Monate ☐ ja ☐ nein
   vor dem Übergang in die Altersteilzeit
   Wenn ja, Gründe: _____

   5.2 ☐ nach dem Übergang in die Altersteilzeitarbeit

       5.2.1 die Ausbildung beginnt (begann) innerhalb von sechs Monaten ☐ ja ☐ nein
   nach dem Übergang in die Altersteilzeit

       5.2.2 die Ausbildung beginnt (begann) mehr als sechs Monate nach ☐ ja ☐ nein
   dem Übergang in die Altersteilzeit
   Wenn ja, Gründe: _____

6. Der Arbeitnehmer wird (versicherungspflichtig) beschäftigt als

   6.1 ☐ Vollzeitkraft mit einer regelmäßigen betrieblichen wöchentlichen Arbeitszeit von _____ Std.

   6.1.1 Wird durch den Arbeitnehmer ein weiterer Teilarbeitsplatz wiederbesetzt? ☐ ja ☐ nein
   Wenn ja, bitte Stamm-Nr AtG angeben: _____

   6.2 ☐ Teilzeitkraft mit einer regelmäßigen betrieblichen wöchentlichen Arbeitszeit von _____ Std.

   6.3 Kurzbeschreibung der Tätigkeit: _____

   6.4 Tätigkeitsschlüssel: ☐☐☐☐

Förderung durch Arbeitsamt

C. Angaben zu dem in Altersteilzeitarbeit beschäftigten Arbeitnehmer

Name	Vorname	Geb.-Datum

Anschrift (PLZ, Wohnort, Straße)

Kurzbeschreibung der Tätigkeit (Altersteilzeitarbeit)

Tätigkeits-schlüssel ☐☐☐☐   Versicherungsnummer ☐☐☐☐☐☐☐☐☐☐☐☐

7. Pflichtversichert in der   ☐ Arbeiter-, Angestellten-   ☐ Knappschaftlichen RV

8. Beiträge zur Rentenversicherung werden entrichtet an: _____

9. Voraussichtliche Dauer der Altersteilzeitbeschäftigung: _____ vom _____ bis

Wird die Altersteilzeitarbeit bei einem Familienangehörigen (Ehegatte, Vater, Mutter, Großvater, Großmutter, Kind, Enkel) geleistet?   ☐ ja   ☐ nein
<u>wenn ja</u>, bei wem? _____

10. Der in Altersteilzeitarbeit beschäftigte Arbeitnehmer erfüllt <u>dem Grunde nach</u> die Voraussetzungen für eine der nachfolgend genannten Altersrenten oder für eine vergleichbare Leitung:

10.1 ☐ Anspruch ab _____ auf eine Altersrente
für langjährig Versicherte (§ 36 SGB VI), für Schwerbehinderte, Berufs- oder Erwerbsunfähige (§ 37 SGB VI), wegen Arbeitslosigkeit oder nach Altersteilzeitarbeit (§ 38 SGB VI), für Frauen (§ 39 SGB VI), für langjährig unter Tage beschäftigte Bergleute (§ 40 SGB VI)
Hinweis: <u>Nicht anzugeben</u> ist die Altersrente, die wegen vorzeitiger Inanspruchnahme gemindert wäre.

10.2 ☐ Anspruch ab _____ auf eine der Altersrente vergleichbare Leistung einer Versicherungs-, Versorgungseinrichtung oder eines Versicherungsunternehmens
Art der Leistung: _____

10.3 Bezieht der in Altersteilzeit beschäftigte Arbeitnehmer eine der unter 10.1 und 10.2 aufgeführten Leistungen, Knappschaftsausgleichsleistung oder eine der Altersrente vergleichbare Leistung öffentlich-rechtlicher Art (z.B. ausländische Rente)?   ☐ ja   ☐ nein
<u>Wenn ja</u>: Art der Leistung/Beginn des Leistungsbezuges _____

Hinweis: <u>Anzugeben</u> ist hier auch die Altersrente, die wegen vorzeitiger Inanspruchnahme gemindert ist oder als Teilrente bezogen wird.

Förderung durch Arbeitsamt

11. Hat der in Altersteilzeitarbeit beschäftigte Arbeitnehmer eine der unter Nr. 10 genannten Renten oder eine vergleichbare Leistung beantragt? ☐ ja ☐ nein

wenn ja: Art der beantragten Rente/Leistung

Antragstellung bei

Antragstellung mit Wirkung ab

Hinweis: Der Anspruch auf Leistungen nach § 4 erlischt auch, wenn der in Altersteilzeitarbeit beschäftigte Arbeitnehmer eine der unter Nr. 10 genannten Renten oder eine vergleichbare Leistung tatsächlich bezieht. Das gilt auch für eine Rente, die wegen vorzeitiger Inanspruchnahme gemindert ist. Die (künftige) Beantragung sowie der Bezug einer leistungsausschließenden Rente/vergleichbaren Leistung ist daher dem Arbeitsamt unverzüglich mitzuteilen.

12. Innerhalb der letzten 5 Jahre vor Beginn der Altersteilzeitarbeit bestand eine die Versicherungspflicht begründende Beschäftigung:

vom	bis	vom	bis
vom	bis	vom	bis
vom	bis	vom	bis

13. Entsprach die vereinbarte Arbeitszeit der vorgenannten versicherungspflichtigen Beschäftigungszeiten mindestens der tariflichen regelmäßigen wöchentlichen Arbeitszeit? ☐ ja ☐ nein
wenn nein: Angabe der vereinbarten und der tariflichen regelmäßigen wöchentlichen Arbeitszeit

_____ Std.   _____ Std.
(vereinbarte Arbeitszeit)   (tarifliche Arbeitszeit)

Hinweis: Falls keine tarifliche regelmäßige wöchentliche Arbeitszeit besteht, ist auf die tarifliche regelmäßige wöchentliche Arbeitszeit für gleiche oder ähnliche Beschäftigungen abzustellen.

Maßgeblicher Tarifvertrag: _____

14. Die im Rahmen der Altersteilzeitarbeit vereinbarte Arbeitszeit (= Hälfte der tariflichen regelmäßigen wöchentlichen Arbeitszeit) beträgt ab: _____ / _____
(Datum)   (Std.)

Wird der Arbeitnehmer mehr als geringfügig i.S. des § 8 SGB IV beschäftigt? ☐ ja ☐ nein

15. Sieht die Vereinbarung über die Altersteilzeitarbeit unterschiedliche wöchentliche Arbeitszeiten oder eine unterschiedliche Verteilung der Arbeitszeit vor? ☐ ja ☐ nein
wenn ja: Bitte Verteilzeitraum und Verteilung der Arbeitszeit angeben (ggf. Zusatzblatt)

Welche durchschnittliche Arbeitszeit ergibt sich im Verteilzeitraum? _____ Stunden
Wird das Arbeitsentgelt für die Altersteilzeitarbeit und der Aufstockungsbetrag fortlaufend gezahlt? ☐ ja ☐ nein

a) Das Arbeitsentgelt für die Altersteilzeitarbeit wird um mindestens 20 v.H. (brutto) aufgestockt, jedoch auf mindestens 70 v.H. des (pauschalierten) Netto-Vollzeitarbeitsentgelts ☐ ja ☐ nein

Werden weitere Aufstockungsleistungen für die Altersteilzeitarbeit erbracht? ☐ ja ☐ nein
wenn ja, in welcher Höhe _____

b) Beiträge zur Rentenversicherung werden entrichtet: ☐ für den Differenzbetrag zwischen 90 v.H. des Vollzeitarbeitsentgelts und dem Arbeitsentgelt für die Altersteilzeitarbeit   ☐ es entstehen Aufwendungen zur Altersversorgung, die den unter b) genannten Beiträgen vergleichbar sind. Aufwendungen werden entrichtet an: _____

16. Werden bei Arbeitsunfähigkeit nach dem Ende der Entgeltfortzahlung die Leistungen nach § 3 Abs. 1 Nr. 1 a auch für die weitere Dauer der Arbeitsunfähigkeit geleistet? ☐ ja ☐ nein

Förderung durch Arbeitsamt

Bundesanstalt für Arbeit
- Altersteilzeitarbeit -

☒ Zutreffendes ankreuzen

Antrag
auf Vorausentscheidung nach § 12 Abs. 1 Altersteilzeitgesetz (1996)

An das
Arbeitsamt
Postfach

(PLZ) Bestimmungsort

Wird vom Arbeitsamt ausgefüllt

Stamm-Nr./Kundennummer:
AtG

Statistik

Wkl.-Nr.:

Bitte reichen Sie diesen Antrag mit den erforderlichen Unterlagen in Ihrem eigenen Interesse möglichst vor Beginn der Altersteilzeitarbeit beim Arbeitsamt ein. Das Arbeitsamt benötigt die Angaben für die Beurteilung Ihres Anspruchs auf Leistungen nach § 4 des Altersteilzeitgesetzes; Ihre Mitwirkungspflicht ergibt sich aus § 60 Erstes Buch Sozialgesetzbuch.
Paragraphen ohne nähere Bezeichnung beziehen sich auf das Altersteilzeitgesetz.

A. Antragsteller

Name und Anschrift des Arbeitgebers   Tel.-Nr.

Bezeichnung und Anschrift des Betriebes, in dem der Arbeitnehmer in Altersteilzeitarbeit beschäftigt ist

Die Leistungen der Altersteilzeitarbeit (Aufstockungsbetrag, Beiträge zur Rentenversicherung) werden gezahlt aufgrund

☐ tarifvertraglicher Regelung (Datum und Bezeichnung des Tarifvertrages-TV): _____

☐ einer Betriebsvereinbarung

☐ einer Regelung der Kirchen und der öffentlich-rechtlichen Religionsgesellschaften

☐ einer Einzelvereinbarung mit dem Arbeitnehmer; Datum der Vereinbarung: _____

Prüfen Sie bitte, ob Sie alle im Antrag für Sie zutreffenden Felder ausgefüllt bzw. angekreuzt ☒ und die erforderlichen Unterlagen beigefügt haben. Ein unvollständig ausgefüllter Anerkennungsantrag verzögert die Bearbeitung.

Erklärung:
Ich/Wir bestätige(n), daß die Angaben im Antrag nach bestem Wissen, sorgfältiger Prüfung und unter Beachtung der im Merkblatt enthaltenen Hinweise gemacht wurden. Der in Altersteilzeitarbeit beschäftigte Arbeitnehmer wurde auf seine Mitwirkungspflichten nach § 11 hingewiesen.

Ort, Datum	Unterschrift des Arbeitgebers

Förderung durch Arbeitsamt

B. Angaben zur Wiederbesetzung

1. Die Wiederbesetzung erfolgt voraussichtlich zum _____ , weil der in Alters-
   (Tag, Monat, Jahr)
   teilzeitarbeit beschäftigte Arbeitnehmer die Arbeitsleistung im Arbeitszeit-Blockmodell vorleistet.
2. Soll der Wiederbesetzer mit dem Ziel der Übernahme auf dem freiwerdenden Arbeitsplatz bereits vor
   Ablauf der Vollarbeitsphase des älteren Arbeitnehmers beschäftigt werden? ☐ ja ☐ nein
   Wenn ja: Für die Wiederbesetzung ist vorgesehen _____
   (Name, Vorname)

   _____
   (Wohnort, Straße)

C. Angaben zu dem in Altersteilzeitarbeit beschäftigten Arbeitnehmer

Name	Vorname	Geb.-Datum

Anschrift (PLZ, Wohnort, Straße)

Kurzbeschreibung der Tätigkeit (Altersteilzeitarbeit)

Tätigkeits-schlüssel ☐☐☐☐   Versicherungs-nummer ☐☐☐☐☐☐☐☐☐☐☐☐

2. Innerhalb der letzten 5 Jahre vor Beginn der Altersteilzeitarbeit bestand eine die Versicherungspflicht begründende Beschäftigung:

   vom _____ bis _____   vom _____ bis _____
   vom _____ bis _____   vom _____ bis _____

3. Entsprach die vereinbarte Arbeitszeit der vorgenannten versicherungspflichtigen Beschäftigungszeiten mindestens der tariflichen regelmäßigen wöchentlichen Arbeitszeit? ☐ ja ☐ nein

   wenn nein: Angabe der vereinbarten und der tariflichen regelmäßigen wöchentlichen Arbeitszeit

   _____ Std.   _____ Std.
   (vereinbarte Arbeitszeit)   (tarifliche Arbeitszeit)

   Hinweis: Falls keine tarifliche regelmäßige wöchentliche Arbeitszeit besteht, ist auf die tarifliche regelmäßige wöchentliche Arbeitszeit für gleiche oder ähnliche Beschäftigungen abzustellen.

4. Wie verteilt sich die in der Vereinbarung über die Altersteilzeitarbeit festgelegte Arbeitszeit?
   Bitte Verteilzeitraum und Verteilung der Arbeitszeit angeben (ggf. Zusatzblatt).

5. Werden bei Arbeitsunfähigkeit nach dem Ende der Entgeltfortzahlung die Leistungen nach § 3 Abs. 1 Nr. 1a auch für die weitere Dauer der Arbeitsunfähigkeit geleistet? ☐ ja ☐ nein

   a) Das Arbeitsentgelt für die Altersteilzeitarbeit wird um mindestens 20 v.H. (brutto) aufgestockt, jedoch mindestens bis zu 70 v.H. des (pauschalierten) Netto-Vollzeitarbeitsentgelts ☐ ja ☐ nein

   Werden weitere Aufstockungsleistungen für die Altersteilzeitarbeit erbracht ☐ ja ☐ nein
   wenn ja, in welcher Höhe _____

   b) Beiträge zur Rentenversicherung werden entrichtet:
   ☐ für den Differenzbetrag zwischen 90 v.H. des Vollzeitarbeitsentgelts und dem Arbeitsentgelt für die Altersteilzeitarbeit
   ☐ es entstehen Aufwendungen zur Altersversorgung, die den unter b) genannten Beiträgen vergleichbar sind. Aufwendungen werden entrichtet an:_____

7. Die im Rahmen der Altersteilzeitarbeit vereinbarte Arbeitszeit (= Hälfte der tariflichen regelmäßigen wöchentlichen Arbeitszeit) beträgt ab _____ durchschnittlich _____ Stunden.
   Wird der Arbeitnehmer mehr als geringfügig i.S. des § 8 SGB IV beschäftigt? ☐ ja ☐ nein

Förderung durch Arbeitsamt

☒ Zutreffendes ankreuzen

Bundesanstalt für Arbeit
- Altersteilzeitarbeit -

Antrag
auf Wiederbewilligung/Mitteilung über die erneute Wiederbesetzung i. S. von § 5 Abs. 2 Altersteilzeitgesetz

An das
Arbeitsamt
Postfach

(PLZ) Bestimmungsort

Wird vom Arbeitsamt ausgefüllt
Stamm-Nr./Kundennummer: AtG
Statistik
Wkl.-Nr.:

Das Arbeitsamt benötigt die Angaben für die Beurteilung Ihres Anspruchs auf Leistungen nach § 4 des Altersteilzeitgesetzes; Ihre Mitwirkungspflicht ergibt sich aus § 60 Erstes Buch Sozialgesetzbuch.

A. Antragsteller

1. Name und Anschrift des Arbeitgebers   Tel.-Nr.:

2. Bezeichnung und Anschrift des Betriebes, in dem der Arbeitnehmer in Altersteilzeitarbeit beschäftigt ist.

3. Angaben zu dem in Altersteilzeitarbeit beschäftigten Arbeitnehmer

(Name, Vorname)   (Kurzbezeichnung der Tätigkeit)

Übergang in Altersteilzeit am: _____

Erklärung:
Ich/wir bestätige(n), daß die Angaben nach bestem Wissen, sorgfältiger Prüfung und unter Beachtung der im Merkblatt enthaltenen Hinweise gemacht wurden.

(Ort, Datum)   (Unterschrift des Arbeitgebers)

Förderung durch Arbeitsamt

B. Angaben zur erneuten Wiederbesetzung mit einem beim Arbeitsamt arbeitslos gemeldeten Arbeitnehmer/einem Ausgebildeten/einem Auszubildenden

1. Die **erneute** Wiederbesetzung erfolgt(e) mit: _____
   (Name, Vorname)   (Geburtsdatum)

   Genaue Anschrift (Straße, Wohnort)

2. Die **erneute** Wiederbesetzung erfolgt(e)

   2.1 ☐ auf dem unmittelbar freigemachten Teilarbeitsplatz

   2.2 ☐ auf einem/den durch Umsetzung freigewordenen Teilarbeitsplatz

   Umsetzungskette: Name, Vorname   bisherige Funktion   umgesetzt am

   (ggf. Zusatzblatt verwenden)

3. Die **erneute** Wiederbesetzung erfolgt(e) am: _____
   (Tag, Monat, Jahr)

   ☐ mit einem beim Arbeitsamt _____ arbeitslos gemeldeten Arbeitnehmer
   BKZ: _____ Stammnummer: _____

   ☐ mit einem Ausgebildeten

   ☐ mit einem Auszubildenden

4. Der neue Wiederbesetzer wird beschäftigt als

   4.1 ☐ Vollzeitkraft mit einer regelmäßigen betrieblichen wöchentlichen Arbeitszeit von _____ Std.

   Wird durch den neuen Arbeitnehmer ein weiterer

   Teilarbeitsplatz wiederbesetzt?   ☐ ja   ☐ nein

   wenn ja, bitte AtG-Stammnummer angeben: _____

   4.2 ☐ Teilzeitkraft mit einer regelmäßigen betrieblichen wöchentlichen Arbeitszeit von _____ Std.

   4.3 Kurzbeschreibung der Tätigkeit: _____

   4.4 Tätigkeitsschlüssel: ☐☐☐☐

5. Name und Vorname des **bisherigen** Wiederbesetzers:

   _____

   Der Teilarbeitsplatz wurde freigemacht am: _____

Prüfen Sie bitte noch einmal, ob Sie alle für Sie zutreffenden Felder ausgefüllt bzw. angekreuzt und die erforderlichen Unterlagen beigefügt haben.

Förderung durch Arbeitsamt

An das Arbeitsamt	**Bundesanstalt für Arbeit** **- Altersteilzeitarbeit -** Stammnummer/Kundennummer: AtG _____ Eingang stat. erfaßt: _____

Abrechnungsliste
für die Leistungen nach § 4 des Altersteilzeitgesetzes (AtG)
(Bitte in doppelter Ausfertigung einreichen!)

Antragsteller

Name und Anschrift des Arbeitgebers, Telefon-Nr.	Bankverbindung (bitte angeben, die Leistungen werden bargeldlos überwiesen): BLZ: Konto-Nr. bei:
Bezeichnung und Anschrift des Betriebes, in dem der/die altersteilzeitarbeitende(n) Arbeitnehmer beschäftigt ist (sind), Telefon-Nr.	Die Lohnunterlagen befinden sich in (Anschrift des Lohnbüros, wenn Lohnstelle nicht am Betriebssitz:):

Für den Gewährungszeitraum vom .... bis .... wird die Auszahlung der Leistungen nach § 4 AtG für den/die in der Abrechnungsliste aufgeführten in Altersteilzeitarbeit beschäftigten Arbeitnehmer beantragt:

Gesamtbetrag	abzüglich Abschlag	Auszahlungsbetrag
DM	DM	DM

Erklärung:

1. ☐ Es wird beantragt, daß die Leistungen nach Möglichkeit schon überwiesen werden, bevor die Abrechnungsliste an Hand der Entgeltunterlagen im Betrieb geprüft worden ist.

    Über die Erbringung von Leistungen kann das Arbeitsamt vorläufig entscheiden, wenn die Voraussetzungen für den Anspruch mit hinreichender Wahrscheinlichkeit vorliegen und zu ihrer Feststellung voraussichtlich längere Zeit erforderlich ist. Aufgrund der vorläufigen Entscheidung erbrachte Leistungen sind auf die zustehende Leistung anzurechnen. Sie sind zu erstatten, soweit mit der abschließenden Entscheidung ein Anspruch nicht oder nur in geringerer Höhe zuerkannt wird.

2. ☐ Es wird bestätigt, daß der/die unter b) der Abrechnungsliste aufgeführte(n) Arbeitnehmer im Abrechnungszeitraum auf dem Arbeitsplatz/den Arbeitsplätzen beschäftigt war(en), der/die von dem jeweils darüberstehenden in Altersteilzeitarbeit beschäftigten Arbeitnehmer(n) freigemacht wurde(n) oder infolge des Übergangs in die Altersteilzeitarbeit durch Umsetzung freigeworden ist/sind.

3. ☐ Es wird bestätigt, daß der/die unter b) der Abrechnungsliste aufgeführten Auszubildende(n) im Abrechnungszeitraum beschäftigt waren und im letzten Jahr vor Beginn des Berufsausbildungsverhältnisses in der Regel nicht mehr als 20 Arbeitnehmer (ohne Auszubildende und Schwerbehinderte) beschäftigt wurden.

4. ☐ Es wird bestätigt, daß der Aufstockungsbetrag an den/die in der Abrechnungsliste aufgeführten altersteilzeitbeschäftigten Arbeitnehmer ordnungsgemäß und tatsächlich, und zwar mindestens in Höhe von 20 v.H. des Arbeitsentgelts für die Altersteilzeitarbeit bzw. mindestens in Höhe des Mindestnettobetrages ausgezahlt worden ist. Die Beiträge zur gesetzlichen Rentenversicherung einschließlich der zusätzlichen Beiträge i.S. des § 3 Abs. 1 Nr. 1 Buchst. b AtG sind an den jeweils zuständigen Rentenversicherungsträger entrichtet worden. Für Arbeitnehmer, die nicht der Versicherungspflicht in der gesetzlichen Rentenversicherung unterliegen, sind Aufwendungen zur Altersversorgung entsprechend § 4 Abs. 2 AtG erbracht worden.

5. Die Angaben in der Abrechnungsliste wurden nach bestem Wissen, sorgfältiger Prüfung und Beachtung des Hinweisblattes zum Altersteilzeitgesetz und der Ausfüllhinweise zur Abrechnungsliste gemacht.

Unterschrift des Betriebsrates zu Nr. 2 der Erklärung (erforderlich, wenn der Tarifvertrag eine Stellungnahme vorsieht)	Firmenstempel	Ort und Datum
		Rechtsverbindliche Unterschrift(en)

Förderung durch Arbeitsamt

Anlage zur Abrechnungsliste vom: _____

Unterlage zur KA vom: _____
(nur vom Arbeitsamt auszufüllen)

Name, Vorname
a) des Arbeitnehmers in Altersteilzeitarbeit: _____ Steuerklasse: _____

b) des Wiederbesetzers: _____

		Entgeltabrechnungszeiträume								
		vom	bis	vom	bis	vom	bis	vom	bis	vom	bis

		Berechnung der Aufstockungsbeträge für die Altersteilzeitarbeit									
1	Brutto-Teilzeitarbeitsentgelt										
2	Netto-Teilzeitarbeitsentgelt										
3	Aufstockungsbetrag (20 % von Nr. 1)										
4	Zwischensumme (Nr. 2 + Nr. 3)										
5	Brutto-Vollzeitarbeitsentgelt										
6	Mindestnettobetrag zu Nr. 5 nach Tabelle										
7	Weiterer Aufstockungsbetrag (Nr. 6 ./. Nr. 4)										
8	Aufstockungsbetrag insges. (Nr. 3 + Nr. 7)										

		Berechnung der (zusätzlichen) Beiträge zur gesetzlichen Rentenversicherung									
9	90 % des Brutto-Vollzeitarbeitsentgelts (90% von Nr. 5)										
10	Differenzbetrag (Nr. 9 ./. Nr 1) ggf. beitragspfl. Entgelt bei Einmalzahlung										
11	Rentenversicherungsbeitrag (%-Satz von Nr. 10)										
12	Aufstockung insges. (Nr. 8 + Nr 11)										
					Zeile 12 insgesamt:						
	Vermerk des AA Betrag in Zeile 12 geändert:										

Förderung durch Arbeitsamt

An das
Arbeitsamt
Postfach

(PLZ) Bestimmungsort

Bundesanstalt für Arbeit
- Altersteilzeitarbeit -

Antrag
auf Gewährung von Leistungen nach
§ 10 Abs. 2 des Altersteilzeitgesetzes

Wird vom Arbeitsamt ausgefüllt
Stamm-Nr./Kundennummer: AtG ....
Statistik

Hinweis: Das Arbeitsamt benötigt die Angaben für die Beurteilung Ihres Anspruchs auf Leistungen nach § 10 Abs. 2 Altersteilzeitgesetz; Ihre Mitwirkungspflicht ergibt sich aus § 60 Erstes Buch Sozialgesetzbuch.

Hiermit beantrage ich die Gewährung von Leistungen nach § 10 Abs. 2 des Altersteilzeitgesetzes durch die Bundesanstalt für Arbeit.

Name und ggf. Geburtsname	Vorname	Versicherungsnummer

Anschrift (Straße u. Hausnummer, Postleitzahl, Wohnort)		Telefonnummer

Kontonummer	bei (Bank, Sparkasse, Postgiroamt)	Bankleitzahl

1. Angaben über die Beschäftigung in Altersteilzeitarbeit:

1.1 Name und Anschrift des Arbeitgebers — wenn abweichend: Bezeichnung und Anschrift des Betriebes, in dem die Altersteilzeitbeschäftigung ausgeübt wird/wurde

1.2 Die Beschäftigung in Altersteilzeitarbeit wurde mit dem Arbeitgeber vereinbart für die Zeit
vom _____ bis _____

1.3 Das Arbeitsverhältnis der Altersteilzeitarbeit
☐ wurde beendet mit Ablauf des _____ (Datum)
☐ besteht weiterhin fort.

1.4 Der Arbeitgeber zahlt den Aufstockungsbetrag sowie die zusätzlichen Rentenversicherungsbeiträge
bis zum _____ (Datum)

1.5 Gewährt der Arbeitgeber den unter Nr. 1.4 genannten Aufstockungsbetrag auch während des Bezuges von Krankengeld, Versorgungskrankengeld, Verletztengeld oder Übergangsgeld?   ☐ ja ☐ nein
wenn ja: wurde insoweit der Aufstockungsbetrag an den Arbeitgeber abgetreten?   ☐ ja ☐ nein
wenn ja: vom _____ bis _____

Förderung durch Arbeitsamt

2. Angaben über den Anspruch auf Entgeltersatzleistungen:

2.1 Die Leistungen nach § 10 Abs. 2 des Altersteilzeitgesetzes werden beantragt für die Dauer des Bezuges von:

☐ Krankengeld   ☐ Versorgungskrankengeld   ☐ Verletztengeld   ☐ Übergangsgeld

2.2 Die unter Nr. 2.1 angekreuzte Leistung wird beansprucht/gewährt ab _____ bis

(voraussichtlich) zum _____ (ggf. bitte Leistungsbescheid vorlegen).
                         (Datum)

2.3 Die Leistung wird/wurde bei folgendem Leistungsträger beantragt

_____
(Bezeichnung und Anschrift des Leistungsträgers)

3. Angaben über den Bezug von Altersrente bzw. vergleichbaren Leistungen:

Beziehen Sie eine der nachfolgenden Leistungen?

a) Altersrente (auch als Teilrente)   ☐ ja   ☐ nein

b) Knappschaftsausgleichsleistung   ☐ ja   ☐ nein

c) eine der Altersrente vergleichbare Leistung
öffentlich-rechtlicher Art (z.B. eine ausländische Rente)   ☐ ja   ☐ nein

d) Leistungen einer Versicherungs- oder Versorgungseinrichtung oder eines Versicherungsunternehmens, die den unter a) genannten Bezügen vergleichbar sind, d.h. solche Leistungen, die bei Erreichen eines bestimmten Lebensalters zur Altersversorgung gewährt werden, und zwar unabhängig von ihrer Höhe und der Form der Zahlung als Kapital oder Rente   ☐ ja   ☐ nein

Haben Sie eine der unter Ziffer 3 genannten Leistungen beantragt?   ☐ ja   ☐ nein
Wenn ja, es wurde beantragt

_____
(Art der Rente)

ab welchem Zeitpunkt _____

bei _____
     (Rentenversicherungsträger)

Hinweis: Der Anspruch auf die Leistungen nach § 10 Abs. 2 des Altersteilzeitgesetzes erlischt u.a. mit Beginn des Monats, für den Sie eine der unter Nr. 3.1 genannten Leistungen beziehen. Die Beantragung bzw. der Bezug einer solchen Leistung sind deshalb dem Arbeitsamt **unverzüglich** mitzuteilen. Gleiches gilt bei Wegfall des Anspruchs auf Leistungen nach § 10 Abs. 2 des Altersteilzeitgesetzes (siehe Ziff. 2.1).

Prüfen Sie bitte noch einmal, ob Sie alle im Antrag für Sie zutreffenden Felder ausgefüllt haben bzw. ☒ angekreuzt haben. Ein unvollständig ausgefüllter Antrag verzögert die Bearbeitung.

Erklärung:

Ich bestätige, daß die Angaben im Antrag nach bestem Wissen, sorgfältiger Prüfung und unter Beachtung der im Merkblatt enthaltenen Hinweise gemacht wurden.

Ort, Datum	Unterschrift

Förderung durch Arbeitsamt

Abtretungserklärung		Bundesanstalt für Arbeit - Altersteilzeitarbeit -

Name, Vorname	Geburtsdatum	Stamm-Nr.: AtG

Anschrift (Straße, Hausnummer, Postleitzahl, Wohort)

___

___

___

Bezeichnung und Anschrift des Betriebes, in dem Sie als Arbeitnehmer in Altersteilzeit beschäftigt sind

Hiermit trete ich meine künftigen Ansprüche gegen die Bundesanstalt für Arbeit nach § 10 Abs. 2 Altersteilzeitgesetz an meinen Arbeitgeber ab, soweit er die Leistungen nach § 3 Abs.1 Nr. 1 Buchstabe a) Altersteilzeitgesetz auch in der Zeit erbringt, in der kein Anspruch auf Arbeitsentgelt besteht (Bezug einer Entgeltersatz-leistung).

Ort, Datum	Unterschrift
_____	_____

Durchführungshinweise/Muster

Teil 5
Durchführungshinweise zur praktischen Anwendung

Um die Anwendung des Tarifvertrages zur Regelung der Altersteilzeitarbeit etwas zu erleichtern, geben wir Ihnen im folgenden Hinweise zur Durchführung und Listen für die Voraussetzungen der Altersteilzeitarbeit und zur Berechnung, Musterantrag, -schreiben, Merkblatt, Mustervertrag und Vordrucke der BfA und des Arbeitsamtes.

Bei dem Merkblatt für Arbeitnehmer wurde berücksichtigt, daß es der Personalverwaltung aus tatsächlichen und aus rechtlichen Gründen nicht möglich ist, den Arbeitnehmer über die mit der Vereinbarung eines Altersteilzeitarbeitsverhältnisses zusammenhängende Probleme umfassend zu beraten. In diesem Zusammenhang geht es nicht nur um die rentenrechtliche Problematik, sondern auch um Probleme und Fallgestaltungen des Zusatzversorgungsrechtes und des Krankenkassenrechtes, die sich je nach den individuellen Gegebenheiten des Arbeitnehmers ändern können. Um mögliche Haftungsrisiken für die Pesonalverwaltung zu minimieren, empfehlen wir, das Merkblatt von dem Arbeitnehmer bei der Antragstellung unterzeichnen zu lassen.

Ab welchem Zeitpunkt der Arbeitnehmer in Rente gehen kann und ob bzw. ab wann der Arbeitnehmer eine Vertrauensschutzregelung genießt, kann der Arbeitgeber aus der Bescheinigung der Bundesversicherungsanstalt in Berlin ersehen. Um den frühestmöglichen Beendigungstermin für das Altersteilzeitarbeitsverhältnis ermitteln zu können, ist diese **Bescheinigung von großer Wichtigkeit**. Die Bescheinigung lautet zwar noch »Zur Vorlage beim Arbeitsamt«, sie hat aber auch in den Fällen Gültigkeit, in denen die Altersteilzeitarbeit nicht von der Bundesanstalt für Arbeit gefördert wird. Diese Bescheinigung ist auch der Bundesanstalt für Arbeit vorzulegen, falls ein Altersteilzeitarbeitsverhältnis von der Bundesanstalt für Arbeit gefördert werden sollte.

Die ebenfalls beigefügten Listen für die Voraussetzungen und zur Berechnung der Altersteilzeitvergütung bzw. Musterschreiben dienen lediglich der Arbeitserleichterung und sollen helfen, wichtige Punkte nicht zu übersehen. Außerdem ist ein Formblatt zur Berechnung der Altersteilzeitvergütung beigefügt, wobei in diesem Zusammenhang auch nochmals auf die obigen Berechnungsbeispiele hingewiesen wird.

Durchführungshinweise/Muster

Eckpunkte der Altersteilzeitarbeit

Voraussetzungen:

1. vollbeschäftigt bei Antragstellung (§ 15 Abs. 1 BAT./. höchstens 2,5 Std.)
2. über 55 Jahre
3. Beschäftigungszeit von 5 Jahren (§ 19 BAT)
4. in den letzten 5 Jahren an mindestens 1080 Kalendertagen versicherungspflichtig vollbeschäftigt i.s. des SGB III
5. es stehen keine dienstlichen oder betrieblichen Belange der Vereinbarung eines Altersteilzeitarbeitsverhältnisses entgegen

Wichtig:

- Hinweis auf die einzuholende Renten-, ZVK-, Krankenkassenauskunft des Arbeitnehmers
- Merkblatt ausgehändigt und mit Unterschrift zurück
- Antragsformular ausgehändigt
- Bescheinigung der Bundesversicherungsanstalt für Angestellte/Arbeiter (BfA/LVA) liegt vor
- Rententermin steht fest
- Altersteilzeitarbeitsverhältnis kann vereinbart werden
→ Festlegung ob Teilzeit- oder Blockmodell

Bei Vorliegen aller Voraussetzungen kann ein Altersteilzeitarbeitsverhältnis vereinbart werden.

Wichtige Grundlage für die Berechnung der Altersteilzeitvergütung

Persönliche Angaben:

- Vergütungs-/Lohntarife
- Vergütungs-/Lohngruppe
- Altersstufe

Durchführungshinweise/Muster

- Verheiratet ja/nein
- Kinder ja/nein
- Steuerklasse
- Religion ja/nein %-Satz
- Krankenkasse/Beitragssatz
  pflichtversichert/freiwillig pflichtversichert/privat versichert

Besonderheiten:

besteht eine Nebentätigkeit (seit wann ...)
bisher keine Nebentätigkeit
monatlicher Umfang/Entgelt hierfür
es ist die **Geringfügigkeitsgrenze** zu beachten (§ 8 SGB IV)

Fiktives Vollzeitentgelt

	Betrag	Brutto	Lst.	SV	ZVK
Grundvergütung	DM				
Ortszuschlag	DM				
Allg.-Zulage	DM				
AG-Leistung VL	DM				
Wegegeldentsch.	DM				
Schichtzulage	DM				
sonstige Zulage	DM				
Auszahlungsbrutto	DM				
ZVK-Brutto	DM				
SV-Brutto	DM				
Lst.-Brutto	DM				

Durchführungshinweise/Muster

Tatsächliches Nettoentgelt

	Betrag	Brutto	Lst.	SV	ZVK
Grundvergütung	DM				
Ortszuschlag	DM				
Allg.-Zulage	DM				
AG-Leistung VL	DM				
Wegegeldentsch.	DM				
Schichtzulage	DM				
Aufschlag	DM				
sonstige Zulage	DM				
Bezahlte Überstunden	DM				
Bereitschaftsdienstverg.	DM				
Überstd.-pauschale	DM				
Sonntagszuschlag	DM				
Feiertagszuschlag	DM				
Nachtzuschlag	DM				
Samstagszuschlag	DM				
Abgefeierte Überst.	DM				
Diverses	DM				
Diverses	DM				
Auszahlungsbrutto	DM				
ZVK-Brutto	DM				
SV-Brutto	DM				
Lst.-Brutto	DM				
Auszahlungsbrutto	DM				
./. Lohnsteuer	DM				
./. Sol.-Zuschlag	DM				
./. Kirchensteuer	DM				
./. KV	DM				
./. RV	DM				
./. AV	DM				
./. PV	DM				
Netto	DM				

Durchführungshinweise/Muster

Nebenrechnung für Aufstockungsbetrag

Aus dieser Berechnung ergeben sich keinerlei Ansprüche

	Betrag	Brutto	Lst.	SV	ZVK
Grundvergütung	DM				
Ortszuschlag	DM				
Allg.-Zulage	DM				
sonstige tarifl. Zulage	DM				
AG-Leistung VL	DM				
Wegegeldentsch.	DM	entfällt			
Schichtzulage	DM	entfällt			
Aufschlag	DM	entfällt			
Bezahlte Überstunden	DM	entfällt*			
Bereitschaftsdienstverg.	DM	entfällt			
Überstd.-pauschale	DM	entfällt			
Sonntagszuschlag	DM	entfällt			
Feiertagszuschlag	DM	entfällt			
Nachtzuschlag	DM	entfällt			
Samstagszuschlag	DM	entfällt			
Abgefeierte Überst.	DM	entfällt			
Diverses	DM	entfällt			
Diverses	DM	entfällt			
Auszahlungsbrutto	DM				
ZVK-Brutto	DM				
SV-Brutto	DM				

* <u>Hinweis:</u> Diese Vergütungsbestandteile werden bei der Ermittlung des Aufstockungsbetrages b) nicht berücksichtigt

Durchführungshinweise/Muster

Musterantrag

Name, Vorname
Personalnummer

An den Arbeitgeber

Antrag auf Vereinbarung eines Altersteilzeitarbeitsverhältnisses nach dem Tarifvertrag zur Regelung der Altersteilzeit

Sehr geehrte(r) _____

ich möchte ab dem _____ in ein Altersteilzeitarbeitsverhältnis eintreten. Über meine rentenversicherungsrechtlichen Belange habe ich mich bereits bei der BfA (Angestellte) bzw. LVA (Arbeiter/innen) informiert. Eine Bestätigung der Rentenversicherungsträger über den Zeitpunkt der Inanspruchnahme einer Rente aus der Sozialversicherung habe ich diesem Antrag beigefügt/reiche ich nach.

Ab dem _____ kann ich eine Rente
❑ für langjährig Beschäftigte
❑ für Frauen
❑ für Schwerbehinderte
❑ wegen Altersteilzeit
ungemindert/gemindert in Anspruch nehmen.

Ich nehme eine geminderte Rente ab dem _____ in Anspruch. Die Kürzung der Rente beträgt ____ %.

Ich möchte die Altersteilzeit im Blockmodell/Teilzeitmodell in Anspruch nehmen.

Bei der Zusatzversorgungskasse habe ich mich ebenfalls informiert. Eine Vorabrentenauskunft der ZVK liegt mir vor/erhalte ich noch.

Das Merkblatt für Arbeitnehmer wurde mir ausgehändigt und ich habe es gelesen. Weitere Fragen bestehen meinerseits nicht mehr. Es ist diesem Schreiben als Anlage unterschrieben beigefügt.

(Bitte zutreffendes unterstreichen)

_____
(Unterschrift des Arbeitnehmers)

Durchführungshinweise/Muster

Musterschreiben

Herrn/Frau

_____

_____

Ihr Antrag auf Vereinbarung eines Altersteilzeitarbeitsverhältnisses

Sehr geehrte(r) ...

Ihren Antrag auf Altersteilzeitarbeit haben wir am ... erhalten.

Sie möchten Altersteilzeit in Anspruch nehmen. Nach dem Tarifvertrag zur Regelung der Altersteilzeitarbeit ist dies möglich, wenn Sie die dort genannten Voraussetzungen erfüllen und insbesondere der Beginn Ihrer künftigen Rentenzahlung sich nahtlos an das Ende des Altersteilzeitarbeitsverhältnisses anschließt. Ein nahtloser Übergang ist besonders wichtig, damit Ihnen keine finanziellen Nachteile – u.a. bei der Zusatzversorgungskasse – entstehen.

Die Rentenversicherungsträger bestätigen Ihnen den nächstmöglichen Zeitpunkt für die Inanspruchnahme der ungeminderten Rente in einer dem Arbeitgeber vorzulegenden Bescheinigung. Neben dem Rentenanspruch nach Altersteilzeitarbeit haben Sie unter Umständen die Möglichkeit eine frühere Rente, wie z.B. Altersrente für langjährig Versicherte, Altersrente für Frauen und Rente für Schwerbehinderte zu beziehen.

Um keine unliebsamen Überraschungen zu erleben, empfehlen wir Ihnen, sich einen Nachweis oder eine Vorabauskunft der Versicherten- bzw. Versorgungsrente der Zusatzversorgungskasse über die Höhe der Leistungen, die Sie mit Eintritt der Rente erhalten werden, zu besorgen. Berücksichtigen Sie bitte, daß sich durch das Rentenreformgesetz und die damit verbundene stufenweise Anhebung der Altersgrenze Änderungen ergeben, die bei einer vorzeitigen Inanspruchnahme der Rente eine Kürzung der Rentenzahlung auf Dauer bewirken. Lassen Sie daher in Ihrem eigenen Interesse den Rentenverlauf auf möglicherweise vorhandene Vertrauensschutzregelung und eine mögliche Minderung der Höhe des künftigen Rentenbetrages prüfen.

Durchführungshinweise/Muster

Eine Rente wegen Altersteilzeitarbeit können Sie nur in Anspruch nehmen, wenn die Altersteilzeitarbeit mindestens 24 Monate ausgeübt worden ist.

Bitte bedenken Sie, daß ein Anspruch auf Aufstockungsleistungen nach dem Tarifvertrag nicht bestehen, wenn Sie eine unzulässige Nebenbeschäftigung oder eine selbständige Tätigkeit ausüben. Auch wenn Sie Mehrarbeit oder Überstunden leisten, die den Umfang der Geringfügigkeitsgrenze des § 8 SGB IV überschreiten oder wenn Sie Anspruch auf Kranken-, Verletzten- oder Versorgungskrankengeld haben, ruhen die Aufstockungsleistungen.

Im Falle einer langandauernden Arbeitsunfähigkeit mit Ablauf der Vergütungs-/Lohnfortzahlungsfristen haben Sie keinen Anspruch mehr auf die vom Arbeitgeber zu zahlenden Aufstockungsleistungen. Sie erhalten dann nur noch von Ihrer Krankenkasse in Höhe Ihres sozialversicherungspflichtigen Bruttos Krankengeld und ggf. noch einen Krankengeldzuschuß.

Für den Zeitraum des Krankengeldbezuges werden auch keine Aufstockungsbeiträge für die Rentenversicherung von Ihrem Arbeitgeber gezahlt. Nur wenn Ihr Arbeitsplatz von der Bundesanstalt für Arbeit gefördert wird, was zu jetzigen Zeitpunkt noch ungewiß ist, erstattet die Bundesanstalt für Arbeit die gesetzlichen Mindestaufstockungsleistungen und die Aufstockungsbeiträge zur Rentenversicherung.

Sollten diese Voraussetzungen nicht vorliegen, hat ein längerer Krankengeldbezug zur Folge, daß Sie die notwendigen 24 Monate Altersteilzeitarbeit nicht erfüllen und nach Beendigung des Altersteilzeitarbeitsverhältnisses keinen Anspruch auf Rente nach Altersteilzeitarbeit haben.

Zwar sind die Aufstockungsleistungen steuer- und sozialversicherungsfrei, aber eine mögliche Nachversteuerung der Aufstockungsbeträge kann gemäß § 32b des Einkommensteuergesetzes erfolgen.

Beigefügt erhalten Sie ein Merkblatt. Wir bitten Sie, uns die notwendigen Unterlagen einschließlich der entsprechenden Bescheinigung der BfA/LVA vorzulegen, damit Sie alsbald Ihre Altersteilzeitarbeit aufnehmen können.

Mit freundlichen Grüßen

Durchführungshinweise/Muster

Merkblatt für Arbeitnehmer:

Sie möchten Altersteilzeit in Anspruch nehmen?

Bitte klären Sie vor der Antragstellung mit Ihrer zuständigen Rentenversicherung sowie der für Sie zuständigen Zusatzversorgungskasse Ihre persönlichen Voraussetzungen und Rentenansprüche.

Ansprechpartner sind die örtlichen Beratungsstellen der BfA sowie der LVA und die jeweilige Zusatzversorgungskasse.

Ebenfalls klären Sie mit Ihrer zuständigen Krankenkasse den aufgrund des Altersteilzeitarbeitsverhältnisses veränderten Versicherungsumfang (z.B. Krankengeld) ab.

Ihr Arbeitgeber kann **keine** Auskünfte über renten-, zusatzversorgungs-, sozialversicherungs- und steuerrechtliche Fragen (steuerliche Berücksichtigung der Aufstockungsbeträge bei der Einkommensteuererklärung) geben.

Von dem vorstehenden Merkblatt habe ich Kenntnis genommen.

Datum, Ort   Unterschrift des Arbeitnehmers

Durchführungshinweise/Muster

Berechnungsbeispiel (Blockmodell)

persönliche Daten:
Steuerklasse

		Arbeitsphase			Freistellungs-phase
			Aufstockungsbetrag		
		a	+ b +	c	
Vollzeitentgelt (§ 26 BAT) Grundvergütung Ortszuschlag allgem. Zulage Verm. Leistungen	Vor Beginn ATZ	Bezüge Altersteilzeit (§ 34 BAT), § 5 Abs. 1			
Summe Brutto: Summe steuerpfl. Brutto + ZVK-Uml. Summe sozialvers.pfl. Brutto + ZVK-Uml.					
individuelle Abzüge: Lohnsteuer					
Solidaritätszuschlag Kirchensteuer % AN RV % AN AL % AN KV % AN PV 0,85%					
Netto nach Mindestbeitragstabelle 83% steuerfreie und sozialversicherungsfreie Bezüge					
Netto ingesamt					

Mustervertrag für Altersteilzeitarbeit

Zwischen

                                                        (Arbeitgeber)

und

                                                        (Arbeitnehmer)

wird auf der Grundlage

a) des Altersteilzeitgesetzes vom 23. Juli 1996 (BGBl. I S. 1078),

b) des Tarifvertrages zur Regelung der Altersteilzeitarbeit (TV ATZ) vom 5. Mai 1998,

– in der jeweils geltenden Fassung –

zum Arbeitsvertrag vom _____ folgender

Änderungsvertrag

geschlossen:

§ 1 Altersteilzeitarbeitsverhältnis

Das Arbeitsverhältnis wird nach Maßgabe der folgenden Vereinbarungen ab _____ als Altersteilzeitarbeitsverhältnis fortgeführt.

§ 2 Arbeitszeit

Die Altersteilzeitarbeit wird geleistet

☐ im Blockmodell

    Arbeitsphase vom _____ bis _____

    Freizeitphase vom _____ bis _____

☐ im Teilzeitmodell

§ 3 Arbeitsentgelt, Aufstockungsleistungen

(1) Der Arbeitnehmer erhält für die Dauer des Altersteilzeitarbeitsverhältnisses Entgelt nach Maßgabe der reduzierten Arbeitszeit. Das Arbeitsentgelt ist unabhängig von der Verteilung der Arbeitszeit fortlaufend zu zahlen.

(2) Außerdem erhält der Arbeitnehmer Aufstockungsleistungen nach Maßgabe des § 5 TV ATZ.

§ 4 Mitwirkungs- und Erstattungspflichten

(1) Der Arbeitnehmer hat Änderungen der ihn betreffenden Verhältnisse, die für die Altersteilzeitleistungen erheblich sind, dem Arbeitgeber unverzüglich mitzuteilen (§ 11 Abs. 1 des Altersteilzeitgesetzes).

(2) Zu Unrecht erbrachte Leistungen der Bundesanstalt für Arbeit an den Arbeitgeber hat der Arbeitnehmer gemäß § 11 Abs. 2 des Altersteilzeitgesetzes der Bundesanstalt für Arbeit zu erstatten.

(3) Der Arbeitnehmer hat dem Arbeitgeber zu Unrecht gezahlte Leistungen, die die im Altersteilzeitgesetz vorgesehenen Leistungen übersteigen, zu erstatten, wenn er die unrechtmäßige Zahlung dadurch bewirkt hat, daß er Mitwirkungspflichten nach Absatz 1 verletzt hat.

§ 5 Ende des Arbeitsverhältnisses

Das Arbeitsverhältnis endet, unbeschadet des § 9 Abs. 2 TV ATZ, am _____

Ort, Datum _____

_____   _____
Arbeitgeber   Arbeitnehmer

Durchführungshinweise/Muster

BUNDESVERSICHERUNGSANSTALT FÜR ANGESTELLTE

Versicherungsnummer | BKZ

Bei Schriftwechsel bitte Versicherungsnummer, Bearbeitungskennzeichen (BKZ) und Personenstandsdaten des Versicherten angeben

Postanschrift:
Bundesversicherungsanstalt für Angestellte · D-10704 Berlin

Hauptverwaltung: Berlin-Wilmersdorf, Ruhrstr. 2 · ☎ (0 30) 8 65-1
Fax (0 30) 86 52 72 40 · T-Online +BfA# · http://www.bfa-berlin.de

| Datum Ihres Schreibens | Fax-Nr. (0 30) 8 65 - | ☎ Durchwahl-Nr. (0 30) 8 65 - | Datum |

Bescheinigung zur Vorlage beim Arbeitsamt

Sehr geehrte(r)

Die Prüfung der Vertrauensschutzregelungen bei Altersrenten für Versicherte, die in der Zeit vom 01.01.1937 bis 07.05.1944 geboren sind, hat zu folgendem Ergebnis geführt:

Frühestmöglicher Zeitpunkt für den Anspruch einer Altersrente ohne Rentenminderung

| Tag | Monat | Jahr |

Rentenart

☐ Altersrente für langjährig Versicherte

☐ Altersrente für Schwerbehinderte

☐ Altersrente wegen Arbeitslosigkeit oder nach Altersteilzeitarbeit

☐ Altersrente für Frauen

Voraussetzung für diesen Rentenbeginn ist jedoch, daß die entsprechenden weiteren Anspruchsvoraussetzungen für diese Altersrente zu diesem Zeitpunkt ebenfalls erfüllt sind.

Hinweis für das Arbeitsamt
Sofern für den Versicherten zum Zeitpunkt unserer Auskunft die Vertrauensschutzregelung „45 Jahre (540 Monate)" für eine versicherte Beschäftigung oder Tätigkeit gegeben ist, wurde dies bei der Vertrauensschutzprüfung berücksichtigt.

☐ Im vorliegenden Fall liegt diese Voraussetzung noch nicht vor. Bis zur letzten Datenspeicherung am

| Tag | Monat | Jahr | | Monate |
| | | | sind | | entsprechende Beiträge nachgewiesen.

Mit freundlichen Grüßen
Im Auftrag